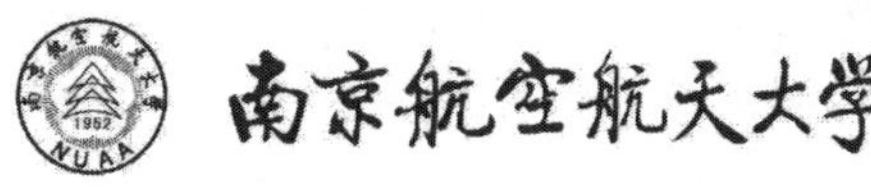

博弈论与信息经济学

李帮义　王玉燕　主编

科 学 出 版 社
北 京

内 容 简 介

本书是南京航空航天大学研究生院为创新研究生培养模式、提高研究生创新能力而出版的"南京航空航天大学研究生系列精品教材"之一。本书按照博弈与信息划分为两个纬度，即决策的顺序性和信息的完全性。本书将整个内容划分成四个板块，即完全信息静态博弈、完全信息动态博弈、不完全信息静态博弈、不完全信息动态博弈。这四个板块都属于非合作博弈的内容。为了体现经济与管理学科研究生的培养特点，以及论文写作的需要，增加了合作博弈的部分内容，主要包括分配、核心、核仁、沙普利值、委托代理理论等。本书力求博弈与信息的经典内容与最新研究进展相结合，强调面向本科生、研究生创新能力培养的工具性特征，并从决策科学的角度系统展开整个教材体系。

本书适合经济与管理学科高年级本科生和研究生学习；对于将博弈与信息作为研究选题的研究生，可作为入门教材；也可供经济理论工作者、经济管理人员、法律、政治等专业的理论和实践工作者学习参考。

图书在版编目(CIP)数据

博弈论与信息经济学/李帮义，王玉燕主编. —北京：科学出版社，2016. 3

ISBN 978-7-03-047790-3

Ⅰ. ①博… Ⅱ. ①李… ②王… Ⅲ. ①博弈论 ②信息经济学

Ⅳ. ①O225②F062.5

中国版本图书馆 CIP 数据核字 (2016) 第 055374 号

责任编辑：张 凯／责任校对：蒋 萍

责任印制：徐晓晨／封面设计：蓝正设计

科学出版社 出版

北京东黄城根北街 16 号

邮政编码：100717

http://www.sciencep.com

北京凌奇印刷有限责任公司 印刷

科学出版社发行 各地新华书店经销

*

2016 年 3 月第 一 版 开本：787 × 1092 1/16

2016 年 7 月第二次印刷 印张：10

字数：237 000

POD定价：**45.00** 元

(如有印装质量问题，我社负责调换)

前 言

作者读大学的时候，博弈论还仅仅是运筹学中的一章，内容也仅仅是二人零和博弈。经过这二十多年的发展，博弈论已经由一棵小草成长为大树，成为经济管理这一“丛林”中的重要组成部分。目前，在经济学、工商管理和管理科学与工程等学科都开设这一课程。在长期的教学过程中，作者深刻感受到了博弈与信息理论对高年级本科生和研究生开拓学术视野和进行课题研究的基础性、重要性，许多研究生期望系统掌握博弈论的基本理论和基本方法，甚至将博弈论作为研究工具来完成毕业论文。

目前，关于博弈论的教材很多，有的偏重于基本理论，有的偏重于理论与应用(其中有的以作者的研究工作为基础)。作者认为这些教材在一个或者几个方面满足不了本科生和研究生教学的需要，或者不能适合学生学习该课程的目的与偏好。另外，学生对这门课程的偏爱和执着等各个因素，也促使我们静下心来编写、整合这样一本教材，来奉献给学生，希望博弈与信息理论沉淀在脑海里，应用在商场上。

本书编写的基本指导思想：

(1) 强调教材的工具性。学生学习博弈论大多是为了开阔知识视野，以及作为论文课题的研究工具。本书编写过程中，注意各种博弈模型的分析范式，偏重博弈模型解决经济管理问题的框架和流程，使学生能够将抽象的博弈理论与所研究的问题创造性地去结合。

(2) 强调博弈模型的决策背景。本质上，博弈还是决策，只不过是一种特殊的互动决策。因此本书强调了博弈的决策特征，以决策的思想诠释博弈模型和博弈结局。同样地，学生对博弈的学习感到比较难，我们将学生的学习角色转变为决策角色，学生的学习过程就是学习如何进行决策的过程，学生由学习身份进入到参与人身份，由关心学习成绩的好坏转变到关心自己支付的大小。

(3) 强调博弈的信息基础。信息是决策的基础，信息影响决策的质量。同样地，信息也是博弈的基础，信息影响参与人的行为、均衡及其结果。在博弈的发展历史上，均衡一直是个核心的概念，受到了充分的重视。相对来讲，就是对信息的忽视。本书强调博弈的信息基础，将信息放到与均衡同样重要的位置，贯穿整本书的始终。当然，对于信息，有的地方用显性的表达方式，而更多的地方用的是隐性的表达方式。

(4) 内容的选择上，力争做到经典与现代相结合。博弈论的知识和模型比比皆是，而课程的课时大多不会超过 40 个，因此，如何精选内容成为费思量的事情。我们的设想是本书内容要覆盖经典的博弈理论，全面提高学生的博弈素养，锤炼学生的博弈思维模式。另外，博弈论是一门鲜活的学科，每时每刻都有进步与发展，本书要能反映这个学科的进步与发展，要能反映新思想、新方法。当然，基于课时的限制，又不能陷入到一些细节中。

本书结构严谨，逻辑体系清晰，内容编排由浅入深，似一幅中国山水画展示出博弈与信息的概貌。本书的宗旨是服务于经济、管理类的高年级本科生和研究生，当然对于其他需要以博弈分析为工具的学科也适用。本书既可以作为一个整体使用，也可以分别使用，如有的课程只需要讲授非合作博弈，则选择前五章即可；有的研究生需要合作博弈的知识，则只需要学习第 6 章即可；有的学生不但想精通博弈论，还想知道博弈论是如何在经济管理中应用的，则需要学习第 7 章，即信息经济学的内容。总之，教师也好，学生也好，可以采用“拿来主义”的策略。

由于作者水平有限，书中难免存在不足之处，恳请读者批评指正。

作　者

2016 年 3 月

目　录

第1章　绪　　论

本章首先介绍博弈的概念、构成要素、分类和发展历程；然后介绍信息的概念，以及信息与决策的关系；最后介绍博弈的信息结构和基于信息的博弈分类，使读者对博弈论的内容有更直观的概念和印象。本章的目的是使读者对博弈论及信息的基本内容，以及博弈分析的基本思想方法等形成初步的认识，为后面各章展开详细分析做好铺垫和准备。

1.1　博　　弈

1.1.1　博弈的概念

博弈论(game theory)，是研究决策主体的行为发生直接相互作用时候的决策及这种决策的均衡问题，也就是说，当一个主体的选择受到其他主体选择的影响时，反过来影响到其他主体选择时的决策问题和均衡问题。这里的决策主体可以是一个人，也可以是一个企业或组织。与其他理论不同，博弈论强调决策主体各方策略的相互依存性，即任何一个决策主体必须在考虑其他参与人可能的策略基础上来确定自己的最优行动策略。博弈论的精髓在于博弈中的一个理性决策主体必须考虑在其他参与人反应的基础之上来选择自己理想的行动方案。所谓均衡即所有参与人的最优策略组合，各方博弈产生的结果是一个均衡结局，它可能不是参与各方及整体的利益最大化，但它是在已给定信息与知识条件下的一种必然结果，因为任何一方改变策略而导致均衡的变化都有可能使自己得到一个更差的结果。

博弈论刚被介绍到我国时，曾有过多种译法，如游戏理论、对策论等。近年来，学术界越来越多地接受了“博弈论”这个名称，由于“博弈”一词除文言气息浓郁外，更重要的是能更准确、全面地体现策略选择、依策略而动和最终结果三者的统一。

博弈论研究的对象是博弈，博弈的英文为game。“game”一词在英文中的基本意思是游戏、比赛，事实上许多游戏中蕴涵着抽象的博弈思想。例如，我国传统的“石头、剪子、布”游戏、小朋友玩的藏猫猫、象棋等，都是策略博弈的典型例子。博弈在汉语中的基本意思是弈棋，但博弈更强调谋略，用博弈来反映竞争性的社会现象与经济关系往往是十分贴切的。可以这样理解：博弈即一些人、队组或其他组织，面对一定的环境条件，在一定的规则下，同时或先后，一次或多次，从各自允许选择的行为或策略中进行选择并加以实施，各自取得相应结果的过程。

1.1.2　博弈的构成要素

博弈的构成要素有四个：

(1) 博弈的参与人或称局中人(players)，即在所定义的博弈中究竟有哪几个独立决策、独立承担结果的个人或组织。对我们来说，只要在一个博弈中统一决策、统一行动、统一承担结果，不管一个组织有多大，哪怕是一个国家，甚至是由许多国家组成的联合国，都可以作为博弈中的一个参与方。并且，在博弈的规则确定之后，各参与方都是平等的，大家都必须严格按照规则办事。

(2) 策略(strategies)或行动，即规定每个博弈方在进行决策时，可以选择的方法、做法或经济活动的水平、量值等。在不同博弈中可供博弈方选择的策略或行动的数量不同，在同一个博弈中，不同博弈方的可选策略或行动的内容和数量也常不同，有时只有有限的几种，甚至只有一种，有时可能有许多种，甚至无限多种可选策略或行动。

(3) 博弈的次序(orders)。博弈方的行动次序对于博弈的结果是非常重要的，同样的博弈方，同样的行动，行动的次序不同，每个博弈方的最优选择就不同，博弈的结果就不同(实际上，不同的行动次序意味着不同的博弈)。

(4) 博弈方的得益或支付(payoffs)。对应于各博弈方的每一组可能的决策选择，都应有一个结果表示该策略组合下各博弈方的所得或所失。由于我们对博弈的分析主要是通过数量关系的比较进行的，所以研究的绝大多数博弈本身都是数量的结果或可以量化为数量的结果，博弈中的这些可能结果的量化数值，称为各博弈方在相应情况下的“支付”。规定一个博弈必须对支付作出规定，支付可以是正也可以是负。它们是分析博弈模型的标准和基础。

以上四个方面是定义一个博弈时必须首先设定的，确定了上述四个方面就确定了一个博弈。应该说，博弈论就是系统研究可以用上述方法定义的各种博弈问题，寻求在各种博弈方具有充分或者有限理性、能力的条件下，合理的策略选择和合理地选择策略时博弈的结果，并分析这些结果的经济意义、效率意义的理论和方法。

1.1.3 博弈的分类

从不同的角度划分，博弈的分类是不同的。

根据博弈中博弈方数量的不同，可以把博弈分为两人博弈和多人博弈。

根据博弈方策略的数量是有限个还是无限多个，可以把博弈分为有限博弈和无限博弈。

根据博弈中所有博弈方的支付情况，可以把博弈分为零和博弈、常和博弈与变和博弈。若所有博弈方的支付为零，称为零和博弈；若所有博弈方的支付为某个确定的常数，称为常和博弈；若所有博弈方的支付为不确定的变量，称为变和博弈。

根据博弈中博弈方行动的次序，可以把博弈分为静态博弈和动态博弈。若博弈中所有博弈方的行动是同时的，可以把博弈称为静态博弈；若博弈中各个博弈方的行动有先有后，可以把博弈称为动态博弈。

根据博弈中信息结构的不同，可以把博弈分为完全信息博弈和不完全信息博弈。

根据博弈中博弈方的理性和行动逻辑差别，可以把博弈分为完全理性博弈和有限理性博弈。

根据博弈中博弈方是追求所有博弈方构成的集体利益最大化还是追求自身利益最大化，可以把博弈分为合作博弈和非合作博弈。

上述各种博弈分类相互之间都是交叉的，并不存在严格的层次关系。我们可以根据各种分类对博弈分析方法影响程度的大小大致排出如图1.1所示的结构次序。

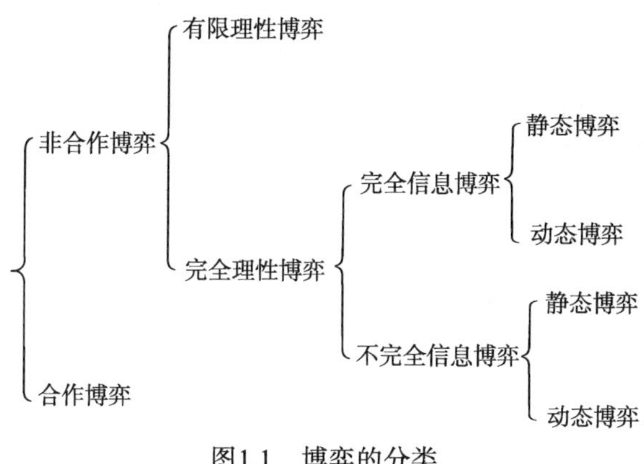

图1.1　博弈的分类

此外，上述各类博弈还都可以分为零和博弈、常和博弈与变和博弈，两人博弈和多人博弈等。对这些类型在上图中不再区分，在各章分析中加以考虑。

1.1.4　博弈论的发展历程

早在2000多年前，孙武的后代孙膑运用孙子兵法为田忌谋划赛马策略，巧胜齐王，史称田忌赛马，这是博弈论思想成功应用的一个案例。在经济学文献中对博弈论最早研究的是库诺特、伯特兰德和埃奇沃斯等关于垄断定价、生产和交易行为的论文，但这些都被视为特例而没有改变经济学家思考大多数问题的方法。库诺特在1838年提出的关于产量决策的"库诺特模型"和伯特兰德在1883年提出的关于价格决策的"伯特兰德模型"成为博弈论中的经典博弈模型。

博弈论的真正发展是在20世纪。20世纪20年代，法国数学家波雷尔(Borel)用最佳策略的概念研究了下棋等决策问题，并试图把它们作为应用数学的分支加以系统研究，虽然最终没能确立博弈论的理论体系，但却做了很好的探索。公认的经济博弈论产生的标志是，冯·诺伊曼(John von-Neumann)和摩根斯坦(Oskar Morgenstern)的《博弈论和经济行为》*Theory of Games and Economic Behavior*(1944)一书的出版，书中引进了博弈理论的思想，提出大部分经济问题都应该被当作博弈来分析。该书介绍了博弈的扩展式和标准式(或策略式)的表示法，定义了最小最大解，并证明了这个解的两个参与人的零和博弈存在。该书在总结以往博弈研究成果的基础上，给出了博弈论研究的一般框架、概念术语和表述方法，提出了较系统的博弈理论。虽然从现在的眼光看，该书并不全面，甚至与现代博弈论在研究方向和重心方面有很大差距，但对博弈论的发展所起的巨大作用是不可否认的。该书的出版奠定了博弈论的理论和方法论基础，使得博弈论成为一门真正的学科变得可能。

20世纪50~60年代是博弈论研究、发展的重要阶段。约翰·纳什(John Nash)在1950年和1951年发表了两篇关于非合作博弈的重要文章，明确提出了"纳什均衡"(Nash equilibrium)这一基本概念，揭示了博弈论和经济均衡之间的内在联系。纳什在1950年证明了有限博弈总是有一个均衡点，在均衡点，所有的参与人选择这样一个行动，给定竞争对手的选择，这个行动对他们来说是最优的。纳什均衡和证明纳什均衡存在性的纳什定理，将博弈论扩展到非零和博弈，最终成为非合作博弈论奠基石的成果，对博弈论和经济学的发展都起到了非常重要的推动作用。博弈论的后续研究主要是围绕这一核心展开的，纳什均衡成了一条博弈论发展的主线索。塔克(Tucker)于1950年定义了“囚徒困境”(prisoners' dilemma)。他们两人的著作基本上奠定了非合作博弈的基础。

到20世纪50年代，合作博弈论发展到鼎盛时期，纳什在1950年和沙普利(Shapley)在1953年建立了讨价还价模型，对合作博弈理论的发展有非常重要的作用。吉利斯(Gillies)和沙普利在1953年提出了核心(core)作为合作博弈的一般解概念。沙普利还提出合作博弈的“沙普利值”概念等。

泽尔腾(Selten)在1965年将纳什均衡的概念引入到动态分析，提出了“子博弈完美纳什均衡”的概念和“颤抖手均衡”的概念，对于动态博弈论具有非常重要的意义；海萨尼(Harsanyi，1967~1968)则把不完全信息引入博弈论的研究，并提出了“贝叶斯纳什均衡”的概念，此外海萨尼还在1973年提出了关于“混合策略”的不完全信息解释，以及“严格纳什均衡”的概念。这些重大贡献，使博弈论的发展和完善在一些关键性环节上取得了突破。

纳什、泽尔腾和海萨尼三人在博弈论及其在经济应用方面的突出贡献，使经济博弈论进入一个崭新、辉煌的发展时代，因此他们共同荣获了1994年的诺贝尔经济学奖。这说明博弈论作为经济学科分支的地位得到了最具权威性的肯定。1996年，莫里斯(Mirrlees)因为在信息经济学(博弈论的应用)上的突出贡献而获得了诺贝尔经济学奖。1970年，阿克尔洛夫(Akerlof)的旧车市场模型开创了逆向选择理论的先河。1973年和1974年，斯彭斯(Spence)的劳动力市场模型开创了信号传递理论。1976年，罗思柴尔德(Rothschild)和斯蒂格利茨(Stiglitz)建立了一个关于竞争的保险市场的信息甄别模型。2001年，诺贝尔经济学奖授予了阿克尔洛夫、斯彭斯和斯蒂格利茨，以表彰他们在使用“不对称信息进行市场分析”领域作出的重要贡献。

20世纪80年代以来，博弈论得到了前所未有的发展，并逐渐成为主流经济学的一部分，甚至可以说成为微观经济学的基础。这一时期出现的比较有影响力的人物有克雷普斯(Kreps)、弗登博格(Fudenberg)、梯若尔(Tirole)和威尔逊(Wilson)。1982年，鲁宾斯坦(Rubinstein)建立了著名的讨价还价模型。在20世纪90年代末，已经开始用博弈论来设计拍卖机制。大多数设计拍卖机制的目的是比传统的政府实践更加有效地分配资源，在美国和欧洲，已经通过拍卖筹集了数十亿美元。博弈论在得到越来越多经济学科的接受和运用，贯穿了几乎整个微观经济学，在宏观经济学、产业组织理论及福利、劳动、环境经济学等方面的研究中也占有重要地位。在我国，经济学界对经济博弈论的关注与兴趣也在迅速增加。可以说，博弈论正在把经济学的发展推向一个崭新的阶段。

1962年，史密斯(Smith)设计了一个双向口头拍卖(double oral auction)机制，这篇文章奠定了实验经济学的基础。史密斯作为2002年诺贝尔经济学奖得主之一，对实验博弈也作出了突出的贡献。梅那德·史密斯(Maynard Smith)和普瑞斯(Price)提出了演化博弈中最基本的概念——演化稳定策略(evolutionarily stable strategy, ESS)。梅那德·史密斯(1982)对演化博弈理论的发展作出了突出的贡献。1991年，弗里德曼(Friedman)对演化博弈在经济学中的应用进行了广泛的探讨。

在博弈论和经济学理论发展内在需求、规律的作用下，博弈论在21世纪实现了飞速的发展。现代博弈论已经形成了一个相当庞大的体系，其中包含了理论和应用的众多分支，包括宏观博弈理论、微观博弈理论、金融博弈理论、管理博弈理论等。博弈论在整个经济学的理论和应用领域引起了一场全面的影响深远的博弈论革命。这场革命不仅对经济理论和经济政策产生了重大的影响，而且对企业的微观经济活动也产生了重要的影响。在西方国家，许多大公司都专门聘请博弈论专家担任顾问和决策参谋，为公司的重要经营决策，包括定价、定产、收购、兼并、投标、拍卖等活动提供重要的、决定性的参考意见。在现实需要下，由于经济学和博弈论自身发展的要求，以及人类认识能力提高等的共同作用，博弈论一定会有更大的发展。

1.2 信 息

1.2.1 信息的概念

信息是关于事物运动的状态和规律的表征，也是关于事物运动的知识。信息就是用符号、信号或消息所包含的内容，来消除对客观事物认识的不确定性。由于信息是事物的运动状态和规律的表征，所以信息的存在是普遍的；又由于信息具有知识的秉性，所以它对人类的生存和发展是至关重要的。信息普遍存在于自然界、人类社会和人的思维之中。信息的概念是人类社会实践的深刻概括，并随着科学技术的发展而不断发展。

1948年，信息论的创始人C.E.香农在研究广义通信系统理论时把信息定义为信源的不定度。1950年，控制论创始人N.维纳认为，信息是人们在适应客观世界，并使这种适应被客观世界感受的过程中与客观世界进行交换的内容的名称。1964年，R.卡纳普提出语义信息。语义不仅与所用的语法和语句结构有关，而且与信宿对于所用符号的主观感知有关。因此语义信息是一种主观信息。20世纪80年代哲学家提出广义信息，认为信息是直接或间接描述客观世界的，把信息作为与物质并列的范畴纳入哲学体系。

信息不同于消息，消息只是信息的外壳，信息则是消息的内核；信息不同于信号，信号是信息的载体，信息则是信号所载荷的内容；信息不同于数据，数据是记录信息的一种形式，同样的信息也可以用文字或图像来表述。信息还不同于情报和知识。总之，“信息即事物运动的状态与方式”这个定义具有最大的普遍性，不仅能涵盖所有其他的信息定义，还可以通过引入约束条件转换为所有其他的信息定义。例如，引入认识主体这一约束条件，可以转化为认识论意义上的信息定义，即信息是认识主体所感知或所表述的事物运动的状态与方式。换一个约束条件，以主体的认识能力和观察过程为依据，则可将认识论意义上的信息进一步分为先验信息(认识主体具有的记忆能力)、实得信息(认识主体具有的学习能力)和实在信息(在理想观察条件下认识主体所获得的关于事物的全部信息)。层层引入的约束条件越多，信息的内涵就越丰富，适用范围也就越小，由此构成相互间有一定联系的信息概念体系。

博弈中所指的信息，是指博弈方对其他博弈方的特征、战略空间及支付函数等的知识。从这个角度，信息可分为完全信息和不完全信息。完全信息是指每个博弈参与人对所有其他博弈参与人的特征、战略空间及支付函数有准确的知识。反之，就是不完全信息。

1.2.2 信息与决策

所谓决策，就是泛指作出决定。人们在采取一项行动之前，反复比较和权衡各种方案的优劣，然后作出决定。在现代管理科学中，决策常有两种理解，一种是狭义理解，另一种是广义理解。狭义理解，认为决策就是作出决定，仅限于对不同行动方案作出最佳选择。广义理解，就是把决策看作是一个过程，为了实现某一特定系统的预定目标，在占有信息和经验的基础上，根据客观条件，提出各种备选方案，应用科学的理论和方法，进行必要的判断、分析和计算，按照某种准则，从中选出最满意方案，并对方案的实施进行检查，直到目标实现的全过程。后一种广义理解的代表人物，就是美国著名经济学家西蒙(Simon)，他提出“管理就是决策”的著名论断，把决策行为贯穿于管理的全过程。

信息性是决策的一个基本特征。信息是物质运动的普遍属性，是事和物运动状态的直接或间接表达。正如控制论创始人维纳所说：“信息就是信息，既不是物质，也不是能量。”物质、能量和信息是构成现实世界的三大要素。完全类似地，材料、能源、信息是社会经济系统运作和发展的三大要素。社会经济系统的运动过程均存在三种流量，一是由生产资料、劳动资料等组成的物质流；二是由劳动力和其他能源组成的能量流；三是由组织、计划、管理、控制等组成的、为实现一定目标的信息流。在同样数量的物质流和能量流输入的条件下，不同质量信息流的输入，会产生不同的经济效果，创造出不同的价值。由此可见，信息是促使社会物质财富增值，促进国民经济增长的重要手段。21世纪是信息化的世纪，信息将成为国民经济中不可替代的战略资源。因此，信息是科学决策的基础。经济信息是社会经济活动和发展过程中各种数据、消息、情报和资料等的总称。社会经济活动的全过程，始终离不开信息，离不开信息的收集、传递、加工、处理和应用。决策与信息的关系，好像江河的源和流的关系，源远才能流长。信息不充分，决策就会缺乏依据。信息不准确，往往导致决策失误。

在现代竞争激烈的市场环境中，强调决策分析的信息基础，是决策分析的又一主要特征。计算机是信息处理强有力的工具，具有存储容量大、运算速度快等特点。以计算机技术为基础，对经济管理信息进行收集、存储、检索、加工和传递，建立应用于企业管理或组织机构的人机系统，即管理信息系统(MIS)进一步应用计算机网络、数据库、人工智能等技术，根据决策分析理论和方法、管理科学、行为科学，建立支持半结构和非结构型决策问题的人机交互信息系统，即决策支持系统。随着社会信息化程度不断提高，以及计算机网络和人工智能技术的飞速发展，开发全能的群决策支持系统(GDSS)和基于知识的决策支持系统(KDSS)，将使现代决策分析发展到更高级的阶段。

1.3 博弈与信息

1.3.1 博弈的信息结构

知己知彼，百战不殆。但实际上，与他人对抗、竞争，甚至是合作时，对自己和他方的处境、条件是不可能完全清楚的。如果把上述对抗、竞争或合作理解为博弈，那么就意味着关于博弈环境和博弈方情况的信息，是影响博弈方选择和博弈结果的重要因素。当然，我们不是说缺乏信息就不能决策，也不是说信息越多就有越大的利益，只是说信息方面的差异通常会造成决策行为的差异和博弈结果的不同。

1. 关于支付的信息

博弈中最重要的信息之一是关于支付的信息，即每个博弈方在每种结果(策略组合)下的支付情况。在许多博弈问题中，各个博弈方不仅对自己的支付情况完全清楚，而且对其他博弈方的支付也都很清楚。例如，在囚徒困境博弈中，因为两个囚徒所处的地位是相同的，而且警察把双方的处境给他们都交代清楚了，所以两个博弈方都对双方在每种情况下的支付非常清楚；在产量决策的库诺特博弈中，假设各厂商对市场的价格、自己及其他厂商的销售和生产成本都很清楚，那么每种产量组合下各自的利润情况也都相互一清二楚，即都有关于支付的完全信息。

但是，并不是所有博弈的博弈方都像上面博弈问题中的那样，有关于各博弈方支付或了解各博弈方支付所需要的全部信息。典型的例子是在投标、拍卖活动构成的博弈中，由于各博弈方对其他博弈方关于标的的估价很难了解，所以即使最后的成交价是大家都能看到的，各个博弈方仍然无法知道其他博弈方中标、拍得标的物的真正支付究竟是多少。其他如在库诺特博弈模型中，只要假设各厂商对其他厂商的实际生产成本不完全了解，则作为各个博弈方的厂商就不能明确地判断各自的支付。正是因为这些原因，虽然简单地假设各个博弈方都有完全的理性能够给分析带来很大的便利，并且这也是一般经济分析的通行做法，但我们在博弈分析中却不能回避博弈方的理性能力问题，必须对它们有所考虑。

2. 个体理性和集体理性

再讨论下博弈方决策行为的目标问题。理性经济人假设人们的决策和行为是以个体自身利益最大化为根本目标的。但实际上，现实中的决策者并不都是根据个体利益最大化决策行为，至少在局部问题上存在以集体(团体)利益为目标，追求集体利益最大化的情况。追求集体利益最大化称为“集体理性”。

一般情况下，集体利益最大化本身不是博弈方的根本目标，人们在经济博弈中的行为准则是个体理性而不是集体理性。但如果允许博弈中存在“有约束力的协议”，使得博弈方采取符合集体利益最大化而不符合个体利益最大化的行为时，能够得到有效的补偿，那么个体利益和集体利益之间的矛盾就可以被克服，从而使博弈方按照集体理性决策和行为成为可能。因此也必须考虑这种允许存在有约束力协议的，以集体理性为基础的博弈。

一般地，将允许存在有约束力协议的博弈称为“合作博弈”。与此相对，将不允许存在有约束力协议的博弈则称为“非合作博弈”。由于在合作博弈和非合作博弈两类博弈中，博弈方基本的行为逻辑和研究它们的方法有很大差别，所以它们是两类很不相同的博弈。实际上，“合作博弈理论”和“非合作博弈理论”正是博弈论最基本的一个分类，它们在产生和发展的路径，以及在经济学中的作用、地位和影响等许多方面都有很大的差别。现在占主导地位，也是研究和应用较多较广泛的，主要是其中的非合作博弈理论。

非合作博弈更受重视的原因主要有这样一些：

(1) 主导人们行为方式的主要还是个体理性而不是集体理性，或者换句话说，竞争是一切社会、经济关系的根本基础，不合作是基本的，合作是有条件和暂时的，因此非合作博弈关系比合作博弈关系更普遍；

(2) 搞清了非合作博弈关系，合作的博弈关系就比较容易理解，在证明非合作博弈无效率或低效率的同时，就自然说明了存在着合作的可能性和必要性，因此从某种意义上说非合作博弈理论是合作博弈理论的基础；

(3) 集体理性是更高级和更复杂的理性，合作博弈和非合作博弈理论发展速度的差异证实了这种难度差别。

1.3.2 基于信息的博弈分类

基于信息的博弈划分可以从两个角度进行。第一个角度是参与人行动的先后顺序。从这个角度，博弈可以划分为静态博弈和动态博弈。静态博弈指的是博弈中参与人同时选择行动，或虽非同时但后行动者并不知道前行动者采取了什么具体行动；动态博弈指的是参与人的行动有先后顺序，且后行动者能够观察到先行动者所选择的行动。划分博弈的第二个角度是参与人对有关其他参与人(对手)的特征、战略空间及支付函数的知识。从这个角度，博弈可以划分为完全信息和不完全信息博弈。完全信息是指每个博弈参与人对所有其他博弈参与人的特征、战略空间及支付函数有准确的知识。否则，就是不完全信息。

将上述两个角度的划分结合起来，就得到四种不同类型的博弈，这就是：完全信息静态博弈，完全信息动态博弈，不完全信息静态博弈，不完全信息动态博弈。与上述四种博弈相对应的是四种均衡概念，即纳什均衡、子博弈完美纳什均衡、贝叶斯纳什均衡、精炼贝叶斯纳什均衡。表1.1概括了上面所讲的四种博弈及对应的四种均衡概念，也大致反映了三位诺贝尔经济学奖得主在非合作博弈论中的地位。

表1.1 博弈的分类及对应的均衡概念

	静态	动态
完全信息	完全信息静态博弈 纳什均衡 纳什(1950)	完全信息动态博弈 子博弈完美纳什均衡 泽尔腾(1965)
不完全信息	不完全信息静态博弈 贝叶斯纳什均衡 海萨尼(1967~1968)	不完全信息动态博弈 精炼贝叶斯纳什均衡 泽尔腾(1975) 克雷普斯，威尔逊(1982) 弗登博格，梯若尔(1991)

1.4 本章小结

本章主要介绍了博弈、信息及其之间关系的内容。在博弈部分，介绍了博弈的构成要素、博弈的分类，以及博弈论的发展历程。在信息部分，介绍了博弈中信息的内涵、信息与决策之间关系的内容。

思考题与练习题

1. 一个实际问题如何抽象成一个博弈模型?
2. 一个博弈的构成要素是什么?以一个具体的经济管理问题为例说明。
3. 将博弈的构成要素与游戏的构成要素进行对比。
4. 如何理解博弈中的信息?举例说明信息对决策的影响实例。
5. 如何理解支付函数?在一个博弈中起什么作用?
6. 博弈是如何分类的?都是按照什么原则分类的?
7. 有合作行为就是合作博弈吗?
8. 为什么随着社会的发展,非合作博弈成为博弈的主流?

第 2 章 完全信息静态博弈

在博弈论中，完全信息静态博弈是一类最简单的博弈。本章研究完全信息静态博弈，首先介绍有关完全信息静态博弈的基本概念和理论：策略式博弈、纯战略纳什均衡(占优策略、严格劣战略的重复剔除、纳什均衡)，混合战略纳什均衡，并分析纳什均衡的存在性，给出求纳什均衡的基本解法。最后介绍完全信息静态博弈在经济管理领域中的应用，介绍在经济管理领域中比较经典的博弈——库诺特寡头竞争模型、产品竞争与替代模型、霍特林(Hotelling)价格竞争博弈模型。

2.1 策略式博弈

一般来说，对于 n 个参与人的博弈，用 s_i 表示参与人 i 的一个特定策略，则参与人 i 的策略集合为 $S_i=\{s_i\}$，n 个参与人的纯策略组合为 $\boldsymbol{s}=(s_1,s_2,\cdots,s_i,\cdots,s_n)$，简称为策略组合。注意，每个参与人的策略集合中的元素个数可能彼此不相同。一般用 $|S_i|$ 表示集合 S_i 中的元素个数。本书为了简化，经常使用记号 $\boldsymbol{s}_{-i}=(s_1,\cdots,s_{i-1},s_{i+1},\cdots,s_n)$。

设 n 个参与人集合为 $I=\{1,2,\cdots,n\}$，每个参与人 i 有一个纯策略集：

$$S_i=\{s_{i1},s_{i2},\cdots,s_{im_i}\},\quad i=1,2,\cdots,n$$

当参与人 i 使用纯策略 $s_i\in S_i$ 时，记 $\boldsymbol{s}=(s_1,\cdots,s_n)$。如果参与人数 n 有限且策略集 $S_1, S_2,\cdots, S_n$ 均为有限集，则称该博弈为有限博弈。

所有参与人同时或可看成同时选择策略的博弈称为静态博弈，把各参与人不是同时，而是先后、依次进行选择、行动，而且后选择、行动的参与人通常能观察到先进行选择、行动的参与人的选择、行动的博弈称为动态博弈。

信息是参与人关于博弈的知识，是实施决策的重要依据，因而，也是决定博弈结果的重要因素。共同知识是博弈中反映参与人对信息了解情况的一个重要概念。完全信息意味着没有私人信息：博弈的时间选择、合理的行动和支付都是共同知识。具有完全信息的静态博弈简称为完全信息静态博弈，具有完全信息的动态博弈简称为完全信息动态博弈。

支付是反映参与人对一个结果渴望程度的数字，可以是在一个特定的策略组合下参与人得到的确定性效用水平，也可以是参与人得到的期望效用水平，即预期支付。对每种策略组合 $\boldsymbol{s}=(s_1,s_2,\cdots,s_n)$，用函数 $u_i(\cdot)$ 来给出参与人 i 的效用 $u_i(\boldsymbol{s})$。这里，u_i 是所有参与人的策略选择的一个函数，也就是说，一个参与人的支付不仅取决于自己的策略选择，而且还取决于所有其他参与人的策略选择。这与博弈的定义相一致，反映了参与人策略的相互影响。

对静态博弈来说，行动与策略是等同的，对具有两个参与人的完全信息静态博弈来说，其时间选择是：首先，参与人 1 从可行行动集 A_1 中选择一个行动 a_1，同时，参与人 2 从可行行动集 A_2 中选择一个行动 a_2；其次，两参与人选择行动后，参与人 1 接收到支付 $u_1(a_1,a_2)$，参与人 2 接收到支付 $u_2(a_1,a_2)$。

策略形式(strategic form)也称标准形式，是非合作博弈论研究的基本类型。策略式博弈是这样一种类型的模型：每个参与人选择且仅选择一次策略，并且所有参与人的决策是同时作出的，也就是说，在选择策略时每个参与人并不知道其他参与人的策略。注意，参与人“同时选择”的是策略，而不是行动。在静态博弈的策略式表述中，由于策略就是行动，所以，同时选择的策略也可以看成是行动。这里的“同时行动”是信息概念，只要每个参与人在选择自己的行动时不知道其他参与人的选择，就可以说他们在同时行动。

策略式博弈中有两种策略概念，一种为纯策略(pure strategy)，简称策略，指每个参与人在博弈中可以选择采用的行动方案，每个参与人均有可供其选择的多种策略。记参与人 i 的策略为 $s_i \in S_i$，S_i 为参与人 i 可供选择的策略组成的策略集，又称策略空间。另一种称为混合策略(mixed strategy)，指在一个给定概率下决定参与人决策的随机行动。作为特殊情况，一个混合策略可能是一个给定的纯策略的确定性选择。

准确地说，策略式博弈可以表述为：

(1) 博弈的参与人集合：$i \in \Gamma$，$\Gamma = (1,2,\cdots,n)$；

(2) 每个参与人的策略空间：S_i，$i = 1,2,\cdots,n$；

(3) 每个参与人的支付函数：$u_i(s_1,s_2,\cdots,s_n)$，$i = 1,2,\cdots,n$，

则博弈的战略式表达式表述为：$G = \{S_1,\cdots,S_n;u_1,u_2,\cdots,u_n\}$。所有参与人一起行动，决定每个参与人的支付。

两个人的有限博弈的战略式表述可以用矩阵表(支付矩阵)直观地给出，如表 2.1 所示。

表 2.1　两人博弈矩阵表

参与人 1 \ 参与人 2	h_1	h_2
S_1	$u_1(S_1,h_1)$，$u_2(S_1,h_1)$	$u_1(S_1,h_2)$，$u_2(S_1,h_2)$
S_2	$u_1(S_2,h_1)$，$u_2(S_2,h_1)$	$u_1(S_2,h_2)$，$u_2(S_2,h_2)$

下面采用例子来说明博弈的策略式表述。

例 2.1　经典博弈——性别博弈。

有一对夫妇打算一起共度周末。丈夫喜欢看足球赛，而妻子喜欢看电影，但重要的是双方都希望在一起。如果两人不在一起，那么，他们什么也得不到，支付都为零；如果他们在一起，因为满足了希望在一起的要求，所以，他们的支付都大于零，不喜欢那种活动的参与人自然获得的效用要相对小些，为 2，而喜欢那种活动的参与人获得的效用为 4。

夫妻面临的问题可以用表 2.2 所示的矩阵表来表述。

表 2.2　性别博弈的支付矩阵

丈夫＼妻子	电影	足球
电影	2, 4	0, 0
足球	0, 0	4, 2

在上面的双矩阵博弈中，每个单元格有两个数字分别表示两个参与人的支付，第一个数字表示丈夫的支付，第二个数字表示妻子的支付。在这个博弈中，有两个参与人：丈夫和妻子；每个参与人都有两个策略：电影和足球。当丈夫选择足球且妻子选择足球时，丈夫的支付为 4，妻子的支付为 2；如果双方都愿意去看电影，那么，妻子得到最大的快乐，支付为 4，而丈夫尽管不喜欢看电影，但是他们行动一致，也很高兴，支付为 2；如果双方行动不一致，一个选择电影，一个选择足球，那么，双方都很扫兴，没有得到享受，支付都为 0。从表 2.2 知，丈夫和妻子的支付矩阵分别为

$$\text{丈夫的支付矩阵}=\begin{bmatrix}2 & 0\\0 & 4\end{bmatrix},\quad \text{妻子的支付矩阵}=\begin{bmatrix}4 & 0\\0 & 2\end{bmatrix}$$

例 2.2　经典博弈——掷硬币博弈。

两个人(甲、乙)投硬币游戏，游戏规则是：如果两人投出的硬币面相同，乙付给甲 1 元，如果两人投出的硬币面不相同，甲付给乙 1 元。写出该博弈战略式表述的矩阵表。

解　每个参与人的纯战略空间 $S_1 = S_2 = (\text{正，反})$，对于参与人甲、乙的每种策略组合，他们各得 1 或–1 的盈利，该博弈的矩阵表如表 2.3 所示。

表 2.3　掷硬币博弈的支付矩阵

甲＼乙	正	反
正	1, –1	–1, 1
反	–1, 1	1, –1

2.2　纯战略纳什均衡

2.2.1　占优策略

定义 2.1　在策略式博弈 $G=\{S_1,\cdots,S_n;u_1,\cdots,u_n\}$ 中，如果对任何其他参与人的策略组合 $\boldsymbol{s}_{-i}$，参与人 i 的策略 s_i^* 是严格最优选择，即

$$u_i\left(s_i^*,\boldsymbol{s}_{-i}\right)>u_i\left(s_i',\boldsymbol{s}_{-i}\right),\quad \forall \boldsymbol{s}_{-i},\quad \forall s_i'\neq s_i^*$$

那么，称 s_i^* 为参与人 i 的(严格)占优策略。

定义 2.2　在策略式博弈 $G=\{S_1,\cdots,S_n;u_1,\cdots,u_n\}$ 中，如果对于所有的参与人 i，s_i^* 是参与人 i 的占优策略，那么，称策略组合 $\boldsymbol{s}^*=\left(s_1^*,\cdots,s_n^*\right)$ 为占优策略均衡。

下面用经典博弈例子——囚徒困境博弈来说明占优策略均衡。囚徒困境博弈是由塔克于1950年定义的一个两参与人的策略式博弈。

例 2.3　经典博弈——囚徒困境博弈。

两个嫌疑犯犯案后被警察抓住，分别关在不同的房间里接受审讯。警察知道两人有罪，但缺乏足够的证据定罪，除非两人当中至少有一个人坦白。警方将他们关入不同的牢内，使他们不能彼此传递信息，并对他们说明不同行动带来的后果。如果两人都不承认，将均被判入狱1年；如果双方都坦白，都将被判入狱10年；如果有一个人坦白，而另一个人抵赖，坦白的一方将马上获释，而抵赖的一方将入狱12年。我们记行参与人为囚徒1，列参与人为囚徒2，支付矩阵如表2.4所示。

表2.4　囚徒困境博弈的支付矩阵

囚徒1 \ 囚徒2	坦白	抵赖
坦白	−10, −10	0, −12
抵赖	−12, 0	−1, −1

对于表 2.4 所表示的囚徒困境博弈，从支付矩阵可知，对于囚徒 1，不管囚徒 2 选择什么策略，坦白是囚徒 1 的占优策略：当囚徒 2 选择坦白时， $-10>-12$ ；当囚徒 2 选择抵赖时， $0>-1$ 。同理，也可以推得坦白是囚徒 2 的占优策略。因此，根据上面的定义可知(坦白，坦白)是囚徒困境博弈的占优战略均衡。

注意，在囚徒困境博弈中，对每个参与人来说，选择策略组合(抵赖，抵赖)所得的支付组合 $(-1,-1)$ 要好于选择策略组合(坦白，坦白)所得的支付组合 $(-10,-10)$ 。但前者不是一个均衡，这是为什么呢？因为前者不满足个人理性，策略抵赖是一个劣策略。理性的参与人将不会选择一个劣策略，因为当参与人转到优策略时，他将总是被改善。

要注意的是，占优战略均衡只要求每个参与人是理性的，而并不要求每个参与人知道其他参与人是理性的，这是因为，无论其他参与人是否是理性的，占优战略总是一个理性参与人的最优选择。

囚徒困境博弈刻画了一个深刻的问题：冲突情形下，参与人的目标是什么？是采用(作为个人)他自己的最好策略，还是采用(作为集体的一员)他们共同的最好策略？前者导致每个囚徒都坦白招认，从而都被判入狱 10 年，后者双方都抵赖(不坦白交代)，都被判入狱 1 年。这个冲突就是在个体理性和集体理性之间作出选择。最终选取哪个策略取决于各参与人的个性与其他参与人(包括其对手)的交往等。

囚徒困境博弈在日常生活中经常碰到，如军备竞赛、公共产品的供给、寡头竞争、技术创新、起诉代替调解、环境污染或降价等。

2.2.2　严格劣战略的重复剔除

在每个参与人都有占优战略的情况下，占优战略均衡是一个非常合理的预测，但在绝大多数博弈中，占优战略均衡是不存在的，但是有一点可以肯定，一个理性参与人将从不选择劣策略(dominated strategy)。那么什么是劣策略？下面给出它的正式定义。

定义 2.3 在策略式博弈 $G=\{S_1,\cdots,S_n;u_1,\cdots,u_n\}$ 中，给定参与人 i 的两个策略 $s_i',s_i''\in S_i$。如果对其他参与人的每一个可能的策略组合，参与人 i 选择 s_i' 的支付(效用)小于其选择 s_i'' 的支付，即对所有的 $\boldsymbol{s}_{-i}\in S_1\times\cdots\times S_{i-1}\times S_{i+1}\times\cdots\times S_n$，有

$$u_i\left(s_i',\boldsymbol{s}_{-i}\right)<u_i\left(s_i'',\boldsymbol{s}_{-i}\right)$$

则称策略 s_i' 相对于策略 s_i'' 是严格劣策略(或严格劣战略)。如果上式中的严格不等式改为不等式“$\leqslant$”，但是，至少对其他参与人的一个策略组合成立严格不等式，则称策略 s_i' 相对于策略 s_i'' 是弱劣策略(或弱劣战略)。

在表 2.4 表示的囚徒困境博弈中，如果一个囚徒选择了坦白，那么，另一囚徒也会选择坦白，被判刑 10 年，而不会选择抵赖从而坐 12 年的牢；相似地，如果一个嫌疑犯选择抵赖，另一个人还是会选择坦白，这样会马上获释，而不会选择抵赖，在牢里度过 1 年。这样，对第 i 个囚徒来讲，抵赖相对坦白来说是劣策略，即对囚徒 j 可以选择的任一策略，囚徒 i 选择抵赖的支付都低于选择坦白的支付。

理性的参与人不会选择严格劣策略，因为他(对其他人选择的策略)无法作出这样的推断，使这一策略成为他的最优反应。这样，在囚徒困境中，一个理性的参与人会选择坦白，于是，(坦白，坦白)就成为两个理性参与人的结果，尽管(坦白，坦白)带给双方的福利都比(抵赖，抵赖)要低。

定义2.4 在求解博弈的纳什均衡中，先找出某个参与人的劣策略(假设存在)，把这个劣策略剔除掉，重新构造一个不包括已剔除策略的新的博弈；然后再剔除这个新的博弈中的某个参与人的劣策略；继续这个过程，最后剩下唯一的策略组合就是这个博弈的均衡解，这个求解博弈的均衡解的过程就称为严格劣策略的重复剔除。

下面来看一个采用严格劣策略的重复剔除求解博弈均衡解的例子。

例2.4 经典博弈——智猪博弈。

猪圈里圈着两头猪，一头大猪，一头小猪，猪圈的一头有一个猪食槽，另一头安装着一个按钮，控制着猪食的供应，按一下按钮，8单位的猪食进槽，但需要支出2单位的成本。若大猪先到，大猪吃到7单位，小猪只能吃到1单位；若小猪先到，大猪和小猪各吃到4单位；若两头猪同时到，大猪吃到5单位，小猪吃到3单位。这里，每头猪都有两种策略：按或等待。表2.5列出对应不同策略组合下的支付矩阵，如第一格表示两头猪同时按按钮，因而同时走到猪食槽，大猪吃到5单位，小猪吃到3单位，扣除2单位的成本，支付水平分别为3单位和1单位。

表2.5 智猪博弈的支付矩阵

大猪 \ 小猪	按	等待
按	3, 1	2, 4
等待	7, −1	0, 0

在这个博弈中，假定小猪是理性的，小猪肯定不会选择“按”的战略，因为无论大猪选择什么战略，对小猪来说，“等待”严格优于“按”，因而理性的小猪会选择“等待”。再假定大猪知道小猪是理性的，那么，大猪会正确地预测到小猪会选择“等待”，给定这个预测，大猪的最优选择只能是“按”。这样，(按，等待)是这个博弈唯一的均衡，即大猪选择“按”，小猪选择“等待”，支付水平分别是2单位和4单位。

在这个博弈中，实际上，首先剔除了小猪的劣战略“按”，在剔除了这个战略后的新的博弈中，小猪只有一个战略“等待”，大猪仍有两个战略，但此时，“等待”已成为大猪的劣战略，剔除这个战略，剩下的唯一战略组合是(按，等待)。

“重复剔除严格劣策略”的过程建立在理性参与人不会选择严格劣策略这一合情合理的原则上，但它仍有两个缺陷：第一，每一步剔除都需要对参与人间的相互了解作更进一步的假定，如果要把这一过程应用到任意多步，就需要假定“参与人是理性的”是共同知识。这意味着，我们不仅需要假定所有参与人是理性的，还要假定所有参与人都知道所有参与人是理性的，还需要假定所有参与人都知道所有参与人都知道所有参与人是理性的，等等，以至无穷。

重复剔除严格劣策略的第二个缺陷在于，这一方法对博弈结果的预测经常是不精确的。例如，在性别博弈中，就没有可以剔除的严格劣策略。

2.2.3　纳什均衡

因为纳什均衡在非合作博弈分析中具有很重要的地位和作用，下面给出它的定义。

定义 2.5　在博弈 $G=\{S_1,S_2,\cdots,S_n;u_1,\cdots,u_n\}$ 中，如果由各个博弈方的各一个策略组成的某个策略组合 $(s_1^*,\cdots,s_n^*)$ 中，任一博弈方 i 的策略 s_i^*，都是对其余博弈方策略的组合 $(s_1^*,\cdots,s_{i-1}^*,s_{i+1}^*,\cdots,s_n^*)$ 的最佳对策，也即

$$u_i\left(s_1^*,\cdots,s_{i-1}^*,s_i^*,s_{i+1}^*,\cdots,s_n^*\right)\geqslant u_i\left(s_1^*,\cdots,s_{i-1}^*,s_{ij},s_{i+1}^*,\cdots,s_n^*\right)$$

对任意 $s_{ij}\in S_i$ 都成立，则称 $\left(s_1^*,\cdots,s_n^*\right)$ 为 G 的一个“纳什均衡”。

纳什均衡的意义在于：若其他参与人均采用均衡策略，则余下的这一参与人只有采用均衡策略才是最好的，或者，对每个参与人来说，没有一个参与人能够单方面地改变他的策略并获得更好的支付，以致他们将理性地坚持自己的策略。这使得纳什均衡成为博弈的一致解概念。为了理解纳什均衡的含义，让我们设想所有参与人在博弈之前达成一个协议，指定每个参与人选定某个特定的策略，为参与人指定的策略必须正好是各参与人自愿选择的，即指定的策略必须是每个参与人针对其他参与人所选策略的最优反应策略。这种指定的策略组合可以称为“自动实施”的、稳定的结果。也可以这样理解，对给定的博弈，如果使用参与人之间事先达成的一个协议来进行博弈，那么，一个有效协议中的策略组合必须是可以“自动实施”的，否则在没有外在强制力约束时，至少会有一个参与人不遵守该协议。这种能够“自动实施”的、没有任何参与人愿意单独偏离的策略组合称为纳什均衡。

根据纳什均衡的定义，可以知道，性别博弈中(电影，电影)和(足球，足球)都是该博弈

的纳什均衡。现在，我们来验证(电影，电影)和(足球，足球)都是纳什均衡。对于策略组合(电影，电影)：当妻子选定看电影时，因为丈夫选择电影获得的支付 2 大于选择看足球获得的支付 0，所以，丈夫的最优选择是看电影；当丈夫选择看电影时，因为妻子选择看电影的支付 4 大于选择看足球的支付 0，所以，妻子的最优选择是看电影。这样，策略组合(电影，电影)是纳什均衡。对于策略组合(足球，足球)：如果丈夫选择看足球，因为妻子选择看足球的支付 2 大于选择看电影的支付 0，所以，妻子的最优选择是足球；如果妻子选择看足球，因为丈夫选择看足球的支付 4 大于选择看电影的支付 0，所以，丈夫的最优选择是看足球。

下面介绍一种求纳什均衡的简单解法——划线法。

在两个人1和2的有限战略博弈中，解纳什均衡的一个简单办法是：首先考虑参与人1的战略——对参与人2每一个给定的战略，找出参与人1的最优战略，在其对应的支付下划一横线；然后再用类似的方法找出参与人2的最优战略。完成这个过程后，如果某个支付格的两个数字下都有横线，这个数字格对应的战略组合就是一个纳什均衡。

例2.5 在表2.6的博弈问题中，求解其纳什均衡。

表2.6 划线法求解纳什均衡

参与人1 \ 参与人2	c_1	c_2	c_3
R_1	$\underline{7}$, 5	1, 10	5, $\underline{11}$
R_2	3, 6	8, $\underline{11}$	4, 10
R_3	6, 12	$\underline{9}$, $\underline{15}$	$\underline{8}$, 9

解 对参与人1来说，给定参与人2的战略 c_1，参与人1的最优战略是 R_1，故在表的第二行、第二列的数字7下划一横线；给定参与人2的战略 c_2，参与人1的最优战略是 R_3，故在表的第四行、第三列的数字9下划一横线；给定参与人2的战略 c_3，参与人1的最优战略是 R_3，故在表的第四行、第四列的数字8下划一横线。同理，给定参与人1的战略 R_1，参与人2的最优战略是 c_3，故在表的第二行、第四列的数字11下划一横线；给定参与人1的战略 R_2，参与人2的最优战略是 c_2，在表的第三行、第三列的数字11下划一横线；给定参与人1的战略 R_3，参与人2的最优战略是 c_2，故在表的第四行、第三列的数字15下划一横线。支付格(9, 15)的两个数字下都有横线，就是所求的纳什均衡(R_3, c_2)。

注 相对于后面的混合战略纳什均衡，本节所提的纳什均衡称为纯战略纳什均衡。

2.3 混合战略纳什均衡

上面给出了纳什均衡的定义，并举例说明了纳什均衡的求解方法——划线法。那么，是不是所有的博弈都有这样的均衡呢？现在看下面的例子。

例 2.6 猜硬币博弈。

有两个参与人，手里各拿一枚硬币，决定显示正面向上还是反面向上。如果两枚硬币相同的面同时向上，参与人 1 付给参与人 2 一元；否则，参与人 2 付给参与人 1 一元。这样，可以写出该博弈的支付矩阵表 2.7。

表 2.7　猜硬币博弈的支付矩阵

参与人 1 \ 参与人 2	正面	反面
正面	−1, <u>1</u>	<u>1</u>, −1
反面	<u>1</u>, −1	−1, <u>1</u>

从支付矩阵可知，猜硬币博弈是一个零和博弈。我们对猜硬币博弈的支付矩阵采用划线法进行划线，结果发现，没有一个单元中的支付同时有下划线，因此，这个博弈没有(纯策略)纳什均衡。这个博弈说明，策略式博弈不总是有(纯策略)纳什均衡，其中每个参与人确定性地选择他的一个策略。然而，参与人也许以某个概率随机地从这些纯策略中选择。以这种随机地选择自己的策略的方式称为混合策略。正式地，有下面的定义。

定义 2.6　在策略式博弈 $G=\{S_1,\cdots,S_n;u_1,\cdots,u_n\}$ 中，假定参与人 i 有 m_i 个纯策略：$S_i=\{s_{i1},\cdots,s_{im_i}\}$，那么，概率分布 $\boldsymbol{p}_i=(p_{i1},\cdots,p_{im_i})$ 称为参与人 i 的一个混合策略，这里，对于所有的 $j=1,\cdots,m_i$，$p_{ij}=p\left(s_{ij}\right)$ 是参与人 i 选择 s_{ij} 的概率，$0\leqslant p_{ij}\leqslant 1$，且 $\sum_{j=1}^{m_i}p_{ij}=1$。

注意，对于不同的参与人，他们的纯策略数也许不同，因此，用 m_i 表示参与人 i 的纯策略数，即 $m_i=|S_i|$。当某个 $p_{ij}=1$ 时，参与人 i 确定性地选择 $s_{ij}\in S_i$。因此，纯策略可以看成混合策略的一个特例。用 P_i 表示参与人 i 的混合策略空间，$\boldsymbol{p}_i\in P_i$，混合策略组合(mixed strategy profile)记为 $\boldsymbol{p}=(\boldsymbol{p}_1,\boldsymbol{p}_2,\cdots,\boldsymbol{p}_n)$，混合策略组合空间为 $\prod_{i=1}^{n}P_i$，$\boldsymbol{p}\in\prod_{i=1}^{n}P_i$，除参与人 i 之外的其他参与人的混合策略组合记为 $\boldsymbol{p}_{-i}=(\boldsymbol{p}_1,\cdots,\boldsymbol{p}_{i-1},\boldsymbol{p}_{i+1},\cdots,\boldsymbol{p}_n)$。

混合策略不像纯策略那样能直观地、明确地告诉我们一次博弈中各参与人的具体选择和博弈的确定结果。但混合策略告诉我们参与人决策的具体方式以及平均意义上的支付(期望效用或称为预期支付)。

任取 $\boldsymbol{p}_i\in P_i$，$\boldsymbol{p}=(\boldsymbol{p}_1,\boldsymbol{p}_2,\cdots,\boldsymbol{p}_n)$ 为博弈的一个混合策略组合。在此策略组合下，参与人 i 的支付为预期支付

$$E_i(\boldsymbol{p})=\sum_{i_1=1}^{m_1}\sum_{i_2=1}^{m_2}\cdots\sum_{i_n=1}^{m_n}u_i\left(s_{1i_1},\cdots,s_{ni_n}\right)p_{1i_1}p_{2i_2}\cdots p_{ni_n}$$

定义 2.7　在策略式博弈 $G=\{S_1,\cdots,S_n;u_1,\cdots,u_n\}$ 中，设 $\boldsymbol{p}^*$ 为一混合策略组合，如果

$$E_i\left(\boldsymbol{p}_i,\boldsymbol{p}_{-i}^*\right)\leqslant E_i\left(\boldsymbol{p}^*\right),\quad \forall\boldsymbol{p}_i\in P_i,\quad i=1,2,\cdots,n$$

成立，则称 $\boldsymbol{p}^*$ 是一个混合战略纳什均衡(mixed strategy Nash equilibrium)。

混合战略纳什均衡可以解释为一个随机稳定状态。参与人拥有过去行动被采用频率的信息，每个参与人使用这些频率信息去形成他关于别的参与人未来行动的信念，因此，可以系统表达他的行动。在均衡中这些频率随时间保持不变并且在这样的意义下是稳定的：给定稳

定状态信念，由参与人用正概率选择的任何行动是最优的。

在策略式博弈中，经常碰到两人博弈的情形——双矩阵博弈。下面将介绍两参与人的混合策略纳什均衡。参与人 1 的混合策略是 m_1 维概率向量 $\boldsymbol{p}_1=(p_{11},p_{12},\cdots,p_{1m_1})$，则混合策略集为

$$P_1=\left\{(p_{11},p_{12},\cdots,p_{1m_1})\left|\sum_{i=1}^{m_1}p_{1i}=1,\ p_{1i}\geqslant 0\right.\right\}$$

参与人 2 的一个混合策略是 m_2 维概率向量 $\boldsymbol{p}_2=(p_{21},p_{22},\cdots,p_{2m_2})$，则混合策略集为

$$P_2=\left\{(p_{21},p_{22},\cdots,p_{2m_2})\left|\sum_{i=1}^{m_2}p_{2i}=1,\ p_{2i}\geqslant 0\right.\right\}$$

当参与人 1 选择混合策略 $\boldsymbol{p}_1$ 且参与人 2 选择混合策略 $\boldsymbol{p}_2$ 时，参与人 1 的预期支付为

$$E_1(\boldsymbol{p}_1,\boldsymbol{p}_2)=\boldsymbol{p}_1\boldsymbol{A}\boldsymbol{p}_2^{\mathrm{T}}$$

参与人 2 的预期支付为

$$E_2(\boldsymbol{p}_1,\boldsymbol{p}_2)=\boldsymbol{p}_2\boldsymbol{B}\boldsymbol{p}_1^{\mathrm{T}}$$

其中，$\boldsymbol{A}$ 和 $\boldsymbol{B}$ 分别为参与人 1 和参与人 2 的支付矩阵。

根据混合策略纳什均衡的定义，对于双矩阵博弈，有下面的定义。

定义 2.8　在双矩阵博弈中，如果 $\boldsymbol{p}_1^*\in P_1$，$\boldsymbol{p}_2^*\in P_2$，满足

$$\boldsymbol{p}_1\boldsymbol{A}\boldsymbol{p}_2^{*\mathrm{T}}\leqslant \boldsymbol{p}_1^*\boldsymbol{A}\boldsymbol{p}_2^{*\mathrm{T}},\quad \forall \boldsymbol{p}_1\in P_1$$

且

$$\boldsymbol{p}_2\boldsymbol{B}\boldsymbol{p}_1^{*\mathrm{T}}\leqslant \boldsymbol{p}_2^*\boldsymbol{B}\boldsymbol{p}_1^{*\mathrm{T}},\quad \forall \boldsymbol{p}_2\in P_2$$

则称 $\left(\boldsymbol{p}_1^*,\boldsymbol{p}_2^*\right)$ 为双矩阵博弈的一个混合战略纳什均衡。

下面，以例 2.6(猜硬币博弈)为例说明求解混合策略纳什均衡的方法。

在猜硬币博弈中，参与人 1 和参与人 2 的支付矩阵 $\boldsymbol{A}$ 和 $\boldsymbol{B}$ 分别为

$$\boldsymbol{A}=\begin{bmatrix}-1 & 1\\ 1 & -1\end{bmatrix},\quad \boldsymbol{B}=\begin{bmatrix}1 & -1\\ -1 & 1\end{bmatrix}$$

记参与人 1 选择“正面”策略的概率为 x，则使用“反面”策略的概率为 $1-x$，即 $\boldsymbol{p}_1=(x,1-x)$；参与人 2 使用“正面”策略的概率为 y，则使用“反面”策略的概率为 $1-y$，$\boldsymbol{p}_2=(y,1-y)$。这样，参与人 1 的预期支付函数为

$$E_1(\boldsymbol{p}_1,\boldsymbol{p}_2)=\boldsymbol{p}_1\boldsymbol{A}\boldsymbol{p}_2^{\mathrm{T}}=(2x-1)(1-2y)$$

对上式关于 x 求偏导，可得一阶条件(the first-order condition)

$$\frac{\partial E_1(\boldsymbol{p}_1,\boldsymbol{p}_2)}{\partial x}=2(1-2y)=0$$

解之，得 $y^*=\dfrac{1}{2}$。同理，也可解得 $x^*=\dfrac{1}{2}$。

这样，在猜硬币博弈中，两参与人都以 $(1/2,1/2)$ 的概率分布选择正面和反面，这是该博弈唯一的纳什均衡(没有纯策略纳什均衡)。

例 2.7　求出表 2.8 中支付矩阵表示的博弈中的混合策略纳什均衡。

表 2.8　支付矩阵

博弈方 1 \ 博弈方 2	L	R
T	2, 1	0, 2
B	1, 2	3, 0

解　设博弈方 1 采用 T 策略的概率为 p，则采用 B 策略的概率为 $1-p$；再设博弈方 2 采用 L 策略的概率为 q，那么采用 R 策略的概率为 $1-q$。根据上面计算混合策略纳什均衡的方法，可分别计算两个博弈方采用各自两个纯策略的期望支付，并令它们相等：

$$2q = q + 3(1-q)$$

$$p + 2(1-p) = 2p$$

解上述方程，得 $p = 2/3,\ q = 3/4$。即该博弈的混合策略纳什均衡为：博弈方 1 以概率分布 $2/3$ 和 $1/3$ 在 T 和 B 中随机选择，博弈方 2 以概率 $3/4$ 和 $1/4$ 在 L 和 R 中随机选择。

前面引进混合策略概念和混合策略纳什均衡分析方法，是以没有纯策略纳什均衡的严格竞争博弈为基础的。其实，混合策略和混合策略纳什均衡在分析博弈方的利益有很大一致性，在有多个纯策略纳什均衡的博弈中也有重要意义。

下面采用性别博弈的例子来说明，为说明问题的需要，比较表 2.2 中性别博弈的支付，本例中夫妻各自的支付稍加变动，本例的支付矩阵如表 2.9 所示。

表 2.9　性别博弈支付矩阵

丈夫 \ 妻子	电影	足球
电影	2, 1	0, 0
足球	0, 0	1, 3

采用划线法可知，性别博弈中有两个纯策略纳什均衡，分别为(电影，电影)和(足球，足球)。这个博弈和没有纯策略纳什均衡的严格竞争博弈是明显不同的，因为在本博弈中，双方都不会害怕对方猜到自己的选择，他们主观上并不想隐瞒自己的选择。因此，这个博弈中两个博弈方的决策思路和原则应该和没有纯策略纳什均衡的博弈有所不同。

由于这个博弈有两个纯策略纳什均衡，并且双方对纳什均衡的偏好不同，妻子偏好前者，丈夫偏好后者。当夫妻双方首先从自身利益最大化出发独立同时决策时，我们不能肯定他们究竟会作怎样的选择。也就是说，在纯策略的范围内，该博弈是无法对两博弈方的选择提出确定性建议的。因此有必要考虑该博弈的混合策略纳什均衡。

设 p_w 为妻子选择电影的概率，则妻子选择足球的概率为 $1-p_w$；p_h 为丈夫选择电影的概率，则丈夫选择足球的概率为 $1-p_h$。根据求混合策略纳什均衡的方法，可分别计算两个博弈方采用各自两个纯策略的期望支付，并令它们相等：

$$p_w \cdot 1 + (1 - p_w) \cdot 0 = p_w \cdot 0 + (1 - p_w) \cdot 3$$
$$p_h \cdot 2 + (1 - p_h) \cdot 0 = p_h \cdot 0 + (1 - p_h) \cdot 1$$

解上述方程，得 $p_w = 3/4,\ p_h = 1/3$。当妻子以(3/4, 1/4)的概率分布随机选择电影和足球，丈夫以(1/3, 2/3)的概率随机选择电影和足球时，双方都无法通过单独改变策略，即单独改变随机选择纯策略的概率分布而提高利益，因此双方上述概率分布的组合构成一个混合策略纳什均衡。

2.4　纳什均衡的存在性

前面介绍了混合战略纳什均衡，到目前为止，我们讨论的博弈至少存在一个纳什均衡(纯战略纳什均衡或混合战略纳什均衡)。那么，是不是所有的博弈都存在纳什均衡呢？不一定。但是纳什证明，任何有限博弈都存在至少一个纳什均衡。那么，什么情况下，纳什均衡存在？下面，将介绍纳什均衡存在的一些相关定理。

定理 2.1　在 n 人策略式博弈中，如果每个参与人的纯策略空间 S_i 是欧氏空间上一个非空的、闭的、有界的凸集，支付函数 $u_i(\boldsymbol{s})$ 连续且对 s_i 是拟凹的，那么，这一博弈中存在一个纯策略纳什均衡。

注意，这里的 s_i 表示策略，也可能是行动的一个向量。那么，在这种情况下，这里的连续和拟凹是相对这个向量而言的。

定理 2.2　在有限策略式博弈 $G = \{S_1, \cdots, S_n; u_1, \cdots, u_n\}$ 中，混合策略 $\boldsymbol{p}^*$ 为纳什均衡的充要条件是：对所有参与人 i，他的每一个纯策略 $s_i \in S_i$，有

$$E_i\left(s_i, \boldsymbol{p}_{-i}^*\right) \leqslant E_i\left(\boldsymbol{p}^*\right)$$

成立。

证明　必要性是显然的，下证充分性。记 $S_i = \{s_{i1}, \cdots, s_{im_i}\}$。对每一个参与人 i，有

$$E_i\left(s_{ij}, \boldsymbol{p}_{-i}^*\right) \leqslant E_i\left(\boldsymbol{p}^*\right), \quad j = 1, 2, \cdots, m_i$$

对参与人 i 的任一混合策略 $\boldsymbol{p}_i = (p_{i1}, \cdots, p_{im_i}) \in P_i$，由上式得

$$E_i\left(s_{ij}, \boldsymbol{p}_{-i}^*\right) p_{ij} \leqslant E_i\left(\boldsymbol{p}^*\right) p_{ij}, \quad j = 1, 2, \cdots, m_i$$

上式对 j 求和，有

$$\sum_{j=1}^{m_i} E_i\left(s_{ij}, \boldsymbol{p}_{-i}^*\right) p_{ij} \leqslant \sum_{j=1}^{m_i} E_i\left(\boldsymbol{p}^*\right) p_{ij}$$

即

$$E_i\left(\boldsymbol{p}_i, \boldsymbol{p}_{-i}^*\right) \leqslant E_i\left(\boldsymbol{p}^*\right), \quad i = 1, 2, \cdots, n$$

于是，$\boldsymbol{p}^*$ 是博弈的混合策略纳什均衡。

虽然不是所有的博弈都有纳什均衡，但纳什(1950)采用不动点定理证明对任何有限博弈都至少存在一个纳什均衡。

引理 2.1 (Brower 不动点定理)　设 C 是 $\mathbf{R}^n$ 中非空紧凸子集，$f: C \to C$ 是连续函数，于是，存在 $x \in C$，使 $f(x)=x$，即 $\mathbf{R}^n$ 中非空紧凸子集到自己的映射必有不动点。

定理 2.3 (Nash，1950)　每一个有限 n 人非合作博弈必有纳什均衡(可以是纯策略的或混合策略的)。

证明　设 $\boldsymbol{p}$ 是任一混合策略组合。对 $i \in I=\{1,2,\cdots,n\}$，参与人 i 的一个纯策略 s_{ij} ($j=1, 2,\cdots,m_i$)，定义

$$\phi_{ij}(\boldsymbol{p})=\max\left\{0, E_i(s_{ij},\boldsymbol{p}_{-i})-E_i(\boldsymbol{p})\right\} \tag{2.1}$$

又对每一个 p_{ij}，定义

$$y_{ij}=\frac{p_{ij}+\phi_{ij}(\boldsymbol{p})}{1+\sum_{j=1}^{m_i}\phi_{ij}(\boldsymbol{p})} \tag{2.2}$$

上式分子不小于 0，分母不小于 1，于是

$$y_{ij} \geqslant 0, \quad j=1,2,\cdots,m_i$$

易见

$$\sum_{j=1}^{m_i} y_{ij}=1$$

于是

$$\boldsymbol{y}_i=(y_{i1},y_{i2},\cdots,y_{im_i}) \in P_i$$

显然，$\boldsymbol{y}_i$ 是 $\boldsymbol{p}$ 的连续函数，于是，$\boldsymbol{y}=(\boldsymbol{y}_1,\boldsymbol{y}_2,\cdots,\boldsymbol{y}_n)$ 是 $\boldsymbol{p}$ 的连续函数，它在 $P_1\times\cdots\times P_n$ 上连续。又 $P_1\times\cdots\times P_n$ 是 $\mathbf{R}^{m_1+m_2+\cdots+m_n}$ 中非空紧凸子集，由 Brower 不动点定理，存在

$$\boldsymbol{p}^*=\left(\boldsymbol{p}_1^*,\boldsymbol{p}_2^*,\cdots,\boldsymbol{p}_n^*\right) \in P_1\times P_2\times\cdots\times P_n$$

其中 $\boldsymbol{p}_i^*=\left(p_{i1}^*,p_{i2}^*,\cdots,p_{im_i}^*\right)$，使得

$$p_{ij}^*=\frac{p_{ij}^*+\phi_{ij}\left(\boldsymbol{p}^*\right)}{1+\sum_{j=1}^{m_i}\phi_{ij}\left(\boldsymbol{p}^*\right)}, \qquad i=1,2,\cdots,n, \qquad j=1,2,\cdots,m_i \tag{2.3}$$

下面证明 $\boldsymbol{p}^*$ 是一个纳什均衡。

首先，对任一混合策略组合 $\boldsymbol{p}$，在每个参与人 i 的混合策略 $\boldsymbol{p}_i$ 中，必存在 j，使 $p_{ij}>0$，且

$$E_i\left(s_{ij},\boldsymbol{p}_{-i}\right) \leqslant E_i(\boldsymbol{p}) \tag{2.4}$$

事实上，若不然，则 $\forall j (1 \leqslant j \leqslant m_i)$，只要 $p_{ij}>0$，就有式(2.3)。对所有 $p_{ij}>0$，有

$$E_i\left(s_{ij},\boldsymbol{p}_{-i}\right)p_{ij} > E_i(\boldsymbol{p})p_{ij} \tag{2.5}$$

当 $p_{ij}=0$ 时，式(2.5)等式成立。对式(2.5)求和，有

$$\sum_{j=1}^{m_i} E_i\left(s_{ij}, \boldsymbol{p}_{-i}\right) p_{ij} > \sum_{j=1}^{m_i} E_i(\boldsymbol{p}) p_{ij}$$

即

$$E_i\left(\boldsymbol{p}_i, \boldsymbol{p}_{-i}\right) > E_i(\boldsymbol{p})$$

而 $E_i\left(\boldsymbol{p}_i, \boldsymbol{p}_{-i}\right) = E_i(\boldsymbol{p})$，矛盾。故存在 j，使得 $p_{ij} > 0$ 且式(2.4)成立。

因此，对混合策略组合 $\boldsymbol{p}^* = \left(\boldsymbol{p}_1^*, \boldsymbol{p}_2^*, \cdots, \boldsymbol{p}_n^*\right)$，参与人 i 的混合策略 $\boldsymbol{p}_i^*$ 中必会有一个 $p_{ij}^* > 0$，使得

$$E_i\left(s_{ij}, \boldsymbol{p}_{-i}^*\right) \leqslant E_i\left(\boldsymbol{p}^*\right)$$

从而

$$\phi_{ij}\left(\boldsymbol{p}^*\right) = 0$$

由式(2.3)得

$$p_{ij}^* = \frac{p_{ij}^* + \phi_{ij}\left(\boldsymbol{p}^*\right)}{1 + \sum_{j=1}^{m_i} \phi_{ij}\left(\boldsymbol{p}^*\right)} > 0$$

于是

$$\sum_{j=1}^{m_i} \phi_{ij}\left(\boldsymbol{p}^*\right) = 0, \quad i = 1, 2, \cdots, n$$

即

$$\phi_{ij}\left(\boldsymbol{p}^*\right) = 0, \quad j = 1, 2, \cdots, m_i, \quad i = 1, 2, \cdots, n$$

由 $\phi_{ij}\left(\boldsymbol{p}^*\right)$定义，得

$$E_i\left(s_{ij}, \boldsymbol{p}_{-i}^*\right) \leqslant E_i\left(\boldsymbol{p}^*\right), \quad i = 1, 2, \cdots, n, \quad j = 1, 2, \cdots, m_i$$

由定理 2.2，$\boldsymbol{p}^*$ 是博弈的混合策略纳什均衡。

在定理 2.1 中，要求支付函数 $u_i(\boldsymbol{s})$ 不仅在纯策略空间上是连续的，且对 s_i 是拟凹的。在实践中，经常会碰到支付函数在纯策略空间上是连续的但对自己的策略不一定是拟凹的。这时，不能应用定理 2.1 来证明纳什均衡的存在性，但是，若引入混合策略，下面的定理可以保证纳什均衡的存在性。

定理 2.4(Glicksberg，1952)　在 n 人策略式博弈中，如果每个参与人的纯策略空间 S_i 是欧氏空间上的非空有界闭凸集，支付(效用)函数 $u_i(\boldsymbol{s})$ 连续，那么，这一博弈中存在一个混合策略纳什均衡。

在一些情况下，拟凹性是很难得到满足的。当然，纳什均衡可以在存在性定理的条件不满足的情况下也能存在，这些条件只是充分条件而不是必要条件。定理 2.4 对不满足拟凹

性的情况给出了很好的回答。

我们已经知道纳什均衡的存在条件，但是很多情况下，真正感到棘手的是一个博弈中存在多个均衡。那么，当一个博弈存在多个纳什均衡时，究竟哪个均衡会出现呢？目前并没有一般的理论证明。然而，谢林(Schelling，1960)指出，在现实生活中，参与人可能使用某些被博弈抽象掉的信息来达到一个“聚点”均衡。这些信息可能与社会文化习惯、参与人过去博弈的历史等有关。谢林所讲的“聚点”均衡正是协调博弈所研究的内容，这部分内容理论还很不完善，有待感兴趣的学者进一步研究。

2.5　完全信息静态博弈在经济管理领域中的应用

2.5.1　库诺特寡头竞争模型

库诺特(Cournot, 1838)寡头竞争模型(简称库诺特模型)是纳什均衡思想最早的模型之一。在库诺特模型里，有两个参与人，分别为企业 1 和企业 2，生产同质产品；每家企业的目标是选择产量策略去最大化自己的利润函数(支付函数)，两企业同时行动。

企业 i 从可行集 $Q_i=[0,\infty)$ 中选择产量水平 q_i，$i=1,2$。市场逆需求函数为 $P(Q)$，是 Q 的递减函数，这里 $Q=q_1+q_2$。企业 i 的生产成本 $C_i(q_i)$ 是数量的凸函数，$i=1,2$。根据上面这些描述，企业 i 的利润函数为

$$\pi_i(q_1,q_2)=q_iP(q_1+q_2)-C_i(q_i)\,,\qquad i=1,2$$

如果 $\left(q_1^*,q_2^*\right)$ 是纳什均衡产量，根据纳什均衡的定义，应该同时满足

$$q_1^*\in\arg\max_{q_1}\ \pi_1\left(q_1,q_2^*\right)=q_1P\left(q_1+q_2^*\right)-C_1(q_1)$$

$$q_2^*\in\arg\max_{q_2}\ \pi_2\left(q_1^*,q_2\right)=q_2P\left(q_1^*+q_2\right)-C_2(q_2)$$

而求解最优解的方法是对每家企业的利润函数求一阶导数，并令其等于零，即一阶条件

$$\frac{\partial\pi_1}{\partial q_1}=P(q_1+q_2)+q_1P'(q_1+q_2)-C_1'(q_1)=0$$

$$\frac{\partial\pi_2}{\partial q_2}=P(q_1+q_2)+q_2P'(q_1+q_2)-C_2'(q_2)=0$$

解一阶条件方程组可得两个反应函数①，它们的交点 $\left(q_1^*,q_2^*\right)$ 就是纳什均衡。当然，也可以直接从一阶条件求出解 $\left(q_1^*,q_2^*\right)$。

下面来看一个具体的例子。假设

① 其实对一个一般的博弈，只要支付是策略的多元连续函数，我们都可以求每个博弈方针对其他博弈方策略的最佳反应构成的函数，就是反应函数，而解出的各个博弈方反应函数的交点就是纳什均衡。这种利用反应函数求博弈的纳什均衡的方法称为“反应函数法”。

$$C_1(q_1)=\frac{bq_1^2}{2}\text{，}\quad C_2(q_2)=\frac{bq_2^2}{2}\text{，}\quad b>0$$

逆需求函数为 $P=a-(q_1+q_2)$，这里 $a>0$。根据上面的式子，我们有一阶条件为

$$\frac{\partial\pi_1}{\partial q_1}=a-(q_1+q_2)-q_1-bq_1=0$$

$$\frac{\partial\pi_2}{\partial q_2}=a-(q_1+q_2)-q_2-bq_2=0$$

企业 1 和企业 2 的反应函数分别为

$$q_1^*=R_1(q_2)=\frac{a-q_2}{2+b}\text{；}\quad q_2^*=R_2(q_1)=\frac{a-q_1}{2+b}$$

从反应函数可知，当企业 j 增加一个单位的产量，企业 $i\neq j$ 减少 $1/(2+b)$ 单位的产量。解这两个反应函数组成的方程组，得纳什均衡产量为

$$q_1^*=q_2^*=\frac{a}{3+b}$$

这样，两家企业的纳什均衡利润分别为

$$\pi_1\left(q_1^*,q_2^*\right)=\pi_2\left(q_1^*,q_2^*\right)=\frac{a^2(2+b)}{2(3+b)^2}$$

为了与垄断情况进行比较，我们来计算垄断企业的最优产量和均衡利润。垄断企业的最优化问题为

$$\max_Q \pi=Q(a-Q)-\frac{1}{2}bQ^2$$

可以计算出，垄断企业的最优产量为

$$Q^*=\frac{a}{(2+b)}<\frac{2a}{(3+b)}=q_1^*+q_2^*$$

不等式由 $a,b>0$ 推出；垄断利润为

$$\pi=\frac{a^2(2+b)}{2(2+b)^2}$$

当 $2b+b^2<1$ 时，有 $\pi>\pi_1+\pi_2$，即在成本系数非常小时，垄断者的利润大于分散企业的利润和；当 $2b+b^2=1$ 时，有 $\pi=\pi_1+\pi_2$；当 $2b+b^2>1$ 时，有 $\pi<\pi_1+\pi_2$。

在上面的垄断企业模型中，假设产品由一家企业生产，因此，有成本 $bQ^2/2$。现在，考虑两企业统一决定产量(合谋)，但由两企业分别生产的情形，或者看成是一个垄断者拥有两家企业，由垄断者决定每家企业的生产量。在这些情况下，总成本为

$$\frac{bq_1^2}{2}+\frac{bq_2^2}{2}$$

这里，$q_1+q_2=Q$。可以证明，当 $q_1=q_2=Q/2$ 时，总成本最小，为 $bQ^2/4$。这样，在合谋情况下，最优化问题为

$$\max_{Q} \pi^c = Q(a-Q) - \frac{1}{4}bQ^2$$

可以计算出，合谋时总产量为

$$Q^* = \frac{2a}{4+b} < \frac{2a}{3+b} = q_1^* + q_2^*$$

总利润为

$$\pi^c = \frac{a^2}{4+b} > \frac{a^2(2+b)}{(3+b)^2} = \pi_1 + \pi_2$$

从上面的结论可知，寡头竞争的每家企业的产量大于合谋时每家企业的产量，但利润却小于合谋时的利润。产生这种现象的原因在于每家企业在选择自己的最优产量时，只考虑对本企业利润的影响，而忽视对另一家企业的外部效应。这是典型的囚徒困境问题。

库诺特寡头竞争模型无法实现博弈方总体和各个博弈方各自最大利益的结论，对于市场经济的组织、管理，以及产业组织和社会经济制度的效率判断，都具有非常重要的意义。此类博弈说明了自由竞争的经济同样也存在低效率问题，放任自流也不是最好的政策。此后我们遇到的其他许多博弈模型也能证明这一点。这些结论也说明了对于市场的管理，政府对市场的调控和监管是必不可少的。

现实中，存在很多库诺特寡头竞争模型的例子。像 20 世纪的 80~90 年代国际经济中石油输出国组织的限额和突破问题；前几年，家电市场的价格战问题；2014~2015 年钢铁企业竞相突破政府制订的产量限额的竞争问题等，其实也是类似上述模型的博弈规律在起作用。

2.5.2　产品竞争与替代模型

伯特兰德在 1883 年提出一种形式的寡头模型。这种模型与选择产量的库诺特模型的差别在于，伯特兰德模型中各厂商所选择的是价格而不是产量。这种模型就是产品竞争与替代模型。下面，用简单的两寡头且产品有一定差别的伯特兰德价格博弈模型(简称伯特兰德模型)进行分析。

上述产品有一定差别是指两个厂商生产的是同类产品，但在品牌、质量和包装等方面有所不同。因此伯特兰德模型中厂商的产品之间有很强的替代性，但又不是完全可替代，即价格不同时，价格较高的不会完全销不出去。当厂商 1 和厂商 2 价格分别为 p_1 和 p_2 时，它们各自的需求函数为

$$q_1 = q_1(p_1, p_2) = a_1 - b_1 p_1 + d_1 p_2$$
$$q_2 = q_2(p_1, p_2) = a_2 - b_2 p_2 + d_2 p_1$$

就可以反映上述差别产品的特征，其中 $d_1, d_2 > 0$，即两个厂商产品的替代系数。我们也假设两厂商无固定成本，假设边际生产成本分别为 c_1, c_2。最后，仍强调两厂商是同时决策的。

在该博弈中，两博弈方为厂商 1 和厂商 2；它们各自的策略空间为 $S_1 = \{0, p_{1\max}\}$，$S_2 = \{0, p_{2\max}\}$，其中 $p_{1\max}$ 和 $p_{2\max}$ 是厂商 1 和厂商 2 还能卖出产品的最高价格；两博弈方的支付就是各自的利润，即销售收益减去成本，它们都是双方价格的函数：

$$u_1 = u_1(p_1, p_2) = p_1 q_1 - c_1 q_1 = (p_1 - c_1) q_1 = (p_1 - c_1)(a_1 - b_1 p_1 + d_1 p_2)$$
$$u_2 = u_2(p_1, p_2) = p_2 q_2 - c_2 q_2 = (p_2 - c_2) q_2 = (p_2 - c_2)(a_2 - b_2 p_2 + d_2 p_1)$$

直接求这个博弈中两厂商对对方策略的反应函数:利用上述支付函数在偏导数为 0 时有最大值，可求得两厂商对对方策略(价格)的反应函数分别为

$$p_1 = \frac{a_1 + b_1 c_1 + d_1 p_2}{2b_1}$$
$$p_2 = \frac{a_2 + b_2 c_2 + d_2 p_1}{2b_2}$$

纳什均衡 $\left(p_1^*, p_2^*\right)$ 是两反应函数的交点，即必须满足

$$\begin{cases} p_1^* = \dfrac{a_1 + b_1 c_1 + d_1 p_2^*}{2b_1} \\ p_2^* = \dfrac{a_2 + b_2 c_2 + d_2 p_1^*}{2b_2} \end{cases}$$

解此方程组，得

$$p_1^* = \frac{d_1(a_2 + b_2 c_2)}{4b_1 b_2 - d_1 d_2} + \frac{2b_2(a_1 + b_1 c_1)}{4b_1 b_2 - d_1 d_2}$$
$$p_2^* = \frac{d_2(a_1 + b_1 c_1)}{4b_1 b_2 - d_1 d_2} + \frac{2b_1(a_2 + b_2 c_2)}{4b_1 b_2 - d_1 d_2}$$

$\left(p_1^*, p_2^*\right)$ 为该博弈唯一的纳什均衡。将 p_1^*, p_2^* 代入两支付函数则可以得到两厂商的均衡支付。

如果进一步假设模型中的参数为 $a_1 = a_2 = 28$ ， $b_1 = b_2 = 1$ ， $d_1 = d_2 = 0.5$ ， $c_1 = c_2 = 2$ ，则可以解得 $p_1^* = p_2^* = 20$ ， $u_1^* = u_2^* = 324$ 。

上述模型是伯特兰德模型较简单的情况，更一般的情况是有 n 个寡头的价格决策，并且产品也是无差别的。对产品无差别的情况，必须考虑消费者对价格的敏感性问题，因为如果所有消费者对价格都非常敏感，则生产完全同质商品的厂商之间的价格差别根本不可能存在，因为此时价格高的一方将完全卖不出去。对多于两寡头的伯特兰德模型的分析，则是两寡头的简单推广，也即只需要求出每个厂商对其他各个厂商价格的反应函数，然后解出它们的交点即可。

这里要注意的是，这种价格决策和库诺特模型中的产量决策一样，其纳什均衡也不如各博弈方通过协商、合作得到的最佳结果，因此也是囚徒困境的一种。这种囚徒困境在我国的现实经济中也有具体例子，如近年里以彩电为代表的家电企业之间的价格战。

2.5.3 霍特林价格竞争模型[①]

伯特兰德(1883)证明，在两家企业的产品是同质的(homogenous)情况下，如果两企业进行价格竞争，那么，纳什均衡的价格均等于它们的边际成本 c ，企业的利润为 0，与完全竞

① 模型主要取自张维迎(1996)。

争市场的均衡结果一样。这就是所谓的“伯特兰德悖论”(Bertrand paradox)。解开这一悖论的方法是考虑产品的差异性(differentiation)。在这里，产品差异性不仅可以是物质上的差异性，还可以是地理位置、企业(商场)的其他物质的可获性、产品的售后服务水平等。在存在产品差异的情况下，纳什均衡的价格会不会等于厂商的边际成本呢？下面，以霍特林(Hotelling, 1929)价格竞争模型(简称霍特林模型)为例来回答这一问题。在霍特林模型中，产品在物质性能上是相同的，但在空间位置上有差异。因为处于不同位置上的消费者购物的旅行成本(包括时间成本)不同，他们关心的不只是所购货物的价格，还有价格与旅行成本的和。

假定有一个长度为 1 的线性城市(线性城市的假设与某些小城镇的居民住宅沿道路或河流排列的情形是吻合的)，消费者均匀地分布在$[0,1]$里；有两个商店，分别位于该线性城市的两端，即商店 1 在$x=0$处，商店 2 在$x=1$处，它们出售物质性能相同的商品；每家商店提供单位商品的成本都是c，消费者购买商品的单位旅行成本为t。这样，住在x处的消费者到商店 1 采购的成本是tx，到商店 2 采购的成本是$t(1-x)$。

现在讨论两商店之间的价格竞争。假定两家商店同时选择自己的销售价格。为讨论简单起见，再假定消费者具有单位需求，即或者消费 1 单位的商品或者消费 0 单位的商品，并且消费者的消费剩余足够大，从而所有消费者都购买 1 单位的商品。令商店i的价格为p_i，消费者对商店i的需求函数为$D_i(p_1,p_2)$，$i=1,2$。假定这两家企业的价格差距不至于大到使一家企业面临无需求状态；价格相对消费剩余$\bar{s}$来说不太高，以至于市场完全被覆盖。第一个条件在均衡中显然是必须满足的，因为一个商店若没有需求，也就没有盈利，从而就会激励它降低价格，以争得市场份额。如果商品的消费者剩余$\bar{s}$足够大，第二个条件也会在均衡中得到满足。如果住在x处的消费者在两家商店之间是无差异的，那么，所有住在x左边的消费者将都在商店 1 采购，而所有住在x右边的消费者将都在商店 2 采购。这样，对两家商店的需求分别为

$$D_1=Nx,\quad D_2=N(1-x)$$

这里N是消费者总数，x满足

$$p_1+tx=p_2+t(1-x)$$

解之，得需求函数分别为

$$D_1(p_1,p_2)=Nx=\frac{N(p_2-p_1+t)}{2t},\quad D_2(p_1,p_2)=N(1-x)=\frac{N(p_1-p_2+t)}{2t}$$

商店 1 的利润函数为

$$\pi_1(p_1,p_2)=(p_1-c)D_1(p_1,p_2)=\frac{N(p_1-c)(p_2-p_1+t)}{2t}$$

对上式关于价格p_1求偏导，并令其等于 0 得一阶条件，解一阶条件得商店 1 对商店 2 的价格的最优反应函数(因为二阶条件是满足的)为

$$p_1^*=R_1(p_2)=\frac{c+t+p_2}{2}$$

从反应函数可知，商店 2 的价格和单位旅行成本越大，商店 1 的价格越高。

商店 2 的利润函数为

$$\pi_2(p_1,p_2)=(p_2-c)D_2(p_1,p_2)=\frac{N(p_2-c)(p_1-p_2+t)}{2t}$$

解上式关于价格 p_2 的一阶条件(这里二阶条件是满足的)，得商店 2 对商店 1 价格的最优反应函数为

$$p_2^*=R_2(p_1)=\frac{c+t+p_1}{2}$$

解两个反应函数组成的方程组，得

$$p_1^*=p_2^*=c+t$$

即两个商店的定价都将是商品的供应成本和旅游成本之和。这时，每个商店的利润都是

$$\pi_1^*=\pi_2^*=\frac{t}{2}$$

把消费者的位置差异解释为产品差异，进一步又解释为消费者采购商品的旅行成本。旅行成本 t 越高，产品的差异性就越大，均衡价格及均衡利润就越高。原因在于随着旅行成本上升，不同商店出售的商品之间差异性增大，从而相互之间的替代性下降，每个商店对其附近消费者的垄断力得以加强，竞争性削弱，从而每个商店的最优定价能更接近于垄断价格。

上面的模型假设旅行成本是线性的，一个人也可以考虑旅行成本是二次的。在这种情况下，住在 x 的消费者去商店 1 的开支为 tx^2，去商店 2 的开支为 $t(1-x)^2$。按照这种模式，边际运输成本随离商店的距离增长而增加。假设位于 x 处的一个消费者在两家商店间是无差异的，那么，x 满足

$$p_1+tx^2=p_2+t(1-x)^2$$

可以证明，在二次旅行成本的情况下，有与线性旅行成本相同的需求函数。

2.6 本 章 小 结

本章首先介绍有关完全信息静态博弈的基本概念和理论：策略式博弈、纯战略纳什均衡(占优策略、严格劣战略的重复剔除、纳什均衡)，混合战略纳什均衡，并分析纳什均衡的存在性，给出求纳什均衡的基本解法。最后介绍完全信息静态博弈在经济管理领域中的应用。

本章尽可能运用了源于现实经济活动，或者与现实有关的博弈例子，解释博弈分析的各种概念、原理和方法。通过本章的分析，不仅可以掌握博弈分析的基本思路和各种分析方法，而且还对相关的各种经济活动和现实生活中的决策和博弈问题，对人们在经济活动中各种行为的内在逻辑，各种相关经济现象背后的内在规律等，有更深入的理解和认识。

思考题与练习题

1. 囚徒困境说明了什么经济管理现象？

以囚徒困境为例，说明在非纳什均衡的三个行动组合中，它们为什么是不稳定的？

2. 在双矩阵模型中，如果双参数一个为参与人收益，另一个为参与人成本，则给出该问题的纳什均衡的定义，解释鞍点的含义。

3. 占优战略均衡、重复删除劣战略后的占优战略均衡、纳什均衡是什么关系？

4. 考虑如下的监督博弈(supervision game)：

委托人有一项工作任务，由于其专业性，委托人委托代理人完成，委托人支付代理人的工作报酬是 w 。代理人为完成该任务，付出的成本为 c $(w>c>0)$ 。委托人为防止代理人的投机行为，需要决定对代理人是否实施监督，如实施监督，则需要付出监督成本 s 。如果发现代理人的投机行为，则以扣除工资报酬作为惩罚。无论什么情况，代理人的劳动结果(v)属于委托人，当然有 $v>w$ 。

建立该问题的博弈模型，并求出纳什均衡。

5. 求如下博弈的纳什均衡：

参与甲 \ 参与乙	*E*	*F*	*G*
A	2, 0	1, 1	4, 2
B	3, 4	1, 2	2, 3
C	1, 3	0, 2	3, 0

6. 求出下列社会福利博弈的混合战略纳什均衡：

政府 \ 流浪汉	找工作	流浪
救济	5, 3	−1, 3
不救济	−1, 1	0, 0

7. 考虑两位同学向两家单位申请工作的博弈，每家单位只提供给一个工作机会。工作申请规则如下：每位同学只能向一家单位申请工作机会；如果一家企业只有一位申请，则申请成功；如果一家企业有两位申请，则每位同学申请成功概率为 $\frac{1}{2}$ 。假定两家企业提供的工资满足 $\frac{w_1}{2}<w_2<w_1$ 。

(1) 写出上述博弈的战略式表达式；

(2) 求出所有纳什均衡。

第 3 章　完全信息动态博弈

第 2 章讨论的静态博弈只是博弈问题中的一类。本章讨论完全信息动态博弈。现实中的许多决策活动往往是依次选择行动而不是同时选择行动，而且后选择行动者能够看到先选择行动者的选择内容。依次选择与一次性同时选择有很大差异，因此这种决策问题构成的博弈与静态博弈有很大的区别，这种博弈称为“动态博弈”。

动态博弈是博弈中的一个大类。根据博弈方是否相互了解支付情况，有“完全信息动态博弈”和“不完全信息动态博弈”之分。本章讨论“完全信息动态博弈”。

本章首先讨论完全信息动态博弈中的决策时序与博弈的扩展形表述，扩展形博弈中的战略、承诺、威胁，以及扩展形博弈中的纳什均衡等基本概念；接着介绍动态博弈中的重复博弈与无名氏定理；最后介绍完全信息动态博弈在经济管理领域中的应用。

3.1　决策时序与博弈的扩展形表述

完全信息动态博弈的特征是博弈方依次选择行动，后选择行动者是在看到先选择行动者的选择后再选择，博弈方相互了解支付情况。动态博弈中由于各博弈方的行动先后会导致利益不对称，对博弈方的行动选择和结果都会产生影响。有些博弈中后行动博弈方有更多信息，可减少决策的盲目性，以及有针对性的选择，因此处于较有利的地位。在另一些博弈中先行动博弈方可以抢先采取有利于自己的行动，因此有先动优势。这种不对称性是动态博弈与静态博弈的重要差别之一。但并不是每个动态博弈的行动次序都会导致利益差别。

动态博弈各个博弈方的选择行动有先后次序，每个博弈方的选择行动会形成依次相连的时间阶段，因此动态博弈中一个博弈方的一次选择行动常称为一个“阶段”。动态博弈中也可能存在几个博弈方同时选择的情况，所以动态博弈有时也称为“多阶段博弈”。此外，也有称动态博弈为“序列博弈”，这也是由动态博弈中的次序特征引出来的。

动态博弈的决策时序一般采用动态博弈的扩展形表示法，正是由于动态博弈的扩展形表示法较好地反映了动态博弈中博弈方的选择次序和博弈的阶段，所以扩展形成是表示动态博弈的最佳方法。也正是因为动态博弈常用扩展形表示，所以有时也称为“扩展形博弈”，博弈的扩展形也称为“博弈树”。下面介绍博弈的扩展形表述。

扩展形表述给出每个博弈阶段的动态描述：谁在什么时候行动，每次行动时有些什么具体策略可供选择，以及知道些什么。

具体来讲，博弈的扩展形表述包括以下要素：

(1) 参与人集合：$i=1,\cdots,n$，此外，我们将用 N 代表虚拟参与人“自然”；

(2) 参与人的行动顺序：谁在什么时候行动；

(3) 参与人的行动空间：在每次行动时，参与人有些什么选择；

(4) 参与人的信息集：每次行动时，参与人知道些什么；

(5) 参与人的支付函数：在行动结束之后，每个参与人得到些什么(支付是所有行动的函数)；

(6) 外生事件(即自然的选择)的概率分布。

博弈的扩展形(即博弈树)构造，包括结、枝和信息集。

(1) 结：包括决策结和终点结两类。决策结是参与人采取行动的时点，终点结是博弈行动路径的终点。

一般地，用 X 表示所有结的集合，$x \in X$ 表示某个特定的结。用“$\prec$”表示定义在 X 上的顺序关系：$x \prec x'$ 意味着“x 在 x' 之前”。同时，定义 $P(x)$ 为在 x 之前的所有结的集合，简称为 x 的前列集；定义 $T(x)$ 为 x 之后的所有结的集合，简称为 x 的后续集。如果 $P(x)=\varnothing$，x 称为初始结；如果 $T(x)=\varnothing$，x 称为终点结。除终点结之外的所有结都是决策结。在博弈树中，用“○”表示初始结，“●”表示其他决策结。

(2) 枝：在博弈树上，枝是从一个决策结到它的直接后续结的连线(有时用箭头表示)，每一个枝代表参与人的一个行动选择。并且，当且仅当参与人选择不同的行动时，从一个给定的结出发博弈才会到达不同的直接后续结。博弈树的枝不仅完整地描述了每个决策结参与人的行动空间，而且给出了从一个决策结到下一个决策结的路径。正因为如此，每一个终点结才完全决定了博弈树的路径。

(3) 信息集：博弈树上的所有决策结分割成不同的信息集。每一个信息集是决策结集合的一个子集，该子集包括所有满足下列条件的决策结。

(a) 每一个决策结都是同一参与人的决策结；

(b) 该参与人知道博弈进入该集合的某个决策结，但不知道自己究竟处于哪一个决策结。引入信息集的目的是描述下列情况：当一个参与人要作出决策时他可能并不知道“之前”发生的所有事情。

一个信息集可能包含多个决策结，也可能只包含一个决策结。只包含一个决策结的信息集称为单结信息集。如果博弈树的所有信息集都是单结的，该博弈称为完美信息博弈。完美信息博弈意味着博弈中没有任何两个参与人同时行动，并且所有后行动者能确切地知道前行动者选择了什么行动，所有参与人观测到自然的行动。在博弈树上，完美信息意味着没有任何两个决策结是用虚线连起来的。

例 3.1　有 A，B 两个服装生产商，他们都可以选择生产高档服装和低档服装，由于市场需求的有限性，他们的选择将对其利润产生相互影响，双方对这种情况都有相同的了解。该服装生产博弈的过程是：① A 企业首先行动，选择生产高档服装还是低档服装；② B 企业在观测到 A 企业的决策后，决定生产高档服装还是低档服装。双方在不同生产策略组合下的支付矩阵如表 3.1 所示。试用扩展形表述这一博弈。

表 3.1 服装生产支付矩阵

B / A	生产高档服装	生产低档服装
生产高档服装	80, 80	200, 150
生产低档服装	150, 200	100, 100

解 该博弈问题的扩展形表述如图 3.1 所示。

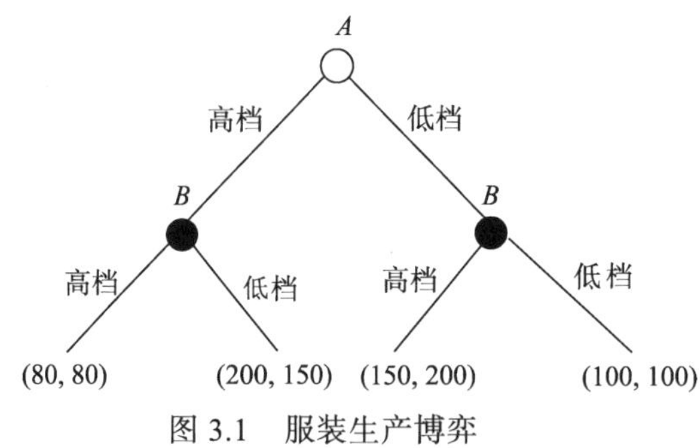

图 3.1 服装生产博弈

3.2 扩展形博弈中的战略、承诺、威胁

3.2.1 战略与承诺

扩展形博弈战略(策略)的定义：令 H_i 为第 i 个参与人的信息集的集合，$A_i \equiv \bigcup_{h_i \in H_i} A(h_i)$ 为其行动的集合，其中 $A(h_i)$ 是在信息集 h_i 的行动集合。

参与人 i 的一个纯战略是从信息集的集合 H_i 到行动集合 A_i 的一个映射，用 $S_i : H_i \rightarrow A_i$ 表示。其中，对于所有的 $h_i \in H_i$，$s_i \in A(h_i)$，参与人 i 的纯战略空间 S_i 就是所有 s_i 的集合。

S_i 可以表示为在每一个信息集上 h_i 的行动空间 $A(h_i)$ 的笛卡儿积：

$$S_i = \times_{h_i \in H_i} A(h_i)$$

在动态博弈中，各个博弈方的选择和行动不仅有先后之分，而且一个博弈方的选择很可能不是只有一次，而是有几次甚至多次，并且在不同阶段的多次行动之间有内在联系，是不能分割的整体。因此在动态博弈中，研究某个博弈方某个阶段的行动，或者将各个阶段的行动割裂开来研究意义是不大的。动态博弈的博弈方决策的内容，也是决定博弈结果的关键，不是博弈方在单个阶段的行动，而是各博弈方在整个博弈中轮到选择的每个阶段，针对前面阶段的各种情况作相应选择和行动的完整计划，以及由不同博弈方的这种计划构成的组合。这种计划就是动态博弈中博弈方的“战略”。

下面再给出一个“仿冒和反仿冒”博弈的例子。设有一家企业的产品被另一家企业仿冒，如果被仿冒企业采取措施制止，仿冒企业就会停止仿冒，如果被仿冒企业不采取措施制止，那么仿冒企业就会继续仿冒。对被仿冒企业来说，被仿冒当然会造成经济损失，因此采取措施制止仿冒是符合自身利益的，但问题是制止仿冒是有代价的，因此在遭仿冒时是否应该制止是需要研究的问题。所以，这两个企业在仿冒和制止仿冒的问题上，存在着一个行动和利益相互依存的博弈问题。为了简单起见，假定仿冒最多进行两次，他们的扩展形表示如图 3.2 所示。图中支付数组的第一个数字是仿冒企业的支付，第二个数字为被仿冒企业的支付。

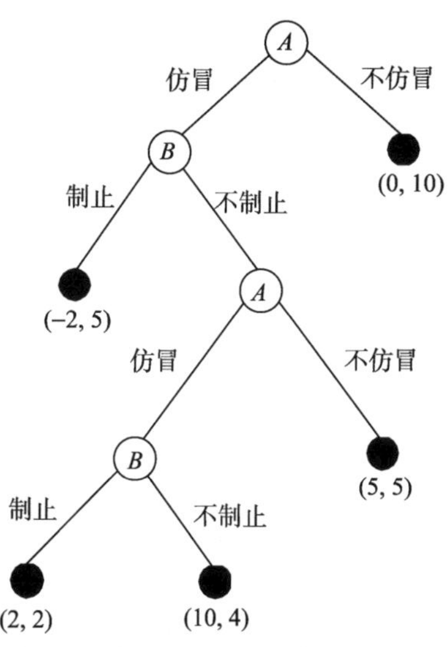

图 3.2　仿冒和反仿冒博弈扩展形

在这个仿冒和反仿冒博弈中，仿冒企业 A“在第一阶段仿冒，如果第二阶段 B 制止，第三阶段就不仿冒，否则第三阶段继续仿冒”，被仿冒企业 B“第一阶段 A 仿冒时第二阶段不制止，第三阶段 A 继续仿冒时第四阶段制止”，分别是该博弈中两博弈方的各一个策略。在动态博弈中各博弈方的决策内容就是选择、确定这样的策略。

当博弈从静态博弈变成动态博弈时，会出现是先行动好还是后行动好的问题，即博弈是否具有先动优势(first-mover advantage)？下面来讨论先动优势。

许多策略式博弈表现了先动优势。在一个博弈中，当一个参与人承诺某个策略时，他变成先动者或者领导者，即选择一个不能变更的策略并将这告诉其他参与人，这是博弈规则的变化。先动优势是说，一个能够成为领导的参与人的结果不会比同时行动的原博弈更恶化。换句话说，一个参与人有能力承诺，他们应该这样做。这个声明必须细心地解释。但是，如果多于一个参与人有能力承诺，那么，先行动不必是最优的。

例3.2　假设参与人1是互联网服务供应商，而参与人2是一个潜在的顾客。他们考虑达成在一段时间内的服务协议。供给者自己决定服务的质量：高或低。高质量的成本更加高，部分成本独立于是否签订契约。服务水平是不可契约的，即不能可证实地写进契约。对顾客来说，高质量服务比低质量服务更加有价值，事实上，如果他知道质量是低的，顾客将不愿买服务。他的选择是去买或不买服务。

表3.2给出了描述这种情况的可能支付。

表3.2　生产与消费的质量高低博弈

参与人1 \ 参与人2	买	不买
高	3, 3	0, 2
低	4, 0	1, 1

考虑表3.2中的博弈，假设参与人2也能够承诺自己的策略，并且参与人2先行动，参与人1后行动，那么，参与人1将总是选择低质量来反应，因为这是他在表3.2中的占优选择。从逆向归纳法(这是求解动态博弈的基本方法，下面的章节将介绍此法)得到的结果等于参与人2不买而参与人1提供低质量服务，两个参与人将获得低支付1。那么，参与人2不会比在同时博弈中恶化，与用先动优势判断的一样，但不获得任何好处。相反，使得参与人1成为先行动者对两个参与人都有益。

3.2.2　承诺和威胁的可信性

可信性问题是动态博弈中先行动的参与人是否该相信后行动的参与人会选择某个行动的判断的问题。后行动的参与人所选择的行动对先行动参与人是有利的，那么，后行动参与人的这一选择对先行动参与人来说是一种“承诺”，相反，如果后行动的参与人所选择的行动对先行动参与人是不利的，那么，后行动参与人的这一选择对先行动参与人而言是一种“威胁”。首先给出下面的定义。

定义 3.1　一个威胁或承诺，如果发出这一信息的代理人执行它比不执行它花费更多的成本，则称为不可置信的威胁或承诺。

策略式可以用来表示任意复杂的扩展式博弈，在扩展式中其策略式的策略是完全相机行动计划。因而，纳什均衡概念可以应用于所有类型的博弈中，而不仅仅是那些参与人同时采取行动的博弈。泽尔腾(Selten, 1965)第一个论证了在一般的扩展式博弈中，某些纳什均衡比其他的纳什均衡更加合理。他考虑了一个两参与人的扩展式博弈，博弈树如图 3.3 所示。

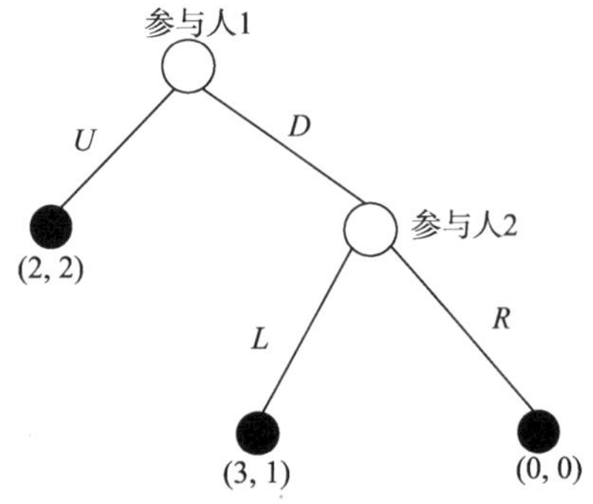

图 3.3　扩展式博弈的表示

图 3.3 表示的博弈可以化为策略式，如表 3.3 所示。

表 3.3　策略式表示

参与人 1 \ 参与人 2	L	R
U	2, 2	2, 2
D	3, 1	0, 0

这是完美信息下的有限期博弈，并且它的逆向归纳法(这是求解动态博弈的基本方法，下面的章节将介绍此法)的解是，参与人 2 在达到他的信息集下应选择行动 L，因此，参与人 1 应该选择 D。检验这一博弈的对应的策略式可以发现有另外的一个纳什均衡(这个均衡不符合后面定义的子博弈完美均衡的定义)：参与人 1 选择行动 U 而参与人 2 选择行动 R。组合 (U,R) 是一个纳什均衡，因为给定参与人 1 选择 U，则参与人 2 的信息集就不能达到，因而参与人 2 选择行动 R 并不会有任何损失。但泽尔腾论证这一均衡是值得怀疑的，我们也持有这种观点。毕竟，如果参与人 2 的信息集可以达到，那么，只要参与人 2 坚信他的收益如图 3.3 中所示，则参与人 2 就会选择行动 L。如果我们是参与人 2，也会作出这样的选择。换句话说，如果我们是参与人 1，我们预计参与人 2 会选择行动 L，从而选择行动 D。

用现在大家都熟悉的语言来说，均衡 (U,R) 是“不可置信的”，因为它依赖于参与人 2 会选择行动 R 的“无效威胁”。因为参与人 2 并不会愿意真正选择这一行动，所以，威胁是“无效”的。

再来考虑下面的市场进入博弈，如图 3.4 所示。

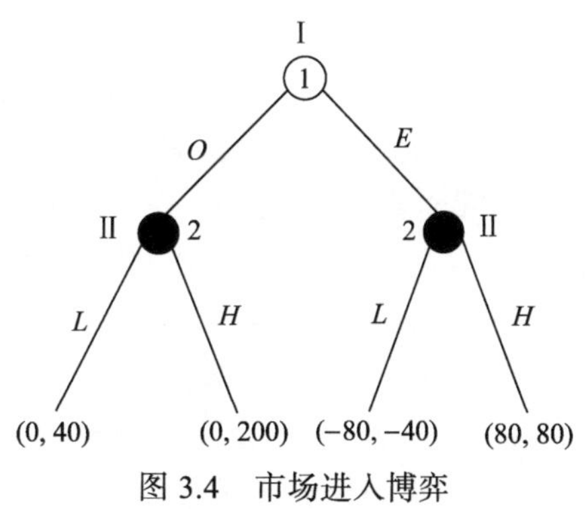

图 3.4　市场进入博弈

在图 3.4 表示的市场进入博弈中，有一个容量有限的市场已经被厂商 I 抢先占领，而另一个生产同样产品的厂商 II 也很想加入该市场发展，分享一定的利润。厂商 II 知道一旦自己进入市场，先占领市场的厂商 I 有可能通过降价来打击他，并且如果厂商 I 果真不肯善罢甘休，采取打击排挤态度的话，厂商 II 不但不能赢利，而且还会亏损。那么，厂商 II 究竟要不要进入这个市场，厂商 II 是否真会打击？这时，厂商 I 和厂商 II 构成市场进入博弈。在这个博弈中，厂商 I 是参与人 1，厂商 II 是参与人 2。在图 3.4 中，参与人 1 表示进入者，可选择行动进入(E)和不进入(O)；参与人 2 为在位者，可选择行动低价(L)和高价(H)。在位者威胁说，如果进入者进入，他将选择低价。试问这一威胁是否可信呢？回答是否定的，因为当进入者已经进入时，在位者选择低价的支付为–40，而选择高价时的支付为 80，后者大于前者。

考虑图 3.5 所示的借贷博弈，参与人 2 要投资某工程，但是资金不够，参与人 2 知道参与人 1 有多余的资金，于是提出向参与人 1 借款，并许诺工程建成收益后分给参与人 1 一部分钱，这样参与人 1 与参与人 2 构成借贷博弈，参与人 1 是贷方，参与人 2 是借方。在这个博弈中，如果参与人 1 借给参与人 2 钱的话，参与人 2 可能不守信用，不还参与人 1 的钱，卷款一逃了之。这时参与人 1 连本钱都会丢失，因此，其最优策略是不借。在这个博弈中，有一个纳什均衡(不借，不还)。

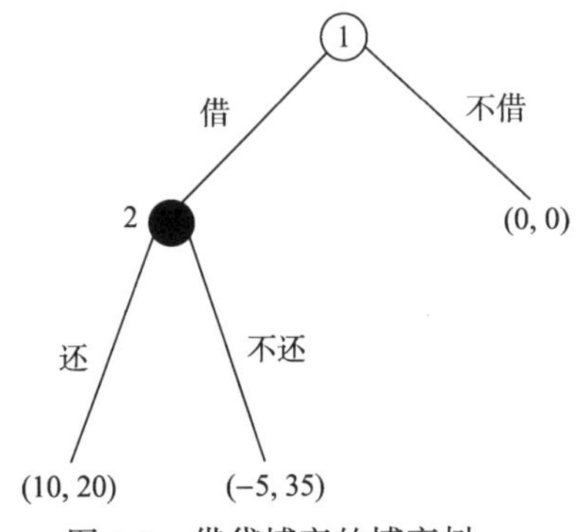

图 3.5　借贷博弈的博弈树

在图 3.5 所示的借贷博弈中，承诺是不可信的。但是，如果两人签订合同，并拿到公证处公证。结论又如何呢？假设当参与人 2 不还钱时，抓住后，参与人 2 不但要按合同偿还，并且还会判刑。如果不还钱被抓住的概率比较大的话，那么，参与人 2 的最优行动是还钱。在这种情况下，参与人 1 的最优行动是借，承诺是可信的，纳什均衡为(借，还)。因此，参与人 2 的承诺的可信性直接影响到参与人 1 是借还是不借的决策。

不可信的承诺和不可信的威胁是不会发生的行动，应予以剔除，那么，剩下的行动是可信的、会发生的，由这样的行动组合的行动路径便是动态博弈的均衡路径。

在动态博弈问题中，各个博弈方的选择和博弈的结果，与各个博弈方在各个博弈阶段选择各种行动的可信度有很大关系。有时虽然有些博弈方很想或声称要采取特定的行动，以影响和制约对方的行动，但如果这些行动缺乏经济利益为基础的可信性，那么这些想法或声明最终就不会有真正的效力，只能落空。因此，可信性问题是动态博弈分析的一个中心问题，需要对它十分重视。

3.3　扩展形博弈中的纳什均衡

3.3.1　纳什均衡的定义

在扩展形表述的博弈中，所有 n 个参与人的一个纯战略组合 $\boldsymbol{s}=(s_1,\cdots,s_n)$ 决定了博弈树上的一个路径。例如，图 3.1 描述的服装生产博弈中，{A 高档，(A 高档，B 高档)}决定了博

弈的路径 A→生产高档服装→B→生产高档服装→支付(80, 80)。

每个战略组合决定了一个支付向量 $\boldsymbol{u}=(u_1,\cdots,u_n)$。战略组合 $\boldsymbol{s}^*$ 是扩展形博弈的一个纳什均衡，如果对于所有的 i，s_i^* 最大化 $u_i\left(s_i,\boldsymbol{s}_{-i}^*\right)$，即

$$s_i^*\in\arg\max u_i\left(s_i,\boldsymbol{s}_{-i}^*\right),\quad \forall i$$

注意，因为一个参与人的纳什均衡战略是假定其他参与人的战略为给定时的最优战略，所有参与人似乎是在同时选择战略。但这并意味着在纳什均衡中，参与人一定是在同时选择行动。

定理 3.1　一个有限完美信息博弈有一个纯战略纳什均衡(可用动态规划的逆向归纳法证明，此处证明省略)。

在图 3.1 描述的服装生产博弈中，有四个纯战略纳什均衡，分别为{A 高档，(A 高档，B 高档)}，{A 高档，(A 低档，B 低档)}，{A 低档，(A 高档，B 高档)}和{A 低档，(A 低档，B 高档)}。前两个均衡的结果是(A 高档，B 低档)，后两个均衡的结果是(A 低档，B 高档)。

假定企业 A 选择了生产高档服装，到了第二阶段企业 B 会选择生产低档服装；而如果企业 A 选择了生产低档服装，到了第二阶段企业 B 会选择生产高档服装。企业 A 知道企业 B 的选择方法，因此在第一阶段企业 A 会选择生产高档服装。

该博弈企业 A 的策略是生产高档服装。而企业 B 的策略是：若企业 A 生产高档服装，则企业 B 选择生产低档服装；若企业 A 生产低档服装，则企业 B 选择生产高档服装。因此，该博弈的子博弈完美纳什均衡为：企业 A 选择生产高档服装，企业 B 选择生产低档服装。博弈双方的支付为(200, 150)。

在扩展形表述博弈中，混合战略称为“行为战略”(以区别于战略形表述博弈的混合战略概念)。行为战略是指参与人在每一个信息集上随机地选择行动。

令 $\Delta[A(h_i)]$ 为定义在行动集合 $A(h_i)$ 上的概率分布，b_i 为参与人 i 的一个行为战略，那么 b_i 是笛卡儿积 $\times h_i\in H_i\times\Delta[A(h_i)]$ 中的一个元素。行为战略规定了对应每一个信息集的行动集合上的概率分布，且不同信息集上的概率分布是独立的。

每一个 $\boldsymbol{b}=(b_1,\cdots,b_n)$ 给出一个支付空间上的概率分布。$\boldsymbol{b}^*=\left(b_1^*,\cdots,b_n^*\right)$ 是一个行为战略纳什均衡，如果没有任何参与人可以通过选择其他行为战略增加自己的期望效用。

3.3.2　纳什均衡的求解——逆向归纳法

逆向归纳法是求解完美信息博弈的一个技术。它首先考虑博弈的最后时期的行动并且决定在每种情况下参与人的最优行动。然后，将这些看成给定的未来行动，继续按照时间逆向进行，再次确定各自参与人的最优行动，直到博弈的开始。

例 3.3　开金矿博弈。

甲在开采一价值 4 万元的金矿时缺 1 万元资金，而乙正好有 1 万元资金可以投资。设甲想说服乙将 1 万元资金借给自己用于开矿，并许诺在采到金子后与乙对半分成，乙是否该将钱借给甲呢？假设金矿的价值是经过权威部门探测确定的，没必要怀疑，则乙最需要关心的

就是甲采到金子后是否履行诺言跟自己平分，如果甲赖账或卷款潜逃，乙会连自己的本钱都收不回来。这时乙只能借助于法律武器，即"打官司"保护自己的利益，但是若法律保障不足时，乙选择"打"官司并不能收回自己的本钱，而且还要进一步承受 1 万元的损失。这时，开金矿博弈的扩展形如图 3.6 所示。

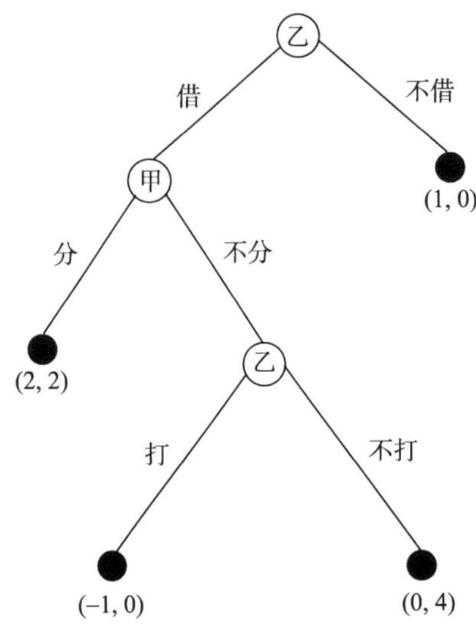

图 3.6　法律保障不足的开金矿博弈

在这个博弈中，第三阶段乙"打"官司是一种"不可信的""空头威胁"。对此博弈来说，采用逆向归纳法求解。第一步是先分析第三阶段乙是否打官司的，由于"打"官司比"不打"官司损失更大，他必然会选择"不打"官司。因此一旦博弈进行到这个阶段，结果必然是乙选择"不打"官司，双方支付为(0, 4)。所以在分析前两阶段的博弈时，上述三阶段博弈与图 3.7 中的两阶段博弈完全等价的。

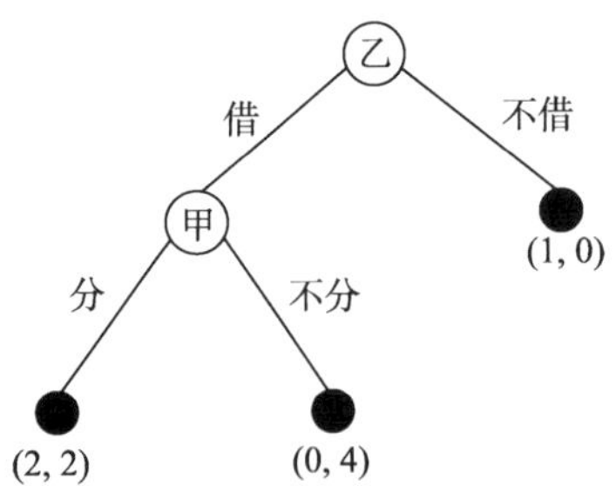

图 3.7　法律保障不足的开金矿博弈的等价博弈(1)

更进一步，如果我们对上述两阶段博弈继续运用逆向归纳法，则可知甲在第二阶段的选择必然是"不分"，因此该博弈可进一步化为图 3.8 中的等价博弈。

最后得到的这个等价博弈已经只是一个单人博弈了，分析这个单人博弈非常简单，乙"不借"的选择是很显然的。

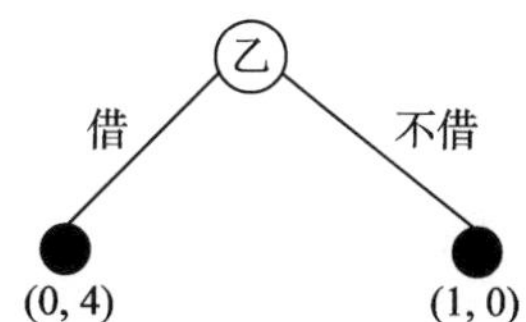

图 3.8　法律保障不足的开金矿博弈的等价博弈(2)

根据上述分析我们知道，逆向归纳法事实上就是把多阶段动态博弈化为一系列的单人博弈，通过对一系列单人博弈的分析，确定各博弈方在各自选择阶段的选择，最终对动态博弈结果，包括博弈的路径和各博弈方的支付等作出判断，归纳各个博弈方各阶段的选择可得到各个博弈方在整个博弈中的策略。

这个开金矿博弈的例子，行动集是离散的，没有涉及行动集是连续的情形。下面举例进一步讨论逆向归纳法，这个例子的行动集是连续的情形。

考虑一个双寡头投资模型：企业 1 和企业 2 当前单位成本都是 2。企业 1 可以装备一种新的技术，从而使得其单位生产成本为 0，装备这一技术需要花费 f。企业 1 先行动，企业 2 观察到企业 1 是否投资于这一项新技术后，与企业 1 进行库诺特竞争，企业 1 和企业 2 分别选择产出水平 q_1 和 q_2。因此，这是一个两阶段的博弈。

假设需求为 $p(q_1,q_2)=10-q_1-q_2$，并且每家企业的目标都是要使扣除成本之后的净收入最大化。企业 1 如果不投资的话，则它的收益是 $(8-q_1-q_2)q_1$，但若它投资于新技术的话，则它的收益是 $(10-q_1-q_2)q_1-f$；企业 2 的收益是 $(8-q_1-q_2)q_2$。

现在，我们采用逆向归纳法，由后往前推算。如果企业 1 不投资于新技术的话，则两家企业的单位成本都是 2，从而它们的反应函数为 $R_i(q_j)=4-q_j/2$。反应函数相交于点 $(8/3,8/3)$，每一参与人的收益都是 $64/9$。如果企业 1 进行技术投资，则它的反应函数为 $\tilde{R}_1(q_2)=5-q_2/2$。在第二阶段的均衡则为 $(4,2)$，企业 1 的总收益为 $16-f$。因此，如果 $16-f>64/9$，即 $f<80/9$，则企业 1 就会进行技术投资。

注意，技术投资可以从两个方面增加企业 1 第二阶段的利润：①企业 1 在任何给定的产出下都能获得比原来要高的利润，因为它的生产成本降低了；②企业 1 还可以从企业 2 第二阶段的产出减少中获利。企业 2 的产出减少是由于企业 1 通过降低其生产成本可以改变它自身在第二阶段的激励因素，特别地，可以使其自身变得更有竞争力，即在任何 q_2 下都有 $\tilde{R}_1(q_2)>R_1(q_2)$。

逆向归纳法确定的各个博弈方在各阶段的选择，都是建立在后续阶段各个博弈方理性选择基础上的，因此自然排除了包含不可信的威胁或承诺的可能性，所以它得出的结论是比较可靠的，确定的各个博弈方的策略组合是有稳定性的。事实上，逆向归纳法是在动态博弈分析中使用最普遍的方法，在分析完全且完美动态博弈中非常有用。

3.3.3 逆向归纳法与子博弈完美纳什均衡

下面首先给出子博弈的正式定义。

定义 3.2 子博弈是一个扩展式博弈(或者动态博弈)的一段，即它的一个子集。考虑扩展式博弈树，如果下面的条件成立：

(1) 始于单结点信息集的决策结 n (但不包括博弈的第一个决策结)；

(2) 包含博弈树中 n 之下所有的决策结和终点结(但不在 n 下面的除外)；

(3) 没有对任何信息集形成分割，即如果博弈树中 n 之下，有一个决策结 n'，则与 n' 处于同一个信息集的其他决策结也必须在 n 之下，从而也必须包含于子博弈中，则树的子集定义了一个**子博弈**。

在定义中，(1)的附注说明了我们不把整个博弈看成子博弈，但这只是一个习惯性问题，把定义中的括号去掉对以后的分析不会产生任何影响。任何同时行动博弈都不存在子博弈(除原博弈外)。之所以在定义中要加上限制(3)，是因为我们希望能够把子博弈当成一个独立的博弈进行分析，并且分析的结果能用于原博弈。根据定义，如果一个信息集包含两个以上决策结，没有任何一个决策结可以作为子博弈的初始结。很显然，一个完美信息博弈的每一个决策结(除初始结外)都开始一个子博弈，即每一个决策结和它的后续结构成一个子博弈。

不过，我们必须注意，并不是动态博弈的任何部分都能构成子博弈，也不是所有多阶段动态博弈都有子博弈。首先，子博弈不能包括原博弈的第一阶段，这也意味着动态博弈本身不会是它自己的子博弈。其次，子博弈必须有一个明确的初始信息集，以及必须包括初始阶段之后的所有博弈阶段，这意味着子博弈不能分割任何信息集，也意味着在有多结点信息集的不完美信息博弈中可能不存在子博弈等。

定义 3.3 (Selten, 1965) 如果参与人的策略在每一个子博弈中都构成了纳什均衡，则称纳什均衡是**子博弈完美纳什均衡**。

考虑一个两参与人的完全信息动态博弈，其博弈顺序为：

(1) 参与人 1 从可行行动集 A_1 中选择一个行动 a_1；

(2) 参与人 2 观察到参与人 1 的选择，然后，从可行行动集 A_2 中选择一个行动 a_2；

(3) 参与人选择它们的行动后，参与人 1 接收到支付 $u_1(a_1,a_2)$，参与人 2 接收到支付 $u_2(a_1,a_2)$。

记参与人 2 对参与人 1 的最优反应函数为 $R_2(a_1)$[①]，则根据逆向归纳法，参与人 1 应该在预测到这一反应的情况下最优化自己的行动，即参与人 1 的最优化为 $\max\limits_{a_1} u_1\left(a_1,R_2(a_1)\right)$。记最优解为 a_1^*，则逆向归纳解(子博弈完美纳什均衡结果)为 $\left(a_1^*,R_2(a_1^*)\right)$，但子博弈完美纳什均衡为 $\left(a_1^*,R_2(a_1)\right)$。

在这样的博弈中，行动 a_1^* 即为参与人 1 的一个策略，因为参与人 1 只可能在一种情况

① 注意，与完全信息静态博弈中的反应函数不同，这里的 $R_2(a_1)$ 表示当参与人 1 选择行动 a_1 时，参与人 2 的实际选择，而在完全信息静态博弈中，例如，库诺特博弈，反应函数 $R_2(a_1)$ 表示参与人 2 对于假设参与人 1 选择 a_1 的最优反应。

下选择行动——即在博弈刚开始。不过，对参与人 2，$R_2\left(a_1^*\right)$却只是一个行动(具体地说，是对 a_1^* 的最优反应)，而并非一个策略，因为参与人 2 的一个策略必须包含对参与人 1 在第一阶段每个可能的行动，参与人 2 将采取的行动。从而，参与人 2 的最优反应函数 $R_2(a_1)$ 是其一个策略。这个例子说明，在完全信息动态博弈中，逆向归纳解与子博弈完美纳什均衡不同。不过，经常使用子博弈完美纳什均衡代替子博弈完美纳什均衡结果。

考察图 3.9 所示的博弈。在这里，参与人 2 在其最终信息集上的两个选择都不是劣策略，因而逆向归纳法并不适用。然而，如果我们接受逆向归纳法中的逻辑方法，以下的论证也似乎很有说服力："从参与人 1 的第二阶段信息集上开始的博弈是一个零和同时行动博弈('硬币配对')，其唯一的纳什均衡的预期收益为 (0,0)。参与人 2 只有预期在同时行动子博弈中将以 3/4 或者更高的概率智胜参与人 1，从而获得 1 而不是 −1 的支付，他才可能会选择行动 R。由于参与人 2 推测参与人 1 是与他一样理性的，因而，参与人 2 不会鲁莽地预期他能比参与人 1 更有优势，尤其是高达 3/4 这样的程度。因此，参与人 2 会选择 L，从而参与人 1 选择 R。"这是子博弈完美的逻辑：把博弈树上所有的"适当子博弈"用它的一个纳什均衡支付来代替，然后，在其简化的博弈树上进行逆向归纳(如果子博弈有多重纳什均衡，这就要求所有参与人在那一个将出现的问题上达成一致)。一旦在参与人 1 的第二个信息集上开始的子博弈被它的纳什均衡结果所代替，则两个图所表示的博弈是一致的。

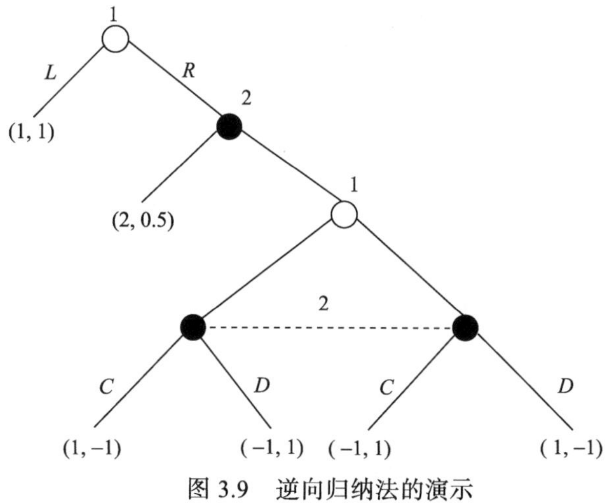

图 3.9　逆向归纳法的演示

子博弈完美纳什均衡与纳什均衡的根本不同之处，也是这个概念的价值所在，就在于子博弈完美纳什均衡能够排除均衡策略中不可信的威胁或承诺，因此是真正稳定的，而非子博弈完美的纳什均衡则不能做到这一点。

纳什均衡不能排除不可信行动选择的问题。子博弈完美纳什均衡能够排除策略组合中不可信行动选择的原因，是虽然包含不可信行动选择的策略组合可以构成整个博弈的纳什均衡，但其中的不可信行动选择，至少在博弈的某些子博弈中不符合博弈方的自身利益，因而不构成纳什均衡，所以要求在所有子博弈中都是纳什均衡的子博弈完美纳什均衡，就排除了其中存在不可信行动选择的可能性，从而在动态博弈分析中具有真正的稳定性。

3.4　重复博弈与无名氏定理

重复博弈(repeated game)，即具有同样结构的博弈重复多次的博弈，其中的每次博弈称为“阶段博弈”(stage game)。重复博弈有以下 3 个特征：

(1) 前一阶段的博弈不改变后一阶段博弈的结构；

(2) 所有参与人都观测到博弈过去的历史；

(3) 参与人的总支付是所有阶段博弈支付的贴现值之和或加权平均值。

影响重复博弈均衡结果的主要因素是博弈的重复次数和信息的完备性。重复次数的重要性来自于参与人在短期利益和长期利益之间的权衡；信息的完备性，当参与人的支付函数(特征)不为其他参与人所知时，该参与人可能有积极性建立一个“好”声誉。

比较常见的基本博弈重复三两次或者其他有限的次数，因为即使是社会经济活动中的长期关系，通常长度也是很有限的，有预定的结束时间。称这种由基本博弈的有限次重复构成的重复博弈为“有限次重复博弈”，可以用如下的方式定义。

定义 3.4　给定一个基本博弈 G (可以是静态博弈，也可以是动态博弈)，重复进行 T 次 G，并且每次重复 G 之前各博弈方都能观察到以前博弈的结果，这样的博弈过程称为“G 的 T 次重复博弈”，记为 $G(T)$。而 G 则称为 $G(T)$ 的“原博弈”，$G(T)$ 中的每次重复称为 $G(T)$ 的一个“阶段”。

如果一个基本博弈 G 一直重复博弈下去，这样的重复博弈称为“无限次重复博弈”，记为 $G(\infty)$。

重复博弈代表现实中比较稳定的长期关系，在经济活动中很普遍，商业中的回头客就是典型的例子。与无限次重复博弈相比较，现实中更多是的有限次重复博弈。下面就来看一个关于囚徒困境的有限次重复博弈。

两人重复进行的囚徒困境博弈，每个阶段博弈的支付矩阵如表 3.4 所示。在这个博弈中，两个参与人都有两个策略：合作(C)和背叛(D)。

表 3.4　囚徒困境

囚徒 1 \ 囚徒 2	C	D
C	4, 4	0, $\underline{5}$
D	$\underline{5}$, 0	$\underline{1}$, $\underline{1}$

用划线法，我们发现这个博弈有唯一的纳什均衡(D, D)；进一步，对每个参与人来说，行动 D 严格优于行动 C，所以导致了结果 (D, D)。尽管这样，如果两个参与人合作且选 C，则他们都会更好。在重复博弈理论背后的主要思想是：如果每个参与人相信背叛将终止合作，从而导致其后的损失对他来说超过短期所得，那么，若博弈被重复进行，则共同想要的结果 (C, C) 在每个时期发生是稳定的。将表 3.4 表示的博弈重复(固定)有限期，我们采用逆向归

纳法，发现纳什均衡(D, D)是唯一的子博弈完美均衡。现在具体来求解，不妨设重复T期。根据逆向归纳法，首先求解第T期，两个参与人必定都在第T期选择D，即背叛，因为选择背叛将提高他们在第T期的收益而且也没有未来受到惩罚的可能。然后，我们证明在第$T-1$期对任何以正的概率出现的历史，两参与人都必定背叛。已经证明沿着均衡路径的两个参与人将在最后一期都选择背叛，所以，特别地，如果参与人i在时期$T-1$遵循均衡策略，那么，他的对手必然在最后一期背叛。因此，参与人i没有激励不在时期$T-1$背叛。依此类推，就归纳地完成了证明。

该理论使我们洞察到了个人重复相互作用时的行动结构，这个结构可用“团体规范”来解释。结论表明，维持共同想要的结果所需的团体规范涉及每个参与人“惩罚”背叛者。当我们要加强“惩罚威胁应该是可信的”这一子博弈完美均衡概念的要求时，在团体规范要求惩罚者去实行威胁的情形中，团体规范也必须确保惩罚者有动机这样去做。在这种情形中，惩罚的本质依赖于参与人如何评估将来的结果。有时惩罚阶段维持一段有限的时间就足够了，在此之后，参与人转而追求共同想要的结果；有时团体规范必须给予花费了成本实行惩罚的参与人补偿。在重复博弈中，经常使用这样一个惩罚机制——触发策略：

(1) 开始选择合作；

(2) 选择合作直到有一方选择了背叛，然后永远选择背叛。

这个例子是一个有限期重复博弈。

对于有限期重复博弈，有下面的定理。

定理 3.2　令G是阶段博弈，$G(T)$是G重复T次的重复博弈($T<\infty$)。那么，如果G有唯一的纳什均衡，重复博弈$G(T)$的唯一子博弈完美纳什均衡结果是阶段博弈G的纳什均衡重复T次，即每个阶段博弈出现的是一次性博弈的均衡结果。

这个定理也可以用逆向归纳法加以证明。证明要用到这样一个结论：在一个博弈中的每个博弈方的所有支付各自加上相同的值不会改变博弈均衡。这个结论的根据是所有策略组合的支付加相同数值不改变策略组合相互的优劣关系。

根据逆向归纳法，先分析该重复博弈的最后一个阶段，即第T次重复。由于第T次重复就是原博弈G，并且在该阶段之后不再重复，所以不管前$T-1$阶段的博弈结果如何，在该阶段中各博弈方必然采用G的唯一的纳什均衡。然后，推回到前一个阶段，即第$T-1$次重复。由于此时各博弈方都知道下一阶段博弈的结果，所以对每个博弈方来说，从该阶段开始的子博弈(最后两阶段)中各种策略组合的支付就是本阶段的支付加下一阶段的均衡支付，因为这个均衡支付是一个确定的值，所以根据前述结论，各博弈方在该阶段仍将采用G的唯一的纳什均衡，依此类推，直至博弈的第一阶段，最后我们可得到结论，在原博弈G有唯一的纯策略纳什均衡时，各个博弈方在每次重复时都采用G的纳什均衡，是有限次重复G(也就是$G(T)$)的唯一的子博弈完美纳什均衡。这就证明了这个定理。

事实上，不存在纯战略纳什均衡的博弈和存在唯一的纯战略纳什均衡的博弈一样，作为原博弈构成的有限次重复博弈，它们的共同特点就是重复博弈本质上不过是原博弈的简单重复，重复博弈的子博弈完美纳什均衡就是每次重复采用原博弈的纳什均衡。这两类重复博弈并不能给博弈方带来比一次性博弈更好的结果。但是，如果重复博弈的原博弈有多于一个纯战略纳什均衡，情况就可能发生变化：这样的重复博弈有可能实现一次性博弈无法实现的谴责合作利益，有限次重复博弈的民间定理进一步说明任何程度的合作都能找到子博弈完美纳什均衡路径并加以实现。

有限次重复博弈的民间定理：设原博弈的一次性博弈有均衡支付数组优于各博弈方在一次性博弈中最差均衡支付构成的支付数组，那么在多次重复博弈中，所有不小于个体理性支付的可实现支付，都至少有一个子博弈完美纳什均衡的极限的平均支付来实现它们。这个定理在有人正式证明并发表之前就是博弈理论界众所周知和认为当然成立的，因此称“民间定理”。

对无限次重博弈而言，存在完全不同于一次博弈的子博弈完美纳什均衡。

考虑一个重复博弈无限次下的囚徒困境博弈问题，可以证明，如果参与人有足够的耐心，(抵赖，抵赖)是一个子博弈完美纳什均衡。

在这里，考虑的单次囚徒困境博弈的支付矩阵如表 3.5 所示。

表 3.5　囚徒困境

囚徒 1 \ 囚徒 2	坦白	抵赖
坦白	−8，−8	0，−10
抵赖	−10, 0	−1, −1

考虑触发战略：① 开始选择抵赖；② 选择抵赖直到有一方选择了坦白，然后永远选择坦白(任何参与人的一次性不合作将触发永远的不合作)。

首先证明触发战略是一个纳什均衡。

假定囚徒 j 选择触发战略，触发战略是不是囚徒 i 的最优战略？

令 δ 为贴现因子，如果囚徒 i 在博弈的某个阶段首先选择了坦白，他在该阶段得到 0 单位的支付，而不是 −1 单位的支付。

囚徒 i 的机会主义行为将触发囚徒 j 的“永远坦白”的惩罚，囚徒 i 随后的每个阶段的支付都是−8。

若囚徒 j 没有选择坦白，囚徒 i 不选择坦白的条件是

$$0+\delta(-8)+\delta^2(-8)+\cdots \leqslant -1+0+\delta(-1)+\delta^2(-1)+\cdots$$

即

$$-\frac{8\delta}{1-\delta} \leqslant -\frac{1}{1-\delta}$$

解上述条件得：$\delta \geqslant 1/8$。

也就是说，如果 $\delta \geqslant 1/8$，给定囚徒 j 坚持触发战略(没有首先选择坦白)，囚徒 i 不会选择首先坦白。

现在假定囚徒 j 首先选择了坦白，囚徒 i 是否有积极性坚持触发战略以惩罚囚徒 j 的不合作行为呢？

给定囚徒 j 坚持触发战略，其一旦坦白就永远坦白；

如果囚徒 i 坚持触发战略(坦白)，他随后每阶段的支付为−8；

但是如果选择其他任何战略，他在任何阶段的支付都小于−8；

因此，不论δ多大，囚徒i都有积极性坚持触发战略(坦白)。

同理，如果囚徒j坚持触发战略，即使自己首先选择了坦白，囚徒i坚持触发战略(惩罚自己)也是最优的。

这样，就证明了触发战略是一个纳什均衡。

然后，证明触发战略纳什均衡是一个子博弈完美纳什均衡。

在触发战略纳什均衡下，子博弈可以划分为两类：A类，没有任何参与人曾经坦白；B类，至少有一个参与人曾经坦白。

前面已经证明：如果$\delta \geqslant 1/8$，给定囚徒j坚持触发战略(没有首先选择坦白)，囚徒i不会选择首先坦白。故触发战略在A类型子博弈构成纳什均衡。

在B类子博弈中，根据触发战略，参与人只是重复单阶段博弈的纳什均衡，它自然也是整个子博弈的纳什均衡。

触发战略是无限次囚徒博弈的一个子博弈完美纳什均衡，帕雷托(Pareto)最优(抵赖，抵赖)是每一个阶段的均衡结果，囚徒走出了一次性博弈的困境。

原因：如果博弈重复无穷次且每个人有足够的耐心，任何短期机会主义行为的所得都是微不足道的，参与人有积极性为自己建立一个乐于合作的声誉；同时，也有积极性惩罚对方的计划主义行为。

子博弈完美纳什均衡的多重性是无限次重复博弈的普遍问题(例如，寡头市场上的重复博弈)。

上述基本结论可以推广到更一般的情形，得到下面的无名氏定理。

无名氏定理　令G为一个n人阶段博弈，$G(\infty,\delta)$为以G为阶段博弈的无限期重复博弈，$\boldsymbol{a}^*$是G的一个纳什均衡(纯策略或混合策略)，$\boldsymbol{e}=(e_1,e_2,\cdots,e_n)$是$\boldsymbol{a}^*$决定的支付向量，$\boldsymbol{v}=(v_1,v_2,\cdots,v_n)$是一个任意可行的支付向量，$V$是可行支付向量集合。那么，对于任何满足$v_i>e_i$的$\boldsymbol{v}\in V\ (\forall i)$，存在一个贴现因子$\delta^*<1$使得对于所有的$\delta\geqslant\delta^*$，$\boldsymbol{v}=(v_1,v_2,\cdots,v_n)$是一个特定的子博弈完美纳什均衡结果。

定理说的是，在无限期重复博弈中，如果参与人有足够的耐心(即δ足够大)，那么，任何满足个人理性的可行支付向量都可以通过一个特定的子博弈完美均衡得到。“无名氏定理”有两面性：一方面，它们表明了如果参与人是短视的，则不能维持团体想要的结果，参与人有长期目标的情况下可以维持；另一方面，它们表明重复博弈的均衡结果集合是巨大的，所以，均衡概念缺乏预测的能力。

3.5　完全信息动态博弈在经济管理领域中的应用

3.5.1　施塔克尔贝格寡头竞争模型

施塔克尔贝格(Stackelberg，1934)提出了一个双头垄断的动态模型，其中领导者首先行动，然后追随者行动。例如，在美国汽车产业发展史中的某些阶段，通用汽车就扮演过这种领导者的角色(这一例子把模型直接扩展到允许不止一个追随企业，如福特、克莱斯勒等)。根据施塔克尔贝格的假定，模型中的企业选择其产量，这一点和库诺特模型是一致的(只不过库诺特模型中企业是同时行动的，不同于这里的顺序行动)。不妨设企业 1 为领导者，企业 2 为跟随者。

假设 $C_1(q_1)=bq_1^2/2$，$C_2(q_2)=bq_2^2/2$，$b>0$。博弈的时间顺序如下：

(1) 企业 1 选择产量 $q_1 \geqslant 0$；

(2) 企业 2 观察到 q_1，然后，选择产量 $q_2 \geqslant 0$；

(3) 企业 i 的收益由下面的利润函数给出

$$\pi_i(q_i,q_j)=q_i p(q_1,q_2)-\frac{1}{2}bq_i^2$$

这里逆需求函数

$$p(q_1,q_2)=a-q_1-q_2\,,\quad a>0$$

为解这一博弈的逆向归纳解，首先计算企业 2 对企业 1 任意产量的最优反应，$R_2(q_1)$ 应满足

$$\max_{q_2\geqslant 0}\pi_2(q_1,q_2)=\max_{q_2\geqslant 0}\left\{q_2(a-q_1-q_2)-\frac{1}{2}bq_2^2\right\}$$

由上式可得

$$q_2^*=R_2(q_1)=\frac{a-q_1}{2+b}$$

已知 $q_1<a$。

由于企业 1 也能够像企业 2 一样解出企业 2 的最优反应，企业 1 就可以预测到它如果选择 q_1，企业 2 将根据 $R_2(q_1)$ 选择产量。那么，在博弈的第一阶段，企业 1 的问题就可表示为

$$\max_{q_1\geqslant 0}\pi_1(q_1,R_2(q_1))=\max_{q_1\geqslant 0}\left\{q_1(a-q_1-R_2(q_1))-\frac{1}{2}bq_1^2\right\}$$

由上式可得

$$q_1^*=\frac{a(1+b)}{(1+b)(2+b)+b}$$

及

$$R_2\left(q_1^*\right)=\frac{a(1+3b+b^2)}{(2+b)[(1+b)(2+b)+b]}$$

这就是施塔克尔贝格双头垄断博弈的逆向归纳解。

在库诺特的纳什均衡中，每一企业的产量为 $q_1^*=q_2^*=a/(3+b)$。可以推得施塔克尔贝格博弈中逆向归纳解的总产量 $a(3+6b+2b^2)/\{(2+b)[(1+b)(2+b)+b]\}$ 比库诺特纳什均衡的总产量 $2a/(3+b)$ 要高，从而施塔克尔贝格博弈相应的市场价格就比较低。不过在施塔克尔贝格博弈中，企业 1 完全可以选择库诺特产量 $a/(3+b)$，这时企业 2 的最优反应同样是库诺特均衡的产量，也就是说在施塔克尔贝格博弈中，企业 1 完全可以使利润水平达到库诺特均衡水平，却选择了其他产量，那么，企业 1 在施塔克尔贝格博弈中的市场价格降低了，从而总

利润水平也会降低。这样，与库诺特的结果相比，在施塔克尔贝格博弈中，企业 1 利润的增加必定意味着企业 2 福利的恶化。

与库诺特相比，施塔克尔贝格博弈中企业 2 利润水平的降低，揭示了单人决策问题和多人决策问题的一个重要不同之处。在单人决策理论中，占有更多的信息决不会对决策制定者带来不利，然而，在博弈论中，了解更多的信息(或更为精确地说，是让其他参与者知道一个人掌握更多的信息)却可以让一个参与者受损。即使企业 1 先行动，但如果企业 2 在决策之前不能观察到企业 1 的产量，我们就回到库诺特均衡，因为此时，企业 1 不存在先动优势。

本博弈也揭示了这样一个事实：在信息不对称的博弈中，信息较多的博弈方不一定能得到较多的利益。这一点正是两人以上的博弈与单人博弈的不同之处。在现实生活中这样的现象其实很普遍。如在某些机会面前，一拥而上大家会撞车都要吃亏，这时往往是不知利害，盲目的人冲了上去，得到了利益，而懂得利害关系的理智的人则会犹豫顾虑，从而失去机会。这虽然比所有的人都盲动造成严重后果要好得多，但造物的奖惩却完全搞错了方向。这种情况往往也是一种很难摆脱的“悖论”。

3.5.2　供应链决策与协调模型

竞争转向基于时间的竞争，由企业与企业之间的竞争转向供应链与供应链之间的竞争。但实际的供应链往往是由不同利益主体构成的合作型，各个子系统在考虑自身利益最大化的基础上接受合作，那么集中决策只能作为一种指导成员之间进行合作的参考，如何协调不同利益主体之间的利益是这种供应链管理研究的热点和难点。

随着顾客需求个性化、多样化，产品更新周期缩短，市场不确定性加大，市场竞争已由过去的价格、质量上竞争，转化为合作与协调。本节考虑两层供应链，该供应链由一个上游垄断企业和 $n\,(n\geqslant 1)$ 个下游企业组成，上游企业向下游企业提供投入品。并基于博弈分析对这两层供应链协调作一些初步探讨，得出一些有价值的结论，进一步丰富了供应链协调机制研究的成果。

1. 模型描述

在一个两层供应链系统中，存在一个垄断上游(A 结点)企业和 $n\,(n\geqslant 1)$ 个下游(B 结点)企业。假定这些下游企业在市场上销售产品并进行库诺特竞争。下游产品的逆需求函数为

$$p = a - bQ$$

其中，$Q=\sum_{i=1}^{n} q_i$ 为下游企业的总产量；q_i 为下游企业 i 的产量；p 为下游产品的价格；$a,b>0$ 且为常数。每生产一单位下游产品需要一单位上游产品作为投入。设上游产品价格为 w，下游产品单位生产成本为 v，则下游企业 $i(1\leqslant i\leqslant n)$ 的利润为

$$\pi_{R_i} = (p-w-v)q_i \tag{3.1}$$

垄断上游企业的利润为

$$\pi_A = (w-c)Q \tag{3.2}$$

其中，c 为上游企业的生产成本。

至此，可将上下游企业的博弈关系描述如下：

上游企业根据市场需求预定自己的产品价格 w；

下游企业进行库诺特产量竞争并确定自己的产量；

上下游企业进行施塔克尔贝格博弈，确定博弈均衡结果。

如图3.10所示。

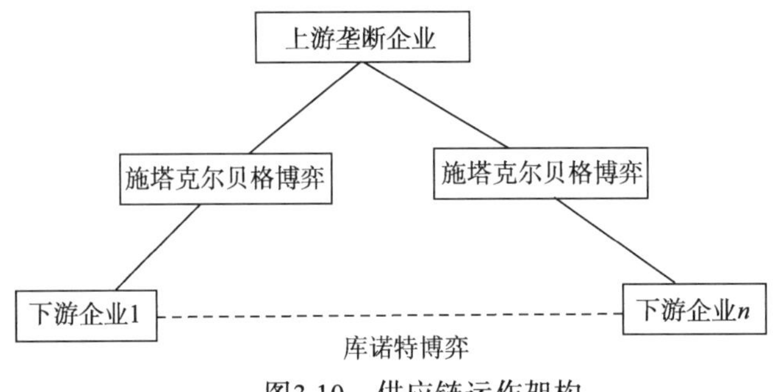

图3.10　供应链运作架构

2. 独立决策下博弈求解

在传统供应链系统中，上下游企业均以各自利润最大为出发点来确定产量，此时采用逆向归纳法求解过程如下：

下游企业 i 将其他下游企业的产量和上游产品的价格 w 视为固定，选择产量最大化自己的利润，由式(3.1)得一阶条件

$$\frac{\partial \pi_{B_i}}{\partial q} = a - bQ - w - v - bq_i = 0$$

求得

$$q_i = \frac{a - w - v}{(n+1)b} \tag{3.3}$$

相应地，

$$Q = \sum_{i=1}^{n} q_i = \frac{n(a - w - v)}{(n+1)b} \tag{3.4}$$

由上游企业确定 w，以最大化自己的利润，将式(3.4)代入式(3.2)得

$$\pi_A = \frac{n(w - c)(a - w - v)}{(n+1)b}$$

又

$$\frac{\pi_A}{\partial w} = \frac{n(a - 2w - v + c)}{(n+1)b} = 0$$

求得

$$w = \frac{a - v + c}{2} \tag{3.5}$$

将式(3.4)代入式(3.3)得 $q_i=\dfrac{a-v-c}{2b(n+1)}$，再由式(3.1)～(3.5)确定均衡结果

$$q_i=\frac{a-v-c}{2b(n+1)},\quad Q=\frac{n(a-v-c)}{2(n+1)b},\quad w=\frac{a-v+c}{2}$$

$$\pi_A=\frac{n(a-v-c)^2}{4(n+1)b},\quad \pi_{B_i}=\frac{(a-v-c)^2}{4(n+1)^2b}$$

$$\pi=\pi_A+\sum_{i=1}^{n}\pi_{B_i}=\frac{n(n+2)(a-v-c)^2}{4(n+1)^2b}$$

由以上结果可知，供应链中生产成本 $v+c$ 越小，各企业利润越大。因此，上下游各企业应努力降低各自的生产成本。另外，各企业的利润与下游企业的服务水平有关。服务水平越高，产品的市场容量越大，从而 a(产品最高价格)也越高，各企业的利润越大。因此，上下游企业应加强相互协调，提高整个供应链的柔性及快速响应能力，增加顾客价值。从上述均衡结果，也可看到 n 越大，下游企业的利润越小，而上游企业的利润越大，供应链总渠道的利润越大，因此增加下游企业的数量有利于增加上游垄断企业的利润和供应链的整体绩效，但会减少下游企业的利润，这对下游企业是不利的。

3. 集中决策下博弈求解

如果上下游企业紧密合作，以供应链系统的总利润最大为出发点来决定产量，此时采用逆向归纳法求解过程如下：

由式(3.3)和(3.4)知

$$q_i=\frac{a-w-v}{(n+1)b},\quad Q=\frac{n(a-w-v)}{(n+1)b}$$

以供应链系统总利润最大确定 w，因为

$$\pi=\pi_A+\sum_{i=1}^{n}\pi_{B_i}=(p-v-c)Q=(a-bQ-v-c)Q$$
$$=\frac{n(a-w-v)[a-v+nw-(n+1)c]}{b(n+1)^2}$$

由 $\dfrac{\partial\pi}{\partial w}=0$ 得

$$w^*=\frac{(n-1)(a-v)+(n+1)c}{2n}$$

相应地，均衡结果为

$$q_i^*=\frac{a-v-c}{2bn},\quad Q^*=\frac{a-v-c}{2b}$$

$$w^*=\frac{(n-1)(a-v)+(n+1)c}{2n}$$

$$\pi_A^*=\frac{(n-1)(a-v-c)^2}{4nb},\quad \pi_{B_i}^*=\frac{(a-v-c)^2}{4n^2b}$$

$$\pi^* = \pi_A^* + \sum_{i=1}^{n} \pi_{B_i}^* = \frac{(a-v-c)^2}{4b}$$

所以

$$\Delta\pi_A = \pi_A^* - \pi_A = -\frac{(a-v-c)^2}{4bn(n+1)} < 0$$

$$\Delta\pi_{B_i} = \pi_{B_i}^* - \pi_{B_i} = \frac{(2n+1)(a-v-c)^2}{4bn^2(n+1)^2} > 0$$

$$\Delta\pi = \pi^* - \pi = \frac{(a-v-c)^2}{4b(n+1)^2} > 0 \tag{3.6}$$

由以上比较可知，$\pi^* > \pi$，这说明集中决策能使供应链系统的利润增加，但$\pi_{B_i}^* > \pi_{B_i}$，$\pi_A^* < \pi_A$，也就是说集中决策对下游企业有利，使各自企业的利润增加，但上游垄断企业的利润降低了，因此这样的合作不可能被上游垄断企业所接受。

4. 基于转移支付的协调方法

由上节分析可知，在集中决策下，上下游企业合作有利于提高整个供应链的利润，为了使上游垄断企业接受这种合作，要从下游企业向上游企业支付产品转移费用，设为t，则要满足

$$\begin{cases} \pi_A^* + t \geqslant \pi_A \\ \sum_{i=1}^{n} \pi_{B_i}^* - t \geqslant \sum_{i=1}^{n} \pi_{B_i} \end{cases}$$

即

$$\begin{cases} \dfrac{(n-1)(a-v-c)^2}{4nb} + t \geqslant \dfrac{n(a-v-c)^2}{4(n+1)b} \\ \dfrac{(a-v-c)^2}{4nb} - t \geqslant \dfrac{n(a-v-c)^2}{4(n+1)^2 b} \end{cases}$$

解得

$$t \in \left[\frac{(a-v-c)^2}{4n(n+1)b}, \frac{(2n+1)(a-v-c)^2}{4n(n+1)^2 b}\right] \tag{3.7}$$

所以只要t在可行区间

$$\left[\frac{(a-v-c)^2}{4n(n+1)b}, \frac{(2n+1)(a-v-c)^2}{4n(n+1)^2 b}\right]$$

内，上下游各企业在集中决策下所获利润均大于独立决策下所得利润，即集中决策优于独立决策。并由式(3.7)中

$$\frac{(2n+1)(a-v-c)^2}{4n(n+1)^2 b} - \frac{(a-v-c)^2}{4n(n+1)b} = \frac{(a-v-c)^2}{4(n+1)^2 b}$$

可看出，n越小，集中决策的优越性越大。另外t的可行区间的长度随n增加而减少，也就是说下游企业的数量越小，转移支付t的选择余地也就越大。因此集中决策适合于下游企业数量较少的供应链，这也说明要实现供应链联盟利益共享要减少供应链中下游企业的数量。

至于t的具体取值不仅受其可行区间的制约，而且受上下游企业的谈判实力、技巧、所拥有的信息、风险、意识等因素的影响，t的取值越大对上游企业越有利，反之对下游企业越有利。

3.5.3　鲁宾斯坦讨价还价模型

鲁宾斯坦(Rubinstein，1982)提出了一种讨价还价模型，其中两个参与人需要就如何分割一块蛋糕达成协议，在第 0,2,4,…… 阶段(偶数阶段)参与人 1 提出一种分配方案(出价)$(x,1-x)$，参与人 2 可以接受也可以拒绝，如果接受，那么博弈结束，如果拒绝，他就在其后的奇数阶段中提出自己的分配方案建议，这是一种无限期的完美信息博弈。每个参与人的支付函数为：如果在t阶段达成协议，那么，贴现支付为$\left(\delta_1^t x,\delta_2^t(1-x)\right)$，$x$为参与人 1 获得的蛋糕份额，$(1-x)$为参与人 2 获得的蛋糕份额，$\delta_1$与$\delta_2$分别为两个参与人的贴现因子。

在这个博弈中有多重纳什均衡，例如，“参与人 1 总是要求得到$x=1$，并拒绝任何其他提议，参与人 2 总是提议$x=1$，并接受任何提议”就是一个纳什均衡，但它不是一个子博弈完美均衡：如果参与人 2 拒绝参与人 1 的第一次出价，而还价$x>\delta_1$，则参与人 1 应该接受，因为即使下一阶段他得到整个蛋糕，其价值也只有δ_1。

因为没有最后一阶段，博弈可能持续任意多期，所以这种博弈的子博弈完美均衡求解不能用逆向归纳法。如果是有限的，那么，利用逆向归纳法可以得到唯一的子博弈均衡：在最后一个阶段，不失一般性，设出价者为参与人 1，他要得到整个蛋糕，而另一方接受；在这之前的一个阶段中，参与人 1 拒绝所有使他的份额小于δ_1的提议。然后，按照这种方式逆推。有限期模型的缺点是：解依赖于期限的长短与最后是哪一方出价；更重要的是，如果最后一阶段没有达成协议，有限期模型不允许参与人进一步努力以达成一个合理的协议。

无限期的鲁宾斯坦模型中存在唯一一个子博弈完美均衡：

$$x^*=\frac{1-\delta_2}{1-\delta_1\delta_2}$$

这一子博弈完美均衡的求解利用了逆向归纳法的逻辑，关键在于，从参与人 1 出价的任何一个阶段开始的子博弈等价于从第一期开始的整个博弈。假设在子博弈完美均衡中，参与人 1 能得到的最大份额为$\overline{v}_1$，所以，对于任意$t\geqslant 3$期且是参与人 1 出价时，他能得到的最大份额也为$\overline{v}_1$。由于对参与人 1 而言，t期的$\overline{v}_1$等价于$t-1$期的$\delta_1\overline{v}_1$，所以，在$t-1$期参与人 2 出价时，他知道在任何使$x\geqslant\delta_1\overline{v}_1$的出价都将会被参与人 1 接受，他会出价$x=\delta_1\overline{v}_1$，自得$1-\delta_1\overline{v}_1$；另一方面，由于对参与人 2 而言，$t-1$期$1-\delta_1\overline{v}_1$相当于$t-2$期的$\delta_2(1-\delta_1\overline{v}_1)$，参与人 1 在$t-2$期出价时知道任何$x\leqslant 1-\delta_2(1-\delta_1\overline{v}_1)$将为参与人 2 接受，因此，他会出价$1-\delta_2(1-\delta_1\overline{v}_1)$。由于自$t-2$期开始的子博弈与$t$期开始的子博弈完全相同，所以，两种最大份额相同，故有

$$\overline{v}_1 = 1-\delta_2(1-\delta_1\overline{v}_1)$$

从而得到

$$\overline{v}_1 = \frac{1-\delta_2}{1-\delta_1\delta_2}$$

现假定在子博弈完美均衡中参与人 1 能得到的最小份额为 $\underline{v}_1$，故而在 t 时期参与人所能得到的最小份额为 $\underline{v}_1$。由于 t 期的 $\underline{v}_1$ 相当于 $t-1$ 期的 $\delta_1\underline{v}_1$，所以，参与人 2 在 $t-1$ 期最多得到 $1-\delta_1\underline{v}_1$，即相当于 $t-2$ 期的 $\delta_2(1-\delta_1\underline{v}_1)$，参与人 1 在 $t-2$ 期至少得到 $1-\delta_2(1-\delta_1\underline{v}_1)$，因此，有

$$1-\delta_2(1-\delta_1\underline{v}_1) = \underline{v}_1$$

从而得到

$$\underline{v}_1 = \frac{1-\delta_2}{1-\delta_1\delta_2}$$

由于参与人 1 在子博弈完美均衡中所能获得的最大份额与最小份额相同，所以，这一博弈有唯一的子博弈完美均衡，对应参与人 i 的均衡策略为"出价时总是要求 $(1-\delta_j)/(1-\delta_i\delta_j)$，接受任何等于或大于 $\delta_i(1-\delta_j)/(1-\delta_i\delta_j)$ 的出价并拒绝小于该数的出价"，其中 j 表示另一个参与人。

上述博弈问题及其结果，在社会经济中有许多现实的例子。如经济活动中的利润分配、债务纠纷、或者财产继承争执等，都是这个博弈模型的原型。模型中的贴现系数则相当于经济纠纷中，相关各方花费在谈判和诉讼等方面的时间、金钱、代价等。

3.5.4 供应链的控制模式与价格形成机制

寡头市场条件下，参与人的竞争策略一直是一个重要研究问题。从营销学的角度，这些竞争可以分为价格竞争和非价格竞争。在非价格竞争方面，产品(服务)差异化越来越成为一种基本策略。

本节在渠道定价竞争中，基于供应链的背景，引入了渠道控制模式这一变量，研究在 4 种不同控制模式下，价格的形成机制以及价格与控制模式变化之间的对应关系；分析了价格机制的稳定性，分析出了最稳定和最不稳定的控制模式，对于不稳定的控制模式，给出了发生投机行为的贴现率临界值。

1. 问题与价格形成机制

渠道有一个制造商 M 和两个分销商 R_1 和 R_2，M 向 R_1 和 R_2 分别提供基本产品相同而又有一定差异性的产品，市场有一定的替代性。M 决定批发价格 w，R_1 和 R_2 分别决定分销单位产品的边际利润 m_1, m_2(实际决定的是零售价格)，最终分销价格为 $p_i = w+m_i$，$i=1,2$。

产品差异化环境下需求函数：$q_i = 1-p_i+\gamma p_j$，$j \neq i$，$i=1,2$，其中 $\gamma \in (0,1)$ 表示产品的差异化替代程度，γ 越大，表示产品的替代性越强，差异性越差。

先考虑两种渠道控制模式，即渠道中有领导者和没有领导者。没有领导者的情况下，参与人进行完全信息静态博弈，谋取利益最大化，将该模式为纳什博弈。另一种是有一个领导

者，决策有先后顺序，是完全信息情况下的动态博弈，求解子博弈完美纳什均衡。当然领导者可以是制造商 M，也可以是分销商 R_1。前一种模式称之为 M-S (Manufacturer-Stackelberg 博弈)模式，后一种模式称之为 R_1-S (R_1 -Stackelberg 博弈)模式。第三种模式是渠道集成模式，即所有参与人形成一个利益整体，追求渠道整体利益最大化，然后采用纳什谈判，分配合作的收益。该模式用 N-B(Nash-Bargaining)表示。

参与人 M，R_1，R_2 的收益函数：

$$\pi_M = w\{q_1 + q_2\} = w\{1-(w+m_1)+\gamma(w+m_2)+1-(w+m_2)+\gamma(w+m_1)\}$$

$$\pi_{R_1} = m_1\{1-(w+m_1)+\gamma(w+m_2)\}; \quad \pi_{R_2} = m_2\{1-(w+m_2)+\gamma(w+m_1)\}$$

2. 纳什博弈中的价格形成机制

在纳什博弈的环境下，三位参与人制造商 M 与两个分销商 R_1 和 R_2 形成一个完全信息的静态博弈。利用 M，R_1 和 R_2 的收益函数的一阶条件，得到纳什博弈中的价格形成机制 w^N 和 m_i^N，以及参与人收益 π_M^N 和 $\pi_{R_i}^N$，$i=1,2$。如表 3.6 所示。

表 3.6　四种渠道控制模式下价格和收益的形成机制汇总表

渠道控制模式价格与收益		纳什博弈控制模式	M-S 博弈控制模式	R_1-S 博弈控制模式	N-B 博弈控制模式
M	w	$\frac{1}{(1-\gamma)(3-\gamma)}$	$\frac{1}{2(1-\gamma)}$	$\frac{11+8\gamma-2\gamma^2-\gamma^3}{(7+\gamma)(1-\gamma)(5+\gamma-2\gamma^2)}$	$\frac{2}{(1-\gamma)(3-\gamma)^2}$
R_1	m_1	$\frac{1}{3-\gamma}$	$\frac{1}{2(2-\gamma)}$	$\frac{2+\gamma}{5+\gamma-2\gamma^2}$	$\frac{5-\gamma}{2(3-\gamma)^2}$
R_2	m_2	$\frac{1}{3-\gamma}$	$\frac{1}{2(2-\gamma)}$	$\frac{12+9\gamma-\gamma^2}{(7+\gamma)(5+\gamma-2\gamma^2)}$	$\frac{5-\gamma}{2(3-\gamma)^2}$
π_M		$\frac{2}{(1-\gamma)(3-\gamma)^2}$	$\frac{1}{2(1-\gamma)(2-\gamma)}$	$\frac{2(11+8\gamma-2\gamma^2-\gamma^3)^2}{(7+\gamma)^2(1-\gamma)(5+\gamma-2\gamma^2)^2}$	$\frac{2}{(1-\gamma)(3-\gamma)^2}$
π_{R_1}		$\frac{1}{(3-\gamma)^2}$	$\frac{1}{4(2-\gamma)^2}$	$\frac{(2+\gamma)^2}{(7+\gamma)(5+\gamma-2\gamma^2)}$	$\frac{5-\gamma}{4(3-\gamma)^2}$
π_{R_2}		$\frac{1}{(3-\gamma)^2}$	$\frac{1}{4(2-\gamma)^2}$	$\left[\frac{12+9\gamma-\gamma^2}{(7+\gamma)(5+\gamma-2\gamma^2)}\right]^2$	$\frac{5-\gamma}{4(3-\gamma)^2}$

3. M-S 博弈中的价格形成机制

在 M-S 博弈的环境下，制造商处于支配地位，先作决策；两个分销商看到制造商的决策(批发价格 w)，再作出自己的决策，即边际利润 m_1，m_2。

M 作为领导者，R_1 和 R_2 作为追随者。M 首先决策。采用逆向归纳法，利用 π_{R_1} 和 π_{R_2} 的

一阶条件得到 R_1 和 R_2 对 M 的反应函数：

$$m_i^{M-S}=\frac{1}{2-\gamma}-\frac{1-\gamma}{2-\gamma}w,\quad i=1,2$$

将上式代入 π_M 的表达式，并利用 π_M 的一阶条件，得到 M-S 博弈中的价格形成机制 w^{M-S} 和 $m_i^{M-S}=\frac{1}{2(2-\gamma)}$，以及收益 π_M^{M-S} 和 $\pi_{R_i}^{M-S}$，$i=1,2$。如表 3.6 所示。

4. R-S 博弈中的价格形成机制

在 R-S(Retailer-Stackelberg)博弈的环境下，分销商的地位得到了充分提高，分销商处于支配地位，具有决策优势。现实的环境中，决策的支配权已初步由制造商向分销商转移。

R_1 作为领导者，M 和 R_2 作为追随者，形成一个完全信息动态博弈。这种模式反映了渠道中分销商控制地位的上升。按照逆向归纳法，利用 π_M 和 π_{R_2} 的一阶条件，得到 M 和 R_2 对 R_1 的反应函数：

$$m_2^{R_1-S}=\frac{1+3\gamma}{7+\gamma}m_1+\frac{2}{7+\gamma},\quad w^{R_1-S}=-\frac{2+\gamma}{7+\gamma}m_1+\frac{3+\gamma}{(7+\gamma)(1-\gamma)}$$

将上式代入 π_{R_1} 的表达式，并利用 π_{R_1} 的一阶条件，得到 R_1-S 博弈中的价格形成机制 w^{R_1-S}, $m_1^{R_1-S}$, $m_2^{R_1-S}$ 以及收益 $\pi_M^{R_1-S}$, $\pi_{R_1}^{R_1-S}$, $\pi_{R_2}^{R_1-S}$。如表 3.6 所示。

5. N-B 合作博弈中的价格形成机制

集成策略有各种表现方式，本文的集成策略是指制造商、分销商形成一个利益整体，谋求整体利益最大化，并在不损害制造商的前提下，通过 N-B 分配合作利益。

参与人 $N=\{M,R_1,R_2\}$ 形成一个联盟时，联盟的收益：

$$v(N)=\max_{w,m_1,m_2}\{\pi_M+\pi_{R_1}+\pi_{R_2}\}$$

利用 $v(N)$ 的一阶条件，得到 $v(N)=\frac{1}{2(1-\gamma)}$。

将 $v(N)$ 与纳什博弈中的渠道总利润 π^N 进行比较，显然有 $v(N)>\pi^N$。这说明集成化机制与纳什博弈相比，创造了更多的利益。超额利益 $v(N)-\pi^N$ 在不损害制造商的前提下，平均分配给分销商，因此，集成化机制下，可以定义分销商的收益为

$$\pi_{R_i}^{N-B}\Leftarrow\pi_{R_i}^N+\frac{1}{2}\left(v(N)-\pi^N\right),\quad i=1,2$$

因此，集成化机制下，分销商的收益为

$$\pi_{R_i}^{N-B}=\frac{5-\gamma}{4(3-\gamma)^2},\quad i=1,2$$

制造商的收益为

$$\pi_M^{N-B}=\frac{2}{(1-\gamma)(3-\gamma)^2}$$

上述的收益机制能否实现呢?

经过验证，在价格设置

$$w^{N-B}=\frac{2}{(1-\gamma)(3-\gamma)^2},\quad m_i^{N-B}=\frac{5-\gamma}{2(3-\gamma)^2},\quad i=1,2$$

的条件下，上述的收益机制就可实现。这说明这个收益机制不但保证是可行，而且分销商的利益得到提升，制造商的利益没有受到损失。

6. 不同渠道控制模式下价格形成机制的比较分析

将纳什博弈控制模式作为比较参考系。

由纳什博弈控制模式到 M-S 博弈控制模式，制造商的地位增强了，分销商的地位下降了，反映在表 3.6 上，制造商的定价和收益变大了，分销商的定价和收益变小了；由纳什博弈控制模式到 R_1-S 博弈控制模式，R_1 的控制地位上升了，其定价和收益变大了；M 的控制地位下降了，其定价和收益变小了；R_2 的控制地位也下降了，但是其定价和收益却变大了，这说明 R_1 控制地位的上升不仅仅有利于自己，还有利于 R_2，带动了 R_2 的收益增加。

因此可以看到，参与人控制地位的变化影响其定价机制和收益机制；控制地位越高，定价和收益就越大；控制地位的变化具有协同效应，分销商控制地位的上升不但有利于自己，还有利于其他分销商，呈现出外部性特征。

7. 价格形成机制的稳定性

表 3.6 给出了在不同渠道模式下的价格和收益形成机制。形成机制的稳定性是指参与人有没有积极性偏离这种形成机制。如果参与人有积极性偏离这种价格机制，这种价格机制就呈现出一定的不稳定性。

采用触发策略作为一种惩罚策略，把纳什博弈作为惩罚机制。整个渠道中，R_2 处于最弱势的地位，因此本节研究 R_2 选择投机行为的积极性。

1) M-S 博弈中价格机制的稳定性

在 M-S 博弈价格机制中，若 R_2 要偏离价格策略，其必然选择价格 m_2，以使

$$\max_{m_2} m_1\left\{1-\left(w^{M-S}+m_2\right)+\gamma\left(w^{M-S}+m_1^{M-S}\right)\right\}$$

经过计算，R_2 的偏离价格为

$$m_2^{M-S}(D)=\frac{12+8\gamma-\gamma^2-\gamma^3}{(7+\gamma)\left(5+\gamma-2\gamma^2\right)}$$

通过不执行价格机制，R_2 谋取的投机收益为

$$\pi_{R_1}^{M-S}(D)=\left\{\frac{12+8\gamma-\gamma^2-\gamma^3}{(7+\gamma)\left(5+\gamma-2\gamma^2\right)}\right\}^2$$

将 $\pi_{R_1}^{M-S}(D)$ 与 $\pi_{R_1}^{M-S}$ 对比，显然有 $\pi_{R_1}^{M-S}(D)>\pi_{R_1}^{M-S}$。即 R_2 通过实施投机行为，确实谋

取了更大利益，R_2 有实施投机行为的动机和激励。

其他参与人在看到 R_2 的偏离行为后，会对 R_2 实施惩罚行为，采用纳什博弈作为惩罚机制。在纳什博弈中，R_2 的收益为 $\pi_{R_2}^{N}=\dfrac{1}{(3-\gamma)^2}$。通过计算比较，有 $\pi_{R_2}^{N}>\pi_{R_2}^{M-S}$，即 R_2 惩罚后的收益也比原价格机制中收益大。因此，在贴现率 $0<\delta\leqslant 1$ 的情况下，R_2 总有选择偏离价格机制的动机。

因此得出，在 M-S 博弈中，R_2 在任何情况下都有实施投机行为的积极性，价格形成机制表现出极大的不稳定性。实际上这种价格机制根本得不到执行。

2) R-S 博弈中价格机制的稳定性

在 R-S 博弈价格机制中，若 R_2 要偏离价格策略，其必然选择价格 m_2，以使

$$\max_{m_2} m_2\left\{1-\left(w^{R_1-S}+m_2\right)+\gamma\left(w^{R_1-S}+m_1^{R_1-S}\right)\right\}$$

经过计算，R_2 的偏离价格为

$$m_2^{R_1-S}(D)=\frac{12+9\gamma-\gamma^2}{(7+\gamma)\left(5+\gamma-2\gamma^2\right)}$$

通过不执行价格机制，R_2 谋取的投机收益为

$$\pi_{R_2}^{R_1-S}(D)=\left[\frac{12+9\gamma-\gamma^2}{(7+\gamma)\left(5+\gamma-2\gamma^2\right)}\right]^2$$

将 $\pi_{R_2}^{R_1-S}(D)$ 与 $\pi_{R_2}^{R_1-S}$ 对比，显然有 $\pi_{R_2}^{R_1-S}(D)=\pi_{R_2}^{R_1-S}$。即 R_2 通过实施投机行为，没有谋取了更大利益。而若 R_2 通过实施投机行为，则其他参与人实施惩罚策略，惩罚策略中 R_2 的收益 $\pi_{R_2}^{N}=\dfrac{1}{(3-\gamma)^2}<\pi_{R_2}^{R_1-S}$。

因此得出，在 R-S 博弈中，R_2 在任何情况下都没有实施投机行为的积极性，价格形成机制表现出极大的稳定性。实际上这种价格机制一定能够得到重复执行。

3) N-B 博弈中价格机制的稳定性

在 N-B 博弈价格机制中，若 R_2 要偏离价格策略，其必然选择价格 m_2，以使

$$\max_{m_2} m_2\left\{1-\left(w^{N-B}+m_2\right)+\gamma\left(w^{N-B}+m_1^{N-B}\right)\right\}$$

经过计算，R_2 的偏离价格为

$$m_2^{B-B}(D)=\frac{14-7\gamma+\gamma^2}{4(3-\gamma)^2}$$

通过不执行价格机制，R_2 谋取的投机收益为

$$\pi_{R_2}^{N-B}(D)=\left[\frac{14-7\gamma+\gamma^2}{4(3-\gamma)^2}\right]^2$$

将 $\pi_{R_2}^{N-B}(D)$ 与 $\pi_{R_2}^{N-B}$ 对比，显然有 $\pi_{R_2}^{N-B}(D) > \pi_{R_2}^{N-B}$。即 R_2 通过实施投机行为，谋取了更大利益。R_2 有实施投机行为的动机和激励。R_2 能否实施投机行为还取决于其他参与人对他投机行为的惩罚策略和惩罚给他带来的损失。当其他人看到 R_2 投机行为后，会立即选择纳什均衡策略作为惩罚策略。设无限期重复博弈的贴现率为 δ。

对于 R_2，选择投机行为当期带来的收益为 $\pi_{R_2}^{N-B}(D)$，其他人实施惩罚策略后，每期的收益为 $\pi_{R_2}^{N}$，总收益为

$$\pi_{R_2}^{N-B}(D) + \frac{\delta}{1-\delta}\pi_{R_2}^{N}$$

R_2 不实施投机行为，每期的收益均为 $\pi_{R_2}^{N-B}$，总收益为

$$\frac{1}{1-\delta}\pi_{R_2}^{N-B}$$

则临界贴现率 δ 满足 $\pi_{R_2}^{N-B}(D) + \frac{\delta}{1-\delta}\pi_{R_2}^{N} = \frac{1}{1-\delta}\pi_{R_2}^{N-B}$。由此求出 δ 如下：

$$\delta^*(\gamma) = \frac{\pi_{R_2}^{N-B}(D) - \pi_{R_2}^{N-B}}{\pi_{R_2}^{N-B}(D) - \pi_{R_2}^{N}} = \frac{\left(14-7\gamma+\gamma^2\right)^2 - 4\left(5-\gamma\right)\left(3-\gamma\right)^2}{\left(14-7\gamma+\gamma^2\right)^2 - 16\left(3-\gamma\right)^2}$$

因此得出，在 N-B 博弈中，R_2 有实施投机行为的积极性，价格形成机制表现出一定的不稳定性。如果贴现率 δ 满足 $\delta^*(\gamma) \leqslant \delta$，则 R_2 不会实施偏离行为，价格机制稳定；如果 δ 满足 $\delta < \delta^*(\gamma)$，则 R_2 实施偏离行为，价格机制不稳定。

N-B 博弈中，价格机制的贴现率稳定区间为 $[\delta^*(\gamma), 1]$。

8. 结论与展望

本文研究了 4 种渠道模式下价格的形成机制问题，首先给出了 4 种模型下的价格和收益形成机制，然后对形成机制进行了分析，分析结果表明价格形成和收益形成都依赖于参与人在渠道中的控制地位，其控制地位越高，其定价和收益就越大。最后，分析了价格机制的稳定性，对于 N-B 博弈控制模式，给出了发生投机行为的贴现率临界值。

3.6 本 章 小 结

3.1 节介绍了完全信息动态博弈的决策时序和博弈的扩展形表述，3.2 节介绍了扩展形博弈中的战略、承诺和威胁，讨论承诺和威胁的可信性问题；3.3 节讨论了扩展形博弈中的纳什均衡，介绍求解子博弈完美纳什均衡的方法——逆向归纳法。3.4 节进一步讨论了一种特殊的动态博弈——重复博弈，3.5 节讨论了完全信息动态博弈在经济管理领域中的应用。这些讨论对于我们加深对动态博弈分析的理解也有非常大的作用。

思考题与练习题

1. 序贯决策中的“先动优势”，先动一定有优势吗？用一个动态博弈的案例加以说明。

2. 动态博弈中，信息是如何传递的？

3. 在一个由三寡头组成的垄断市场上，反需求函数为$P(Q)=a-(q_1+q_2+q_3)$，q_i表示企业$i(1\leqslant i\leqslant 3)$的产量。每一企业的边际成本都是$c$，且假设无固定成本。由于在该产业中的地位不同，决策顺序如下：

(1) 企业 1 选择$q_1\geqslant 0$；

(2) 企业 2 和企业 3 观测到q_1，并同时作出决策$q_2\geqslant 0$和$q_3\geqslant 0$。

求该博弈的子博弈纳什均衡。

4. 考虑两个寡头企业的价格竞争博弈，其中p是企业 1 的价格，q是企业 2 的价格。企业 1 的利润函数

$$\pi_1(p,q)=-(p-aq+c)^2+q$$

企业 2 的利润函数

$$\pi_2(p,q)=-(q-b)^2+p$$

求：(1) 静态纳什均衡；

(2) 企业 1 先决策时的子博弈完美纳什均衡；

(3) 设计无限重复博弈中的冷酷战略(惩罚策略)。

5. 假设在库诺特博弈中，有n加企业在进行生产决策，其反需求函数为

$$P(Q)=a-(q_1+q_2+\cdots+q_n)$$

q_i表示企业$i(1\leqslant i\leqslant n)$的产量。

考虑基于这一阶段的无线重复博弈，求出最小的δ。δ是如何随着n的大小而变化的？

6. 在霍特林价格竞争模型中，两位分销商的进货成本都是c，消费者的交通成本是t。现在博弈分成两个阶段：阶段一，两位分销商选在线性城市上的位置；阶段二，两位分销商在互相看到位置选择后，决定各自的价格。证明：

(1) 如果成本是距离x的线性函数(tx)，则上述博弈不存在子博弈完美纳什均衡；

(2) 如果成本是距离x的二次函数(tx^2)，则上述博弈的子博弈完美纳什均衡的结果是各自选择线性城市的两端。

7. 考虑如下的双寡头市场战略投资模型：

目前状况下，两家企业的生产成本都是$c=2$。

企业考虑进行技术创新，创新需要投入f，使生产成本降低为$c=1$。企业 2 可以观察到企业 1 的决策，然后双方进行产量决策。在这个两阶段博弈中，市场的逆需求函数为$p(q_1,q_2)=14-(q_1+q_2)$。请问f在什么样的范围，企业 1 才进行技术创新投资。

第 4 章　不完全信息静态博弈

第 2 章和第 3 章介绍了完全信息静态博弈和完全信息动态博弈，从本章开始，讨论不完全信息博弈。本章首先讨论不完全信息静态博弈，对不完全信息动态博弈将在第 5 章介绍。本章分四节，4.1 节引入不完全信息博弈的概念和海萨尼转换，定义贝叶斯纳什均衡；4.2 节讨论贝叶斯博弈和混合策略均衡；4.3 节介绍不完全信息静态博弈在双寡头竞争中的应用；4.4 节介绍不完全信息静态博弈在拍卖理论中的应用。

4.1　不完全信息和贝叶斯纳什均衡

4.1.1　不完全信息静态博弈

第 2 章和第 3 章研究的是完全信息博弈，即每个参与人的特征、支付函数，以及策略空间在所有的参与人中是共同知识。尽管完全信息在许多情况下是一个很好的近似，但在现实中，许多博弈并不满足这样一个要求。比如说，当向一个消费者推销产品时，你也许不知道消费者的偏好和支付函数，他可能是高需求者，也可能是低需求者，不同类型消费者的支付函数是不同的；当两个寡头进行市场竞争时，他们也许不知道对方的成本函数，当然，在这种情况下，也不知道对方的支付函数。上面的两个例子并不满足完全信息的假设，这样的博弈称为不完全信息博弈。如果参与人的行动还是同时的，则称为不完全信息静态博弈；如果参与人的行动还有先后顺序，则称为不完全信息动态博弈。在不完全信息博弈中，至少有一个参与人不知道其他参与人的支付函数。在这种情况下，前面介绍的求解博弈的方法已经不再适用，本章将介绍求解这类不完全信息静态博弈的方法。

例 4.1　潜在进入企业(参与人 1)决定是否进入一个新的产业，但不知道在位企业(参与人 2)的成本函数，不知道在位者决定默许还是斗争。假定在位者有两种可能的成本函数：高成本或低成本；对应两种成本情况的不同战略组合的支付矩阵如表 4.1 所示。

表 4.1 市场进入阻挠博弈：不完全信息

进入者 \ 在位者	高成本情况		低成本情况	
	默许	斗争	默许	斗争
进入	40, 50	−10, 0	30, 80	−10, 100
不进入	0, 300	0, 300	0, 400	0, 400

在这个例子中，进入者有关在位者的成本信息是不完全的，但在位者知道进入者的成本函数。从表 4.1 可以看出，如果在位者是高成本，给定进入者进入，在位者的最优选择是默许；如果在位者是低成本，给定进入者进入，在位者的最优选择是斗争。因此，在完全信息

情况下，如果在位者是高成本，进入者的最优选择是进入；如果在位者是低成本，进入者的最优选择是不进入。但因为进入者并不知道在位者究竟是高成本还是低成本，进入者的最优选择依赖于它在多大程度上认为在位者是高成本的或低成本的。所以，这是一个不完全信息静态博弈。

4.1.2　海萨尼转换

对于不完全信息静态博弈，首先介绍一种称为“海萨尼转换”的思想。海萨尼 1967 年提出了一种对支付不了解转化为对类型不了解思路的基础上，进一步将不完全信息静态博弈转化为完全但不完美信息动态博弈进行分析的思路，称为“海萨尼转换”。

“海萨尼转换”的具体方法是：

(1) 引入一个虚拟的参与人——“自然”或者说是“上帝”，他不用考虑自己的得失，他的唯一作用就是赋予博弈中各参与人的类型向量 $\boldsymbol{\theta}=(\theta_1,\theta_2,\cdots,\theta_n)$ ，其中 θ_i 属于可行类型空间 Θ_i (Θ_i 为参与人 i 的特征的完备描述)；

(2) 自然只把参与人 i 的真实类型 θ_i 告诉参与人 i 自己，却不让其他参与人知道；

(3) 所有参与人同时行动，参与人 i 从自己的行动空间 A_i 中选择 a_i ；

(4) 各参与人除“自然”外的支付函数为 $u_i=u_i(a_1,\cdots,a_n;\theta_i)$ 。

借助于(1)和(2)中虚拟参与人“自然”的行动，就把一个不完全信息的静态博弈转化成一个完全但不完美信息的动态博弈；它由两个阶段构成，“自然”在第一阶段选择行动，决定类型向量 $\boldsymbol{\theta}=(\theta_1,\cdots,\theta_n)$ ； n 个参与人在第二阶段同时行动，他们虽然各自知道“自然”为自己选定的类型 θ_i ，却不知道“自然”为其他参与人(至少一个其他参与人)选定的类型，因此，至少有一个参与人不知道“自然”的具体行动。不过，每一个参与人的类型空间 Θ_i 及其概率分布 $\overline{p}_i$ 是共同知识。这样，就可以运用概率论的知识(尤其是“贝叶斯法则”)对不完全信息博弈问题进行分析。

下面将介绍一个采用海萨尼转换将不完全信息博弈转化成一个完全但不完美信息博弈的例子。

例 4.2　市场需求有高、中、低三种，企业 A 和企业 B 都有扩展生产规模和保持原规模两种策略。企业 A 和企业 B 对市场需求的概率分布是清楚的，但企业 B 不了解企业 A 的生产成本，故对博弈的支付不太清楚，而企业 A 对博弈的支付是清楚的，因此，这是一个不完全信息博弈。其支付矩阵如表 4.2 所示。

表 4.2 不完全信息的市场博弈

市场需求 \ 企业 B	市场需求高(0.1)		市场需求中(0.7)		市场需求低(0.2)	
	A 扩展	A 保持	A 扩展	A 保持	A 扩展	A 保持
扩展	2, 3	3, 0	−1, −1	2, 1	−2, −2	−1, 0
保持	1, 5	−1, −1	1, 3	1, 1	0, −1	2, 2

海萨尼引入了一个虚拟的参与人——“自然”，来处理不完全信息博弈问题。自然首先选择行动决定市场需求，参与人企业 A 知道自己的特征，企业 B 不知道企业 A 的特征，这

样，不完全信息博弈就可转换为完全但不完美信息博弈，这就是所谓的“海萨尼转换”。图 4.1 就是经转换后的市场博弈表述。

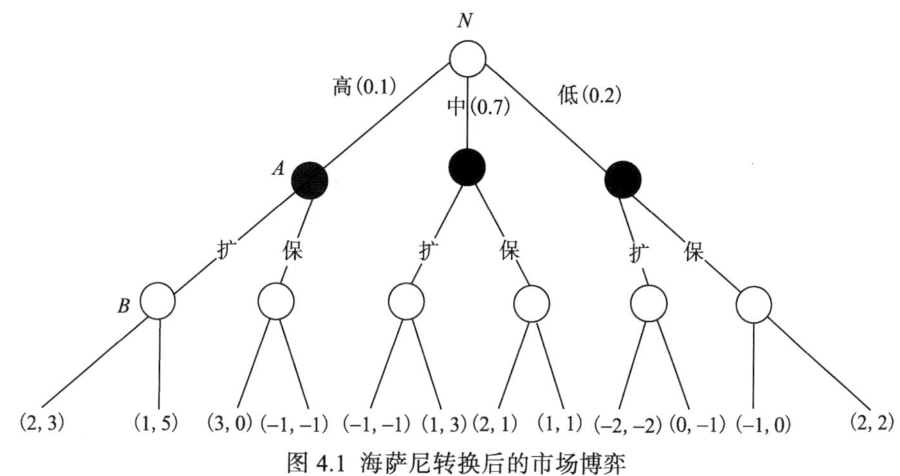

图 4.1　海萨尼转换后的市场博弈

将一个参与人所拥有的个人信息称为他的类型,参与人的类型是其个人特征的一个完备描述。一般可用支付函数表示类型。不完全信息意味着至少有一个参与人有多个类型。在表 4.2 中，企业 A 有三个类型，企业 B 有一个类型。

可用 θ_i 表示参与人 i 的一个特定类型，Θ_i 表示参与人 i 所有可能类型的集合($\theta_i \in \Theta_i$)。假定 $\{\theta_i\}_{i=1}^n$ 取自某个客观的分布函数 $P(\theta_1,\cdots,\theta_n)$ 。假定 $P(\theta_1,\cdots,\theta_n)$ 是所有参与人的共同知识，即所有参与人有关自然行动的信念相同。

用 $\boldsymbol{\theta}_{-i}$ 表示除 i 之外的所有参与人的类型组合 $\boldsymbol{\theta}_{-i}=(\theta_1,\cdots,\theta_{i-1},\theta_{i+1},\cdots,\theta_n)$ ，则

$$\boldsymbol{\theta}=(\theta_1,\cdots,\theta_n)=(\theta_i,\boldsymbol{\theta}_{-i})$$

称 $p_i(\boldsymbol{\theta}_{-i}\,|\,\theta_i)$ 为参与人 i 的条件概率，则给定参与人 i 属于类型 θ_i 的条件下，有关其他参与人属于 $\boldsymbol{\theta}_{-i}$ 的概率，根据条件概率，则有

$$p_i(\boldsymbol{\theta}_{-i}|\theta_i)=\frac{p(\boldsymbol{\theta}_{-i}|\theta_i)\,p(\boldsymbol{\theta}_{-i})}{p(\theta_i)}=\frac{p(\boldsymbol{\theta}_{-i},\theta_i)}{\sum\limits_{\boldsymbol{\theta}_{-i}\theta_i} p(\boldsymbol{\theta}_{-i},\theta_i)}$$

4.1.3　策略式表述和贝叶斯纳什均衡

在前面章节，我们已指出一个完全信息 n 人博弈的标准式(策略式)表述为 $G=\{S_1,\cdots,S_n;u_1,\cdots,u_n\}$ ，其中，S_i 为参与人 i 的策略空间，$u_i(s_1,\cdots,s_n)$ 表示当所有参与人的策略组合为 $(s_1,\cdots,s_n)$ 时，参与人 i 的效用。在同时行动的完全信息静态博弈中，参与人的一个策略就是一个简单的行动，于是，博弈又可以写为 $G=\{A_1,\cdots,A_n;u_1,\cdots,u_n\}$ ，其中 A_i 为参与人 i 的行动空间，$u_i(a_1,\cdots,a_n)$ 为在所有参与人的策略组合为 $(a_1,\cdots,a_n)$ 时参与人 i 的效用。

下面来看不完全信息静态博弈的策略式表述，其对应的均衡概念为静态贝叶斯纳什均

衡。在这里，要表示出不完全信息的关键因素，即每一个参与人知道他自己的效用函数，但也许不能准确地知道其他参与人的效用函数。记 θ_i 为参与人 i 的类型，它属于一个可能的类型集 Θ_i。令 θ_i 类参与人 i 的效用函数为 $u_i(a_1,\cdots,a_n;\theta_i)$，每一类型 θ_i 都对应着参与人 i 不同的效用函数。

在这样定义后，说参与人 i 知道自己的类型，也就等同于说参与人 i 知道自己的效用函数；参与人 i 不知道其他参与人的类型等于说，参与人 i 可能不确定其他参与人的效用函数。一般用 $\boldsymbol{\theta}_{-i}=(\theta_1,\cdots,\theta_{i-1},\theta_{i+1},\cdots,\theta_n)$ 表示其他参与人的类型组合。用概率 $\mu_i(\boldsymbol{\theta}_{-i}\mid\theta_i)$ 表示参与人 i 在知道自己类型是 θ_i 的前提下，对其他参与人类型 $\boldsymbol{\theta}_{-i}$ 的推断。在一般的文献中，参与人之间的类型是相互独立的，这种情况下，$\mu_i(\boldsymbol{\theta}_{-i}\mid\theta_i)$ 与 θ_i 无关。

定义 4.1　一个 n 人静态贝叶斯博弈的标准式表述包括：参与人的行动空间 $A_1,\cdots,A_n$，它们的类型空间 $\Theta_1,\cdots,\Theta_n$，他们的推断 $\mu_1,\cdots,\mu_n$ 以及他们的效用函数 $u_1,\cdots,u_n$。参与人 i 的类型作为参与人 i 的私人信息，决定了参与人 i 的效用函数 $u_i(a_1,\cdots,a_n;\theta_i)$，并且是可能的类型集 Θ_i 中的一个元素。参与人 i 的推断描述了参与人 i 在给定自己的类型 θ_i 时，对其他 $n-1$ 个参与人可能的类型 $\boldsymbol{\theta}_{-i}$ 的不确定性。用

$$G=\{A_1,\cdots,A_n;\Theta_1,\cdots,\Theta_n;\mu_1,\cdots,\mu_n;u_1,\cdots,u_n\}$$

表示这一博弈。

n 人不完全信息静态博弈的时间顺序为：

(1) 自然给定类型向量 $\boldsymbol{\theta}=(\theta_1,\cdots,\theta_n)$，其中，$\theta_i\in\Theta_i$，参与人 i 观察到 θ_i，但参与人 $j\,(j\neq i)$ 只知道 $p_j\left(\boldsymbol{\theta}_{-j}\mid\theta_j\right)$，观察不到 θ_i；

(2) 参与人同时选择行动，参与人 i 从可行集 $A_i(\theta_i)$ 中选择行动 a_i，n 人的行动组合为 $\boldsymbol{a}=(a_1,\cdots,a_n)$；

(3) 参与人 i 的支付函数为 $u_i(a_i,\boldsymbol{a}_{-i};\theta_i)$。

注意，在上面的定义中，虽然参与人 i 的类型是私人信息，但是，行动空间和效用函数的结构是共同知识。换句话说，尽管其他参与人并不知道参与人 i 的类型 θ_i，但是，他们知道参与人 i 的行动空间和支付函数是如何依赖于参与人 i 的类型的。

定义 4.2　在静态贝叶斯博弈 $G=\{A_1,\cdots,A_n;\Theta_1,\cdots,\Theta_n;\mu_1,\cdots,\mu_n;u_1,\cdots,u_n\}$ 中，纯策略贝叶斯纳什均衡是一个类型依存策略组合 $\boldsymbol{a}^*(\boldsymbol{\theta})=\left(a_1^*(\theta_1),\cdots,a_n^*(\theta_n)\right)$，其中，每个参与人 i 在给定自己的类型 θ_i 和其他参与人依存策略 $\boldsymbol{a}_{-i}^*(\boldsymbol{\theta}_{-i})$ 的情况下最大化自己的预期效用函数 $E_{\boldsymbol{\theta}_{-i}}u_i$。换句话说，策略组合 $\boldsymbol{a}^*(\boldsymbol{\theta})=\left(a_1^*(\theta_1),\cdots,a_n^*(\theta_n)\right)$ 是一个贝叶斯纳什均衡，如果对每一参与人 i 及 i 的类型集 Θ_i 中的每一个 θ_i，$a_i^*(\theta_i)$ 满足

$$\max_{a_i\in A_i}\sum_{\boldsymbol{\theta}_{-i}\in\Theta_{-i}}u_i\left(a_1^*(\theta_1),\cdots,a_{i-1}^*(\theta_{i-1}),a_i,a_{i+1}^*(\theta_{i+1}),\cdots,a_n^*(\theta_n);\boldsymbol{\theta}\right)\mu_i(\boldsymbol{\theta}_{-i}\mid\theta_i)$$

亦即，没有参与人愿意改变自己的策略，即使这种改变只涉及一种类型下的一个行动。

与纳什均衡概念不同，在贝叶斯纳什均衡中，参与人 i 只知道具有类型 θ_j 的参与人 j 将

选择 $a_j(\theta_j)$ 但并不知道 θ_j，因此，即使纯策略选择也必须取支付函数的期望(预期)值。与纳什均衡一样，一个有限的静态贝叶斯纳什均衡(即博弈中 n 有限，且行动组合集 $(A_1,\cdots,A_n)$ 和类型组合集 $(\Theta_1,\cdots,\Theta_n)$ 都是有限集)，存在贝叶斯纳什均衡，也许包含了混合策略。

例 4.3　根据 4.1.2 小节的例题：不完全信息的市场博弈，计算该不完全信息下的市场博弈的纯战略贝叶斯均衡。

解　首先看一下企业 A 和企业 B 的纯战略。

企业 A 的纯战略如下：

(市场需求高，选扩展战略；市场需求为中或低选择保持战略)

(市场需求高，选保持战略；市场需求为中或低选择扩展战略)

(市场需求中，选扩展战略；市场需求为高或低选择保持战略)

(市场需求中，选保持战略；市场需求为高或低选择扩展战略)

(市场需求小，选扩展战略；市场需求为高或中选择保持战略)

(市场需求小，选保持战略；市场需求为高或中选择扩展战略)

(市场需求高、中或低，均选扩展战略)

(市场需求高、中或低，均选保持战略)

上述企业 A 的纯战略可简写如下：

(A 扩/高，A 保/中，A 保/低)

(A 保/高，A 扩/中，A 扩/低)

(A 扩/中，A 保/高，A 保/低)

(A 保/中，A 扩/高，A 扩/低)

(A 扩/低，A 保/高，A 保/中)

(A 保/低，A 扩/高，A 扩/中)

(A 扩/高，A 保/中，A 保/低)

(A 保/高，A 扩/中，A 扩/低)

企业 B 的纯战略如下：

(企业 A 选扩展战略，企业 B 选扩展战略；企业 A 选保持，企业 B 选保持)

(企业 A 选扩展战略，企业 B 选保持战略；企业 A 选保持，企业 B 选扩展)

(企业 A 选保持战略，企业 B 选扩展战略；企业 A 选扩展，企业 B 选扩展)

(企业 A 选保持战略，企业 B 选保持战略；企业 A 选扩展，企业 B 选保持)

上述企业 B 的纯战略可简写如下：

(A 扩/B 扩，A 保/B 保)

(A 扩/B 保，A 保/B 扩)

(A 保/B 扩，A 扩/B 扩)

(A 保/B 保，A 扩/B 保)

可以看出，企业 A 和企业 B 的纯战略组合有 24 个，可以运用贝叶斯法则对这 24 个战略组合进行计算，从中找出贝叶斯纯战略均衡。

下面，以战略组合(A 保/低，A 扩/高，A 扩/中；A 扩/B 扩，A 保/B 保)为例，验证其是否为一个贝叶斯纯战略均衡。

若企业 B 观测到 A 扩，他可以排除市场状态低，但他不知道市场状态到底是高还是中，运用贝叶斯法则，是状态高的后验概率为

$$p(\text{高} \mid A\text{扩}) = \frac{1\times 0.1}{1\times 0.1 + 1\times 0.7 + 0\times 0.2} = 0.125$$

由此，我们可知是状态中的后验概率为 1 – 0.125=0.875。

企业 B 观测到企业 A 选择了扩展战略，其同样选择扩展战略的期望支付为 0.125 × 2+0.875 × (−1) = −0.625；其选择保持的期望支付为 0.125 × 1+0.875 × 1=1。可见，策略组合(A 保/低，A 扩/高，A 扩/中；A 扩/B 扩，A 保/B 保)不是一个贝叶斯纯战略均衡。同样的方法，可以验证其他 23 个战略组合中哪些是，以及哪些不是贝叶斯纯战略均衡。

4.2　贝叶斯博弈和混合策略均衡

海萨尼(Harsanyi, 1973)证明，完全信息情况下的混合策略均衡可以解释为不完全信息情况下纯策略均衡的极限。在混合策略纳什均衡中，一个参与人不能确定其他参与人将选择什么纯策略，这种不确定性可能来自这个参与人不知道其他参与人的类型。为了说明这种解释的机理，我们来看一个例子——抓钱博弈，支付矩阵为表 4.3(Fudenberg 和 Tirole，1991)。

表 4.3　抓钱博弈

A \ B	抓	不抓
抓	−1, −1	1, 0
不抓	0, 1	0, 0

这是一个对称博弈，采用划线法，得到两个不对称纳什均衡：一个人抓，另一个人不抓。此外，还存在一个对称的混合策略纳什均衡，各以 0.5 的概率选择抓。在现实生活中，也许更有可能出现对称的混合策略均衡。

为了解释混合策略均衡，在表 4.3 所示的博弈中引入不完全信息，其支付矩阵为表 4.4。

表 4.4　不完全信息下抓钱博弈

A \ B	抓	不抓
抓	−1, −1	$1+\theta_1$, 0
不抓	0, $1+\theta_2$	0, 0

在表 4.4 所示的博弈中，参与人不清楚对手抓到钱得到的效用，θ_i 是参与人 i 的类型，服从 $[-\varepsilon,\varepsilon]$ 上的均匀分布(ε 为正数)。容易证明对称的纯策略“$a_i(\theta_i<0)=$不抓，$a_i(\theta_i\geqslant 0)=$抓”形成了贝叶斯均衡，其中，从每个参与人的角度，另一方抓钱的概率为 0.5，这样，只有在 $\theta_i \geqslant 0$ 时才会抓钱。

当ε趋向于 0 时，这一不完全信息博弈就收敛为完全信息博弈，而贝叶斯均衡则收敛为上述的混合策略均衡。正是在这种意义上，海萨尼说完全信息博弈的混合策略均衡是不完全信息博弈贝叶斯均衡的极限。

上面例子都说明，在不完全信息下，每个参与人在选择自己的策略时，似乎他面对的是一个选择混合战略的对手，尽管每个参与人事实上选择的都是纯战略。因为完全信息只是一种理想状态(在现实中，每个人对其他人的目标函数总不可能完全了解)，海萨尼的论点表明，我们很难根据选择的随机性就认为混合战略是不合理的。

以上实例是混合策略的纯化定理的特例，这一定理中，对于具有n个参与人和相应策略空间S_i的策略型博弈，海萨尼利用以下方法使支付函数产生扰动，从而形成不完全信息博弈：令θ_i^s为某个闭区间(如$[-1,1]$)上的随机变量，$\varepsilon>0$为一个很小的正实数。参与人i的扰动支付函数$\tilde{u}_i$为

$$\tilde{u}_i(\boldsymbol{s},\theta_i)=u_i(\boldsymbol{s})+\varepsilon_i\theta_i^s$$

依赖于参与人i的类型$\theta_i=\{\theta_i^s\}_{s\in S}$与扰动强度$\varepsilon$。

设各个参与人的类型的分布相互独立，以$p_i(\cdot)$表示θ_i的概率密度函数，是θ_i的连续可微函数。在此基础上可以证明，任意参与人i的最优反应(基本上)是唯一的纯策略。也就是说，对扰动博弈的任何均衡来说，对于所有的参与人i与几乎所有的$\boldsymbol{\theta}=(\theta_1,\cdots,\theta_n)$，最优策略为唯一的纯策略。海萨尼证明了均衡的存在性，得到下面的定理。

定理 4.1 (纯化定理，purification theorem)(Harsanyi, 1973)　给定n个参与人和相应的策略空间S_i，对于勒贝格测度的支付函数集$\{u_i(\theta_i)\}_{i\in\{1,\cdots,n\},s\in S}$以及所有定义在$[-1,1]^{|S|}$上的相互独立的二次可微概率分布函数$P_i$，支付函数为$u_i$的博弈的任何均衡是在扰动$\varepsilon\to 0$时对应扰动支付$\tilde{u}_i$的纯策略均衡序列的极限。更准确地说，扰动博弈的纯策略均衡产生的策略的概率分布收敛于稳定博弈均衡策略的概率分布。

在纯化定理中，$|S|$表示集合S中元素的个数。注意纯化定理表述的顺序：一个扰动博弈序列可以“纯化”极限博弈的所有混合均衡。还要注意的是，在纯化定理中，要求支付函数是完全可测的。对于非正常的支付函数，可能会存在两个问题：首先，一个给定的均衡或许只能用所有扰动博弈的一个很小子集的纯策略均衡来近似，而且不同的扰动博弈可能导出不同的均衡；其次，弱劣策略均衡并不是任何扰动博弈均衡的极限。在表 4.5 中(Harsanyi, 1973)，一旦博弈产生扰动，纯策略均衡(D, R)就不可能达到。

表 4.5　支付矩阵

I \ II	L	R
U	3, 4	2, 2
D	1, 1	2, 1

例如，假定随机变量θ_1^{UR}和θ_1^{DR}是$[-1,1]$上的对称(均匀)分布，则无论参与人 2 选择R的概率是多少，参与人 1 严格偏好U的概率至少为 0.5。因此，扰动博弈中参与人 1 选择D

的概率不可能收敛于 1。不过，表 4.5 所示的博弈是非常特殊的，在均衡(D, R)中，参与人对于均衡策略和优势策略是无差异的。但是，如果表 4.5 中的数字稍许变动，这种均衡就不太可能存在。

4.3　在双寡头竞争中的应用

4.3.1　不完全信息下的库诺特博弈

不完全信息库诺特模型是静态贝叶斯博弈的经典例子。在理论上该博弈对于阐明贝叶斯博弈分析的原理有重要作用，与完全信息库诺特模型的对比又可以使我们得到关于不完全信息的影响等许多有意义的结论和启示。

在应用方面，因为厂商之间常常会相互保密等，不完全信息博弈往往比完全信息库诺特博弈更普遍，因此也有更重要的应用价值。

此外，其他许多不完全信息静态博弈也可以借鉴该模型的分析方法。不完全信息库诺特模型的博弈方之间可以是对称的，即相互都没有完全信息，也可以是不对称的，即部分有完全信息，部分有不完全信息。下面介绍这个不完全信息的库诺特模型。

考虑双头垄断库诺特博弈，在这个博弈中，两家企业进行产量竞争。假定企业 i 的利润为

$$u_i = q_i(\theta_i - q_i - q_j), \quad i = 1, 2$$

这里 θ_i 是线性需求函数的截距与企业 i 的单位成本之差，q_i 是企业 i 选择的产量。

博弈顺序如下：

(1) “自然”将企业 1 的类型 $\theta_1 = a$ 公开，即企业 2 完全知道关于企业 1 的信息，或者说企业 1 只有一种可能类型。“自然”以相等的概率从企业 2 的类型集 $\{a_L, a_H\}$ 中选择类型，即 $\theta_2 = a_L$ 的概率是 $1/2$，$\theta_2 = a_H$ 的概率也是 $1/2$，$a_L \leqslant a \leqslant a_H \leqslant 2a_L$，将企业 2 的类型告诉企业 2 自己，但不告诉企业 1，只将企业 2 的类型分布告诉企业 1。

(2) 两家企业同时选择产量。

在博弈中，企业 2 有两种类型，a_L 和 a_H，这可能表现在需求的不同上，也可能表现在单位生产成本的不对称上。现在，我们来看这个博弈的纯策略纳什均衡。记企业 2 在 $\theta_2 = a_L$ 时产量为 q_2^L，在 $\theta_2 = a_H$ 时的产量为 q_2^H。θ_2 类企业 2 的利润函数为

$$u_2(q_1, q_2; \theta_2) = q_2(\theta_2 - q_1 - q_2) \tag{4.1}$$

从式(4.1)可以发现，θ_2 类企业 2 对企业 1 产量的反应函数为

$$q_2(q_1, \theta_2) = \frac{\theta_2 - q_1}{2} \tag{4.2}$$

由于企业 1 不知道企业 2 是哪种类型，因此，他在决策时，考虑的是预期效用

$$Eu_1(q_1, q_2; \theta_2) = \frac{1}{2} q_1\left(a - q_1 - q_2^H\right) + \frac{1}{2} q_1\left(a - q_1 - q_2^L\right) \tag{4.3}$$

从式(4.3)可以发现，企业 1 对企业 2 产量的反应函数为

$$q_1\left(q_2^H, q_2^L\right) = \frac{2a - q_2^H - q_2^L}{4} \tag{4.4}$$

将 $\theta_2 = a_L, a_H$ 代入式(4.2)，并联合式(4.4)，则有

$$q_1^* = \frac{4a - a_H - a_L}{6}, \quad q_2^H = \frac{7a_H + a_L - 4a}{12}, \quad q_2^L = \frac{7a_L + a_H - 4a}{12}$$

与完全信息的库诺特博弈比较发现，厂商 2 的均衡产量与完全信息时的均衡产量有一定的差异，这是由于：在厂商 2 决定自己的产量时，必须考虑到厂商 1 不知道厂商 2 的真实类型，以及他的真实成本，无法根据厂商 2 的真实类型作为决策的因素。

4.3.2 不完全信息下的伯特兰德竞争

上面考虑的是在不完全信息下的数量竞争——库诺特竞争，下面再考虑一个进行数量竞争的双头竞争模型——伯特兰德竞争(Bertrand competition)。考虑一个存在产品差别的双头垄断价格博弈。在这个博弈中，为简单起见，假定两家企业中的一个对其对手的成本拥有不完全信息。假定它们的需求函数为

$$D_i\left(p_i, p_j\right) = a - bp_i + dp_j$$

式中，$0 < d < b$。如果每家企业都提价 1 美元，双方的销售量都会下降，这就要求 $d < b$。假定两种商品是替代品，而且是战略互补品(strategic complements, $d > 0$)。为了简单，我们只假设有一家企业具有常数单位成本私人信息。不失一般性，假设企业 2 的常数单位成本 c_2 是共同知识，而企业 1 具有常数单位成本 c_1 的私人信息，企业 1 知道自己的成本。但企业 2 不知道企业 1 的单位成本 c_1，他只知道企业 1 的单位成本是 c_1^L 的概率是 x，是 c_1^H 的概率是 $1-x$，其中 $c_1^L < c_1^H$。令 $c_1^e \equiv xc_1^L + (1-x)c_1^H$ 表示对企业 2 来说，企业 1 的预期单位成本。根据上面的描述，企业 i 的效用(利润)函数为

$$u_i(p_i, p_j) = (p_i - c_i)(a - bp_i + dp_j) \tag{4.5}$$

两企业同时选择它们的价格，最大化自己的效用。企业 2 的定价为 $p_2 = p_2^*$。企业 1 的价格自然依赖于它的单位成本。令 p_1^L 和 p_1^H 分别表示当企业 1 的成本为 c_1^L 和 c_1^H 时它所选择的价格。

根据式(4.5)，对于给定的 c_1 和对手的定价 p_2，企业 1 的利润最大化行为将导出它对企业 2 价格的反应函数为

$$p_1(p_2) = \frac{a + dp_2 + bc_1}{2b} \tag{4.6}$$

从式(4.6)，我们知道企业 2 的价格越高，企业 1 的定价越高；高成本企业 1 的定价高于低成本企业的定价。从不知道 c_1 的企业 2 的角度来看，企业 1 的预期价格为

$$\begin{aligned} p_1^e &\equiv xp_1^L + (1-x)p_1^H \\ &= x\left(\frac{a + dp_2 + bc_1^L}{2b}\right) + (1-x)\left(\frac{a + dp_2 + bc_1^H}{2b}\right) \end{aligned}$$

$$= \frac{a + dp_2 + bc_1^e}{2b} \tag{4.7}$$

企业 2 是风险中性的，所以，它通过选择 p_2 来最大化它的预期利润

$$\begin{aligned} \mathrm{E}u_2(p_1, p_2) &= x(p_2 - c_2)\left(a - bp_2 + dp_1^L\right) + (1-x)(p_2 - c_2)\left(a - bp_2 + dp_1^H\right) \\ &= (p_2 - c_2)\left(a - bp_2 + dp_1^e\right) \end{aligned} \tag{4.8}$$

由式(4.8)可以得出，企业 2 对企业 1 定价的反应函数为

$$p_2(p_1^e) = \frac{a + dp_1^e + bc_2}{2b} \tag{4.9}$$

将 $c_1 = c_1^L, c_1^H$ 分别代入式(4.6)，并联合式(4.9)，解得贝叶斯纳什均衡为

$$p_2^* = \frac{2ab + 2b^2 c_2 + ad + bdc_1^e}{4b^2 - d^2}, \quad p_1^L = \frac{a + dp_2^* + bc_1^L}{2b}, \quad p_1^H = \frac{a + dp_2^* + bc_1^H}{2b}$$

图 4.2 描述了这一均衡。它表明，第一家企业的反应函数依赖于它的成本——当成本增加时，它就右移。在对称信息的情况下，伯特兰德均衡将视 c_1 是低还是高而分别在 B 点或 C 点达到。在不对称信息的情况下，看起来就好像是企业 1 有一个“平均反应曲线” R_1^e。价格 p_2^e 由企业 2 的反应曲线和企业 1 的平均反应曲线的交点 A 决定。

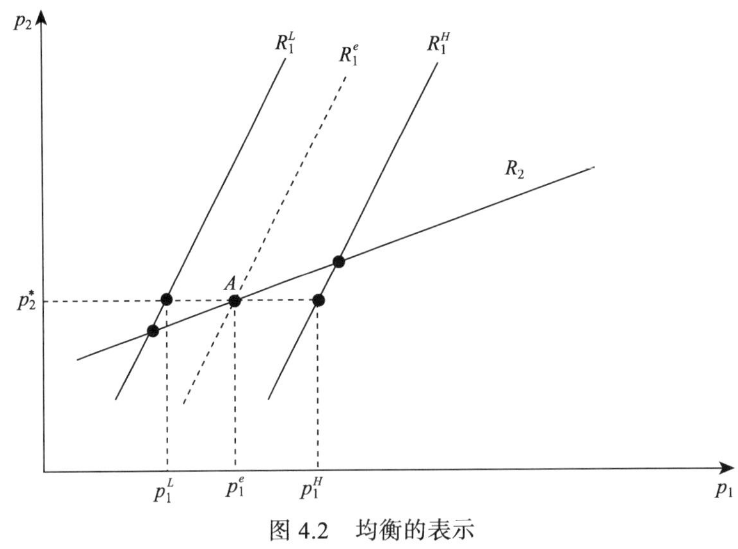

图 4.2 均衡的表示

4.4 在拍卖理论中的应用

4.4.1 拍卖与投标中的信息与机制

拍卖问题是当前博弈论、信息经济学和经济学最热门的研究领域之一，也是博弈论的重要模型。现代博弈论等对拍卖问题的研究，并不仅仅局限于严格意义上的拍卖，也包括招投

标活动，甚至还包括许多与拍卖并不明显有关，但与其有相似博弈特征的其他交易活动。因为拍卖的利益与人们对标的的估价有关，而估价常常是主观的，所以拍卖博弈一般都是不完全信息博弈。拍卖和招标(auction)都是市场经济中的重要交易方式，拍卖博弈模型对于不完全信息博弈理论研究有重要的价值，应用价值也很大。

贝叶斯静态博弈最重要的运用就是对拍卖及拍卖机制的分析。最理想的拍卖机制是能够将竞拍人的真实偏好显示出来。而参与者真实偏好的显示在经济学中具有非凡的意义。因为在公共产品配置、外在性解决、企业的委托代理结构、产权配置等重要问题中，核心就在于参与者有动机“虚假”的显示其偏好。也正因为如此，对拍卖及其拍卖机制的分析直接成为信息经济学的发端，对拍卖机制作出开创性研究的维克瑞(Vickrey)也因此获得了 1996 年诺贝尔经济学奖。

拍卖或招标有两个基本功能：揭示信息和减少代理成本。当一件物品对买者的价值比卖者更清楚时，卖者一般不愿意首先提出价格，而常常采用拍卖的方式以获得可能的最高价格。这种情况在古董和名画的交易中特别普遍。当直接的卖者或买者以代理人身份出现时，拍卖也有助于减少买者和卖者之间损害委托人的合谋行为。比如说，一家企业的经营者(非所有者)任意地将一项业务承包给某一个人，我们很难保证得到业务的个人不是贿赂经营者但上缴很低的个人。但如果采用公开拍卖的方式招标，经营者接受贿赂的可能性就小得多。从本质上讲，企业或者政府将经济合同承包给投标企业时，用的也是拍卖这种方法，与普通的拍卖相比，只是形式上有所不同。

卖者采用拍卖这种形式有两个主要的原因：① 卖者不能确切地知道商品的价值是多少，这就限制了他采用明码标价等形式出售所有品，通过拍卖，可以比较真实地揭示拍卖品的价值，通过拍卖可以确定出商品的价格；② 拍卖过程的规范性提供了其他形式所不具备的合法性。名副其实的合法拍卖必须遵守“三公一高”的基本原则，即“公开、公正、公平，价高者得”的原则。

比较常见的拍卖交易，主要有下面几种类型。

(1) 一级密封价格拍卖。

出价最高的投标者获得拍卖品，并支付自己的出价给卖者。其程序为：所有的投标者在规定日期内向拍卖人交上一份写明对拍卖物品报价的投标书(密封)。由拍卖人对所有投标书进行评价，最高价格的投标者按照其报价获得拍卖物品。在这种拍卖过程中，可能会出现多人报同一最高价的情况，限定在最高报价的人中再进行一次拍卖，直到只有一人出最高价格。

(2) 二级密封价格拍卖。

出价最高的投标者获得拍卖品，并支付次最高出价。它与一级密封价格拍卖程序类似，唯一不同点在于拍卖物品属于报价最高的投标人，但成交价格是按照所有投标人报价中的次高价格成交。

(3) 双方叫价拍卖。

在双方叫价拍卖中，潜在的卖者和买者同时出价，卖者提出要价，买者提出出价，拍卖商然后选择成交价格 p 出清市场：所有要价低于 p 的卖者卖出，所有出价高于 p 的买者买入，

在价格 p 处的总供给等于总需求。

下面两条基本规则构成的拍卖机制称“直接机制”：① 投标人同时声明自己对标的的估价(即类型)；② 假如各投标人的声明是 $(t_1',\cdots,t_n')$，则投标人 i 拍得标的概率为 $q_i(t_1',\cdots,t_n')$，即以概率分布 $q_1,\cdots,q_n$ 随机决定哪个投标方中标，如果投标方 i 中标，中标价格则为 $p_i(t_1',\cdots,t_n')$。注意对各种可能的声明情况 $(t_1',\cdots,t_n')$，各投标方中标概率之和必须限于小于等于 1，即满足 $q_1(t_1',\cdots,t_n')+q_2(t_1',\cdots,t_n')+\cdots+q_n(t_1',\cdots,t_n')\leqslant 1$。

直接机制的意义是：只要投标人声明他们各自对拍卖标的的估价，而不需要他们报出标价，卖方会根据预先确定的包括一个随机选择过程的运作机制自动确定中标者和中标价格。拍卖的直接机制中最有意义的是使得各投标人声明自己的真实类型(对标的的真实估价)是贝叶斯纳什均衡的直接机制，这种直接机制称为“说实话(也称“鼓励-响应”或“激励-相容”)的直接机制”。

梅尔森(Maylson)1979 年提出了“揭示原理”：任何贝叶斯博弈的任何贝叶斯纳什均衡，都可以被一个说实话的直接机制“代表”。该定理之所以称为“揭示原理”，是因为它肯定了对任何贝叶斯博弈的任何贝叶斯纳什均衡，都能设计出一种促使各博弈方“揭示”自己真实类型的直接机制来实现它。

该原理对于博弈方有私人信息的各种博弈规则设计问题都有重要的理论和实践意义，使得拍卖规则的设计问题得到了简化，因为理论上只需要考虑这种直接机制，而不需要考虑拍卖规则设计的所有可能性。揭示原理不仅适用于静态贝叶斯博弈，同样也适用于动态贝叶斯博弈。

4.4.2 连续类型一级密封价格拍卖

一级密封价格拍卖是许多拍卖方式中的一种。在这种拍卖中，投标人同时将自己的出价写下来装入一个信封，密封后交给拍卖人，拍卖人打开信封，出价最高者是赢家(获得拍卖品)，并按他的出价支付。这里，每个投标人的策略是根据自己对物品的评价和对其他投标人评价的判断来选择自己的出价，赢者的支付是他对物品的评价减去他的出价，其他投标人的支付为零。本小节介绍一个连续类型的一级密封价格拍卖模型。

首先考虑两个投标人的情况，$i=1,2$。令 $b_i\geqslant 0$ 是投标人 i 的出价，v_i 为拍卖品对投标人 i 的价值。假定 v_i 只有 i 自己知道，因而 v_i 是投标人 i 的类型，但两个投标人都知道 v_i 独立地取自定义在区间 $[0,1]$ 上的均匀分布函数。假定出价相等时，两个投标人均以 $1/2$ 的概率获得拍卖品(在连续分布情况下，这个假设不重要，因为相同出价的概率为 0)，因此，投标人 i 的支付为

$$u_i(b_i,b_j;v_i)=\begin{cases}v_i-b_i, & b_i>b_j\\ \dfrac{1}{2}(v_i-b_i), & b_i=b_j\\ 0, & b_i<b_j\end{cases}\tag{4.10}$$

假定投标人 i 的出价 $b_i(v_i)$ 是其价值 v_i 的严格递增可微函数。显然，$b_i>1\geqslant v_i$ 不可能是

最优的，因为没有人愿意付出比物品的价值更高的价格。由于博弈是对称的，只需考虑对称的均衡出价策略 $b=b^*(v)$。给定 v 和 b，投标人 i 的预期支付为

$$u_i=(v-b)\mathrm{Prob}\left\{b_j<b\right\} \tag{4.11}$$

这里 $\mathrm{Prob}\{\}$ 代表 $b_j<b$ 的概率，其中 b_j 是投标人 j 的出价策略。因为出价策略是严格递增的，对于连续分布，有 $\mathrm{Prob}\left\{b_j<b\right\}=\mathrm{Prob}\left\{b_j\leqslant b\right\}$。预期支付函数的第一项 $v-b$ 是给定赢的情况下投标人 i 的净所得，第二项 $\mathrm{Prob}\{\cdot\}$ 是赢的概率。

根据对称性，$b_j=b^*(v_j)$，则有

$$\begin{aligned}\mathrm{Prob}\{b_j<b\}&=\mathrm{Prob}\left\{b^*(v_j)<b\right\}\\&=\mathrm{Prob}\left\{v_j<b^{*-1}(b)=\Phi(b)\right\}=\Phi(b)\end{aligned}$$

这里，$\Phi(b)=b^{*-1}(b)$ 是 b^* 的反函数(即当投标人选择 b 时他的价值是 $\Phi(b)$)。在得出最后一个等式时，使用了均匀分布的特征(如果 θ 在 $[0,1]$ 上是均匀分布的，那么，对于所有的 $k\in[0,1]$，$\mathrm{Prob}\{\theta\leqslant k\}=k$)。因此，投标人 i 面临的问题是

$$\max_b u_i=(v-b)\mathrm{Prob}\left\{b_j<b\right\}=(v-b)\Phi(b) \tag{4.12}$$

最优化问题(4.12)的一阶条件是

$$-\Phi(b)+(v-b)\Phi'(b)=0 \tag{4.13}$$

这是通常的边际收益等于边际成本的条件，增加 b 的边际成本是给定赢的情况下支出增加 $-\Phi(b)$ (期望值)，边际收益是赢的概率增加乘以给定赢的情况下的净所得 $(v-b)\Phi'(b)$。

如果 $b^*(\cdot)$ 是投标人 i 的最优策略，那么 $\Phi(b)=v$。因此，

$$v=(v-b)\frac{\mathrm{d}v}{\mathrm{d}b} \tag{4.14}$$

由式(4.14)可知

$$\begin{aligned}v\mathrm{d}b+b\mathrm{d}v&=v\mathrm{d}v\\\mathrm{d}(vb)&=v\mathrm{d}v\end{aligned} \tag{4.15}$$

方程(4.15)可以写成

$$\frac{\mathrm{d}(vb)}{\mathrm{d}v}=v$$

解得

$$b^*=v/2 \tag{4.16}$$

就是说，这个博弈的贝叶斯均衡是，每个投标人的出价是其实际价值的一半：$b_i^*=v_i/2$。在均衡情况下，被拍卖品归评价最高的投标人所有，这从资源配置的角度讲是有效的，但卖者只得到买者价值的一半。相比之下，如果信息是完全的，买者之间的竞争将使卖者得到买者价值的全部。

但是，投标人出价与实际价值之间的差距随投标人数的增加而递减。一般地，假定有 n 个投标人，每个投标人的价值 v_i 定义在 $[0,1]$ 上，且具有独立的、相同的均匀分布。如果评价为 v 的投标人 i 出价 b，他的预期支付函数为

$$u_i = (v-b)\prod_{j\neq i}\Pr\text{ob}\{b_j < b\} = (v-b)\Phi^{n-1}(b) \tag{4.17}$$

最优化的一阶条件为

$$-\Phi^{n-1}(b) + (v-b)(n-1)\Phi^{n-2}\Phi'(b) = 0$$

或

$$-\Phi(b) + (v-b)(n-1)\Phi'(b) = 0 \tag{4.18}$$

因为，在均衡情况下，$\Phi(b) = v$，一阶条件(4.18)可以写成

$$-v + (v-b)(n-1)\frac{\mathrm{d}v}{\mathrm{d}b} = 0 \tag{4.19}$$

解上述微分方程得

$$b^*(v) = \frac{n-1}{n}v \tag{4.20}$$

显然，$b^*(v)$ 随 n 的增加而增加。特别地，当 $n\to\infty$ 时，$b^*\to v$。就是说，投标人越多，卖者能得到的价格就越高；当投标人数趋于无穷时，卖者几乎得到拍卖品价值的全部。因此，卖者希望更多的人加入竞标。

注意，上述贝叶斯纳什均衡是在两博弈方的估价都是[0,1]上标准分布的假设前提下得出的，如果博弈方估价的概率分布，对应两博弈方相互对对方类型的判断，不再是上述标准分布，则相应的贝叶斯纳什均衡也会发生变化，具体均衡需要根据概率分布的具体情况讨论。

4.4.3　两种类型参与人的一级价格拍卖

4.4.2 小节假设投标者对拍卖品的估值是连续的，服从区间 $[0,1]$ 上的均匀分布。本小节主要考察当两个参与人的估值服从两点分布 $\{\underline{v},\overline{v}\}$ 时一级密封价格拍卖的均衡策略，这里 $\underline{v}<\overline{v}$。假定双方的估值是独立的，令 $\overline{p}$ 表示 v_i 等于 $\overline{v}$ 的概率，于是，v_i 等于 $\underline{v}$ 的概率为 $1-\overline{p}$。为使问题更有意义，假定卖方的保留价或最小要价低于 $\underline{v}$。

可以证明，下面的策略组合是唯一的贝叶斯纳什均衡：$\underline{v}$ 型参与人出价 $\underline{v}$，认为 $\overline{v}$ 型参与人按照区间 $\left[\underline{b},\overline{b}\right]$ 上的连续分布 $F(b)$ 随机选择报价 b。很显然，$\underline{b}=\underline{v}$。如果 $b>\underline{v}$，那么，$\overline{v}$ 型参与人可以将出价 $\underline{b}$ (或接近 $\underline{b}$)改为略高于 $\underline{v}$ 来改善自己的处境，因为这样做并不降低获胜的概率但却减少了获胜时的成本。要使 $\overline{v}$ 型参与人 i 在区间 $\left[\underline{b},\overline{b}\right]$ 上根据 $F(b)$ 来选择混合策略，就必须有

$$\forall b\in\left[\underline{b},\overline{b}\right],\quad (\overline{v}-b)[1-\overline{p}+\overline{p}F(b)] = \text{常数} \tag{4.21}$$

$\overline{v}$ 型参与人肯定不选择的出价策略不会影响他的预期收益。因此，虽然以非零概率选择 $\underline{b}$ 会使拍卖人将其视为 $\underline{v}$ 型参与人而降低其预期收益，出价 $\underline{b}$ 仍然属于 $\overline{v}$ 型参与人的均衡策略集。由于 $F(\underline{v})=0$，代入方程(4.21)中，可知常数等于 $(\overline{v}-\underline{v})(1-\overline{p})$。从而 $F(\cdot)$ 可由下式给出

$$(\overline{v}-b)[1-\overline{p}+\overline{p}F(b)] = (\overline{v}-\underline{v})(1-\overline{p}) \tag{4.22}$$

令 $G(b)=1-\overline{p}+\overline{p}F(b)$ 代表出价 $b\geqslant\underline{v}$ 时的累积分布，则式(4.22)可改写为

$$(\overline{v}-b)G(b) = (\overline{v}-\underline{v})(1-\overline{p}) \tag{4.23}$$

此外，$F\left(\bar{b}\right)=1$，这意味着

$$\left(\bar{v}-\bar{b}\right)=\left(\bar{v}-\underline{v}\right)\left(1-\bar{p}\right) \quad \text{或} \quad \bar{b}=\bar{p}\,\bar{v}+\left(1-\bar{p}\right)\underline{v} \tag{4.24}$$

由于卖方的保留价低于$\underline{v}$，交易总会发生。$\underline{v}$型买方的净效用为 0，$\bar{v}$买方的净效用为$\left(\bar{v}-\underline{v}\right)\left(1-\bar{p}\right)$。由于$\bar{v}$买方对$\left(\underline{v},\bar{b}\right]$上的出价是无差别的，他的效用可以这样计算：假定他的出价恰好超过$\underline{v}$，此时他获胜的概率为$1-\bar{p}$，从而净效用为$\left(\bar{v}-\underline{v}\right)\left(1-\bar{p}\right)$。

4.4.4　二级密封价格拍卖

一个卖主有一个不可分物品要出售。有n个潜在的买主或者说投标者，他们对拍卖品的估价是$0\leqslant v_1\leqslant\cdots\leqslant v_n$，而且这些估价是共同知识。投标者同时选择投标$b_i\in[0,+\infty)$，最高的投标者赢得投标，并付出第二高投标金额$\left(\text{也就是说，如果他赢得投标}\left(b_i>\max\limits_{j\neq i}b_j\right)\text{，投标者}i\text{会有效用}u_i=v_i-\max\limits_{j\neq i}b_j\right)$，而其他投标者没有支出，因而效用为 0。如果多个投标者投出最高价格，则商品在他们之间随机分配(决定分配的确切概率不重要，原因是赢家和输家都有同样的剩余，也就是 0)。

对每个参与人来说，以他的估价进行投标的策略($b_i=v_i$)弱优于所有其他策略。令$r_i\equiv\max\limits_{j\neq i}b_j$。首先设$b_i>v_i$，如果$r_i\geqslant b_i$，则投标者$i$获得效用 0，而这一效用可以通过以$v_i$投标来获得。如果$r_i\leqslant v_i$，投标者$i$获得效用$v_i-r_i$，这是他再一次通过以$v_i$投标获得的效用。如果$v_i<r_i<b_i$，则投标者$i$具有效用$v_i-r_i<0$；如果他投标$v_i$，则他的效用会是 0。对于$b_i<v_i$，有类似的推理：当$r_i\leqslant b_i$或$r_i\geqslant v_i$时，投标者的效用在他以$v_i$而不是$b_i$投标时效用不会改变。不过，如果$b_i<r_i<v_i$，投标者会由于出价过低而损失了正效用。

可以合理地预言，在二级密封价格拍卖中，投标者会以他们的估价进行投标。因此，投标者n会赢得拍卖品，并得到效用v_n-v_{n-1}。还要注意，由于以估价出价是一种占优策略，所以，投标者是否具有关于彼此估价的信息并不重要。于是，如果投标者知道自己的估价但不知道其他投标者的估价，每个投标者以估价出价仍然是一种占优策略。

4.5　本 章 小 结

本章讨论了不完全信息静态博弈，或称静态贝叶斯博弈。不完全信息博弈中的信息不完全性指的是：①各博弈方都有关于自己支付的完全信息；② 至少有一个博弈方不完全清楚其他某些博弈方在某些情况(策略组合)下的支付；③ 当博弈方属于没有完全信息时，他们至少有其他博弈方支付分布的可能范围和分布概率的知识。

本章分四节，4.1 节引入不完全信息博弈的概念和海萨尼转换，定义贝叶斯纳什均衡，贝叶斯纳什均衡既是完全信息静态博弈的纳什均衡概念在静态贝叶斯博弈中的扩展，也可以看成是完美贝叶斯均衡在有同时选择的完全但不完美信息动态博弈中的特殊形式，贝叶斯纳什均衡是静态贝叶斯博弈分析的核心均衡概念。4.2 节讨论贝叶斯博弈和混合策略均

衡；4.3 节介绍不完全信息静态博弈在双寡头竞争中的应用，其中包括不完全信息下的库诺特博弈模型和不完全信息下的伯特兰德博弈模型；4.4 节介绍不完全信息静态博弈在拍卖理论中的应用，给出了连续类型一级密封价格拍卖、两种类型参与人的一级价格拍卖和二级密封价格拍卖的例子。

思考题与练习题

1. 不完全性信息与决策科学中的不确定性有什么关系？

2. 考虑如下库诺特博弈模型：

在一个双寡头垄断市场中，反需求函数 $p(q_1,q_2)=a-q_1-q_2$，两生产者的边际成本都是 c。需求是不确定信息：需求为高($a=a_H$)的概率为 θ，需求为低($a=a_L$)的概率为 $1-\theta$。生产者关于信息是非对称的：生产者 1 知道需求的高低，但生产者 2 不知道，需求的分布是共同知识。两生产者同时决策。

试确定该不完全性信息动态博弈的贝叶斯纳什均衡。

3. 考虑不完全信息静态库诺特模型：

$$G=\{q_1\geqslant 0,q_2\geqslant 0;\pi_1=q_1(a-q_1-q_2-c_1),\pi_2=q_2(a-q_1-q_2-c_2)\}$$

其中企业 2 的单位成本 c_2 是共同知识，企业 1 的单位成本 $c_1\in[\underline{c},\ \overline{c}]$ 是不确定性信息，只有企业 1 知道，企业 2 不知道，但 c_1 的分布是共同知识，即 c_1 服从 $[\underline{c},\ \overline{c}]$ 的均匀分布。

求该博弈的贝叶斯均衡。

4. 考虑如下伯特兰德博弈模型：

在一个双寡头垄断市场，产品产异化的环境下，两生产者进行价格决策。需求对行动组合 (p_1,p_2) 的反应函数 $q_i(p_i,p_j)=a-p_i-b_ip_j$。为方便，假定两生产者的成本都是 0。产品的替代程度是不确定信息：生产者 1 的 b_1 是生产者 1 的私人信息，为高($b_1=b_H$)的概率为 θ，为低($b_1=b_L$)的概率为 $1-\theta$。生产者关于信息是非对称的：生产者知道自己的替代系数，但不知道对方的，但需求的分布是共同知识，b_2 也是共同知识。两生产者同时决策。

该博弈的行动空间、类型空间、支付空间各是什么？确定该不完全性信息动态博弈的贝叶斯纳什均衡。

5. 考虑如下的贝叶斯博弈：

自然选择支付矩阵是(1)还是(2)，其概率分布是 $(\theta,1-\theta)$；

参与人 1 知道自然的选择，但参与人 2 不知道自然的选择，但是支付矩阵的分布是公共知识；

参与人 1 与参与人 2 共同行动。求该博弈的贝叶斯均衡。

支付矩阵(1)

参与人 1 \ 参与人 2	L	R
U	1, 1	0, 0
D	0, 0	0, 0

支付矩阵(2)

参与人 1 \ 参与人 2	L	R
U	0, 0	0, 0
D	0, 0	2, 2

6. 考虑存在不完全性信息环境下的性别博弈：

每个人的支付是各自的私人信息，t_i 服从 $[0,1]$ 的均匀分布且互相之间是独立的，$0<\varepsilon<1$。

(1)求出该博弈的。

(2)证明当 $\varepsilon \to 0$ 时，该贝叶斯均衡与混合战略纳什均衡相同。

私人信息环境下性别博弈的支付矩阵

男 \ 女	足球	芭蕾
足球	$3+\varepsilon t_1$, 1	0, 0
芭蕾	0, 0	1, $3+\varepsilon t_2$

第 5 章　不完全信息动态博弈

第 2～4 章分别介绍了完全信息静态博弈、完全信息动态博弈、不完全信息静态博弈。与这三种博弈相对应的“解”分别是纳什均衡、完美纳什均衡、贝叶斯纳什均衡。完全信息动态博弈引入了博弈顺序的概念，不完全信息静态博弈引入了信息的不完全性。本章将动态博弈和不完全性信息进行了结合，开始介绍不完全信息动态博弈，相应地，其解的概念为精炼贝叶斯纳什均衡。不完全信息动态博弈最早是由 Spence(1973)、Selten(1975)等提出的，这部分内容与前三章相比，呈现出了“丛林”的特征，即许多不完全信息动态博弈模型是独立发展起来的，有各自的研究对象和研究方法，只不过后来人们发现这些博弈模型都有动态决策和信息的修正，故把它们统一集成到不完全信息动态博弈的框架下。

不完全信息动态博弈的许多博弈模型有广泛的应用背景，例如，信号博弈、声誉效应和其他动态贝叶斯已经广泛应用到经济管理中的许多领域，如财务会计、投资与金融、运作与市场和决策科学等。通过这些模型的学习，本章会为我们打开一扇窗口，提供研究经济问题、管理问题的新思路、新工具。

5.1　博弈时序与信息效应

5.1.1　博弈时序

博弈的核心问题还是作互动决策。现实中的许多决策问题，特别是经济管理中的问题，都具有不确定性和动态性，即决策呈现出一定的时序性，同时不确定性又使许多决策呈现出信息不完全性。风险投资是一种在信息严重不对称的环境中运作的投资机制，信息不对称表现在项目质量、市场需求、管理团队能力以及道德风险等各个方面，投资人为了解决这种不确定性大多选择阶段投资模式，阶段投资一般划分为种子期、导入期、成长期和成熟期。

动态贝叶斯博弈的基本特征是参与人的行动是序贯的，有先后的，与静态贝叶斯博弈相比，其中的私人信息可能表现在支付函数上，也可能表现在行动的选择上。

博弈时序如下：

(1)“自然”选择参与人的类型，参与人自己知道自己的类型，参与人类型的分布是公共知识。

(2) 先行动者决策：先动者率先作出决策。先行动者作决策时，会根据自己的私人信息和支付函数，谋求支付最大化。先行动者的决策会泄露自己的私人信息，私人信息的泄露会有利于后继者作出决策，因此，先行动者会隐藏自己的私人信息，向后继者传递扭曲的信息，以谋取整体利益最大化，因此该阶段并不是一个单周期最优化问题。

(3) 后行动者决策：后行动者决策时，能够看到先行动者的决策。后行动者会根据看到的先行动者的决策，对先行动者的私人信息重新作出评估，修正原来的评价和判断。后行动者会根据新的评价和判断，作出支付最大化的决策。

通过博弈时序，我们看出，信息不完全下的动态博弈和信息完全下的动态博弈相比，最大的变化就是参与人对竞争对手私人信息的修正和重估，信息的修正在静态博弈中是不可能的，因为静态博弈参与人同时行动，行动传递不了信息。

5.1.2　信息效应

博弈中"信息"有独特的内涵。关于信息，有许多不同的表述方法，它们都从某一个侧面反映了信息的内涵，如信息就是为了减少不确定因素；信息就是知识；信息是使概率分布发生变动的东西。将信息界定在博弈论中，我们认为信息就是不确定环境下的一些知识或者情报，它们通过消除或者减小随机不定性，来辅助参与人作出更好的决策。

博弈中的信息，能够影响最后的博弈结局。信息在博弈中占重要的地位，博弈的支付在很大程度上依赖于参与人所掌握信息的准确度与多寡。支付信息是博弈中的重要信息，如果博弈各方对各种局势下所有参与人的支付状况完全清楚，则称为完全信息博弈。反之为不完全信息博弈。在动态博弈中还有一类信息：轮到行动的博弈方是否完全了解此前对方的行动。如果完全了解则称为"具有完美信息"的博弈；反之称为"不完美信息"的动态博弈。由于信息不对称，博弈的结果只能是概率期望，而不能像完美信息博弈那样有确定的结果。

在博弈之前，参与人总是尽可能获取博弈信息，主要是参与人的类型信息。这些信息来自于观察或者前期博弈的积累，或者是参与人主观推断，这种信息称为先验信息(prior probability)。参与人关于某事物的先验信息是指他在博弈决策之前通过某种途径所感知的事物运动的状态和方式。

在动态博弈中，博弈的进行过程是参与人私人信息初步释放和揭示的过程，也是参与人通过观察到的博弈结果而初步对先验信息进行修正的过程，先验信息经过修正，成为后验信息(posterior probability)。因此，博弈的过程是两个过程的集成和互动，一是动态决策过程，二是信息修正过程。信息修正是动态博弈区别于静态博弈的重要特征。

信息的动态修正采用贝叶斯法则。贝叶斯(Thomas Bayes，1702~1763)，英国数学家，在数学方面主要研究概率论。他将归纳推理法用于概率论基础理论，并创立了贝叶斯统计理论，对于统计推断、统计的估算等作出了贡献，贝叶斯法至今仍在应用。

贝叶斯决策就是在信息不完全情况下，对部分未知的状态用主观概率估计，形成所谓的先验信息，然后利用观察到的事实或者信号，用贝叶斯法则对先验信息进行修正，最后再利用期望值和后验信息作出决策。贝叶斯决策过程恰好是不完全性信息博弈决策过程。

贝叶斯决策理论方法是统计模型决策中的一个基本方法，其基本思想是：

(1) 分析不确定性问题，作出评估，形成先验信息。

(2) 观察不确定性问题，获取补充信息，不确定性程度降低，利用贝叶斯法则转换成后验信息。

(3) 根据后验信息和决策规则，进行决策。

贝叶斯信息修正过程如下：

参与人的类型空间 $H_1,\cdots,H_n$，类型组合 $\boldsymbol{\theta}=(\theta_1,\cdots,\theta_n)$；行动空间 $A_1,\cdots,A_n$，行动组合 $\boldsymbol{a}=(a_1,\cdots,a_n)$。已知先验概率 $p(\theta_1),\cdots,p(\theta_n)$, $\sum_{k=1}^{n}p(\theta_k)=1$，条件概率 $p(a_h|\theta_k)$，选择 a_h 的边缘概率 $p(a_h)=\sum_{k=1}^{n}p(a_h|\theta_k)p(\theta_k)$。

如果参与人观察到行动 a_h，参与人会利用这一信息，对先验信息(类型分布)进行修正，实际就是观测到 a_h 和 θ_k 的后验分布：

$$\text{Prob}\{\theta_k|a_h\}=\frac{p(a_h|\theta_k)p(\theta_k)}{\sum_{k=1}^{n}p(a_h|\theta_k)p(\theta_k)}$$

例 5.1　设 θ_1,θ_2 的先验分布是 μ_1,μ_2，不同类型下，行动(事件)发生的概率如表 5.1 所示.

表 5.1　先验概率

$\boldsymbol{a}$ \ $\boldsymbol{\theta}$	a_1	a_2
θ_1	p_{11}	p_{12}
θ_2	p_{21}	p_{22}

如果参与人观测到了行动 a_1，他会利用该信息对 $\boldsymbol{\theta}$ 的分布进行修正，修正结果如下：

$$\mu_1\to\mu_1^*=p\{\theta_1|a_1\}=\frac{p_{11}}{\mu_1p_{11}+\mu_2p_{21}}\mu_1$$

$$\mu_2\to\mu_2^*=p\{\theta_2|a_1\}=\frac{p_{21}}{\mu_1p_{11}+\mu_2p_{21}}\mu_2$$

如果参与人观测到了行动 a_2，他会利用该信息对 $\boldsymbol{\theta}$ 的分布进行修正，修正结果如下：

$$\mu_1\to\mu_1^*=p\{\theta_1|a_2\}=\frac{p_{12}}{\mu_1p_{12}+\mu_2p_{22}}\mu_1$$

$$\mu_2\to\mu_2^*=p\{\theta_2|a_2\}=\frac{p_{22}}{\mu_1p_{12}+\mu_2p_{22}}\mu_2$$

参与人为什么要对先验信息进行修正？参与人对先验信息的修正一是改变了均衡的结果，二是改变了均衡中参与人的效用。这种信息修正的价值就体现在参与人效用的改变上。如果效用的改变是正值，则这种信息修正就是有价值的，否则，就是没有价值的。

5.2　不完全信息动态博弈的均衡

本节给出不完全信息动态博弈的均衡概念，即精炼贝叶斯纳什均衡。由于精炼贝叶斯纳什均衡涉及博弈顺序和信息的修正，而博弈顺序和信息的修正都是由前向后的，故精炼贝叶斯纳什均衡的求解只能采用前向法，这与完全信息动态博弈中贝叶斯均衡的求解不一样，贝叶斯均衡的求解采用逆向法，以重复剔除劣战略。

我们知道，均衡是一种“无可奈何”的战略组合状态，当所有的参与人都选择该战略组合中给出的相应战略时，任何一个参与人都没有积极性单方面偏离这种状态，因为偏离这种状态参与人不会得到更大的支付。

作为动态博弈，一个战略是参与人在其可能进行行动选择的所有信息集上制订的一整套相机行动规则，当然，作为不完全信息博弈，行动规则还是“类型依存”的，即不同类型的参与人将选择不同的战略规定，战略(行动)是类型的函数。在这种相机行动规则中存在信息修正和对其他参与人类型的评估。

为了给出精炼贝叶斯纳什均衡的概念，先分析战略组合为参与人带来的效用。

n 人不完全信息动态博弈的参与人类型空间是 $H_1,\cdots,H_n$，$\theta_i \in H_i$ 是参与人的私人信息，“自然”选择的结果。有类型组合 $\boldsymbol{\theta}=(\theta_1,\theta_2,\cdots,\theta_n)$，用 $\boldsymbol{\theta}_{-i}$ 表示 $\boldsymbol{\theta}_{-i}=\left(\theta_1,\cdots,\theta_{i-1},\theta_{i+1},\cdots,\theta_n\right)$。

当参与人 i，$i=1,\cdots,n$ 是类型 θ_i 时，其他 $n-1$ 的类型是类型组合 $\boldsymbol{\theta}_{-i}$ 的条件概率 $\mathrm{p}_i\left(\boldsymbol{\theta}_{-i} \mid \theta_i\right)$，$i=1,\cdots,n$，其中 $\theta_i \in H_i$ 是 i，$i=1,\cdots,n$ 的私人信息，条件概率 $P_i\left(\boldsymbol{\theta}_{-i} \mid \theta_i\right)$，$i=1,\cdots,n$ 是公共信息。每个参与人选择自己的战略，当然这种战略是类型依赖的，即战略是类型空间上的函数时，表示为 $S_i(\theta_i)$，$i=1,\cdots,n$。这样就形成类型依赖的战略组合 $S(\boldsymbol{\theta})=\left(S_1(\theta_1),\cdots,S_i(\theta_i),\cdots,S_n(\theta_n)\right)$。下面分析这个组合 $S(\boldsymbol{\theta})$ 为每个参与人带来的效用。

$S_i(\theta_i)$ 为参与人 i，$i=1,\cdots,n$ 带来的平均效用：

在 i 选择 $S_i(\theta_i)$ 时，其他参与人可以选择 $\boldsymbol{\theta}_{-i}$；在类型组合 $\boldsymbol{\theta}=(\theta_1,\theta_2,\cdots,\theta_n)$ 和战略组合 $S(\boldsymbol{\theta})=(S_1(\theta_1),\cdots,S_i(\theta_i),\cdots,S_n(\theta_n))$ 下，i 的支付是 $u_i\left(S_{-i}(\boldsymbol{\theta}_{-i}),S_i(\theta_i)\middle|\boldsymbol{\theta}_{-i},\theta_i\right)$；当 i 是类型 θ_i 时，其他 $n-1$ 个人是类型 $\boldsymbol{\theta}_{-i}$ 的后验概率是 $\tilde{P}_i(\boldsymbol{\theta}_{-i} \mid \theta_i)$，$i=1,\cdots,n$，因此实际预期效用是 $\tilde{P}_i(\boldsymbol{\theta}_{-i} \mid \theta_i)u_i\left(S_{-i}(\boldsymbol{\theta}_{-i}),S_i(\theta_i)\middle|\boldsymbol{\theta}_{-i},\theta_i\right)$。另外，当 i 是类型 θ_i 时，其他 $n-1$ 个人选择类型 $\boldsymbol{\theta}_{-i}$ 又是一个组合，因此，在 i 选择 $S_i(\theta_i)$ 时，参与人 i，$i=1,\cdots,n$ 的预期期望效用是

$$\tilde{P}_i(\boldsymbol{\theta}_{-i} \mid \theta_i)u_i\left(S_{-i}(\boldsymbol{\theta}_{-i}),S_i(\theta_i)\middle|\boldsymbol{\theta}_{-i},\theta_i\right)$$

有了预期期望效用 $\sum_{\boldsymbol{\theta}_{-i}}u_i\left(S_{-i}(\boldsymbol{\theta}_{-i}),S_i(\theta_i)\middle|\boldsymbol{\theta}_{-i},\theta_i\right)$，我们就可以类似于前 3 种均衡的定义，给出精炼贝叶斯纳什均衡的定义。

定义 5.1　在不完全信息动态博弈 $G=\left\{u_1,\cdots,u_n;\ \tilde{P}_1,\cdots,\tilde{P}_n;\ H_1,\cdots,H_n\right\}$ 中，精炼贝叶斯纳什均衡是一个类型依赖的战略组合 $S^*(\boldsymbol{\theta})=\left(S_1^*(\theta_1),\cdots,S_i^*(\theta_i),\cdots,S_n^*(\theta_n)\right)$ 和一个后验概率组合 $\tilde{\boldsymbol{p}}=\left(\tilde{p}_1,\tilde{p}_2,\cdots,\tilde{p}_n\right)$，它满足：

(1) $S_i^*(\theta_i) \in \arg\max\limits_{S_i(\theta_i)} \tilde{P}_i(\boldsymbol{\theta}_{-i} \mid \theta_i)u_i\left(S_{-i}^*(\boldsymbol{\theta}_{-i}),S_i(\theta_i)\middle|\boldsymbol{\theta}_{-i},\theta_i\right)$；

(2) $\tilde{P}$ 是先验概率 $P_i(\boldsymbol{\theta}_{-i} \mid \theta_i)$ 的集合，即 $\tilde{P}=(P_1,\cdots,P_n)$，$P_i=P_i(\boldsymbol{\theta}_{-i} \mid \theta_i)$，$\tilde{P}_i$ 是第 i 个参与人在其进行行动选择的信息集上所有信念组成的组合，记 $\tilde{P}_{ih}$ 为他在其第 h 个信息集上的信念；若参与人在信息集 h 上观察到的行动为 a_{-i}^h，则记 $\tilde{P}_{ih}=\tilde{P}_i\left(\boldsymbol{\theta}_{-i} \mid a_{-i}^h\right)$，$i=1,\cdots,n$。

条件概率 $P_i(\boldsymbol{\theta}_{-i} | \theta_i)$ 是先验的，因为它是博弈所给定的条件，来自博弈开始之前参与人 i 关于其他参与人类型的相关信息。这个条件概率是随着参与人观测到先动决策参与人的行动信息不断修正的。

序贯理性在完全信息动态博弈中指的是参与人在任一子博弈上都选择最优的行动计划，而精炼均衡要求所有参与人的战略在任一子博弈上的限制都是其在给定其他参与人战略选择下的该子博弈上的最优战略，即纳什均衡战略。在不完全信息动态博弈中，信息集不一定是单结的，因而真子博弈可能不存在。此时，序贯理性指的是任一参与人在从其任一信息集开始的随后的博弈中所选择的行动计划都是最优的。对任一参与人来说，当他处于某一信息集 h 上时，对其他的每一个参与人的类型有一个概率判断，即他认为其他的每一个参与人的类型是某一特定类型的概率有一个判断；而给定其他每个参与人的一个特定类型情况下，他就知道其他每个参与人的战略是什么，即其他每个参与人在每个信息集上的行动选择是什么。此时，他也知道每个信息集的结构，且每个信息集都是单结的。这就是说，假定他认为其他每个参与人的类型是某个特定类型，博弈就变成完全信息的了。在完全信息动态博弈下，他当然知道此时他的最优行动计划是什么，即知道在此一单结信息集开始的子博弈上的最优行动计划是什么，它不过是使其支付最大化的行动计划而已。但事实上在不完全信息动态博弈中，他在此时并不准确知道其他参与人的类型是什么，但知道其他参与人的类型为每一种特定的类型组合的概率是多少。于是，假定所有参与人都是风险中性的，则他将根据这种概率分布来选择使他的期望支付最大化的行动计划。因为给定每一种其他参与人类型组合的概率分布及给定在其他参与人的每一种类型组合下他知道自己的最优行动计划，因而这种由概率密度加权的期望支付最大化行动计划是可以决定的。

例 5.2　在图 5.1 中给出的一个不完全信息动态博弈中，“自然” N 首先选择参与人 $i=1$ 的两种类型 $H_1=\{\theta_{11},\theta_{12}\}$ 中的某一种，$i=1$ 的行动空间 $A_1=\{L,R\}$。参与人 $i=2$ 只有一个类型 $H_2=\{\theta_2\}$，行动空间 $A_2=\{a,b\}$。参与人 $i=2$ 对 N 的选择不知道任何信息，因此，他只知道有假设的先验概率为 $P_1(\theta_{11} | \theta_2)=P_1(\theta_{12} | \theta_2)=0.5$，参与人 2 的类型是对称的。

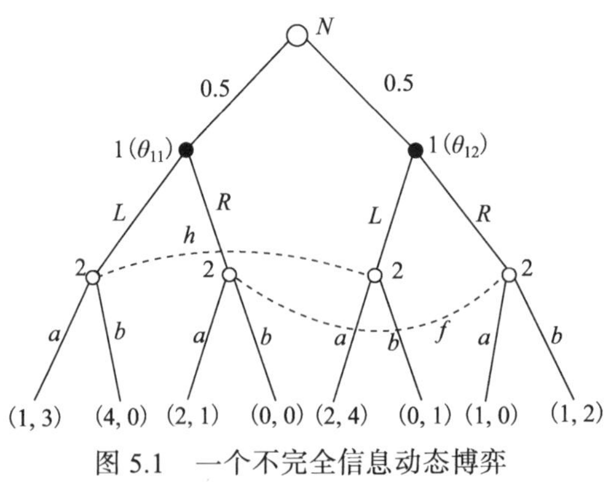

图 5.1　一个不完全信息动态博弈

首先给出参与人 1 的类型依存战略 $S_1^*(\theta_1)$：$S_1^*(\theta_{11})=R$，$S_1^*(\theta_{12})=L$。

试找出与此战略相对应的参与人 2 的一个类型依存战略 $S_2^*(\theta_2)$，并且使 $S^*=$

$\left(s_1^*(\theta_1), s_2^*(\theta_2)\right)$成为一个精炼贝叶斯纳什均衡。

解　参与人 2 的类型是对称的。给定$S_1^*(\theta_1)$，参与人 2 决策时，能够看到参与人 1 的行动，但不知道参与人 1 的类型，可以基于参与人 1 的行动对他的类型作出重新判断。根据参与人 2 看到的行动，参与人 2 决策时形成两个信息集h和f，h表示观测到L的信息集，f表示观测到R的信息集，它们都在均衡路径上。参与人 2 根据贝叶斯法则对参与人 1 的类型重新作出评估，在信息集h上，参与人 2 观测到L，推断出参与人 1 的类型是θ_{12}，从而参与人 1 的后验概率修正为$\tilde{P}_2\left(\theta_{11}\middle|L^h\right)=0$，$\tilde{P}_2\left(\theta_{12}\middle|L^h\right)=1$；同样地，在信息集$f$上，参与人 2 观测到$R$，推断出参与人 1 的类型是$\theta_{11}$，从而参与人 1 的后验概率修正为$\tilde{P}_2\left(\theta_{11}\middle|R^f\right)=1$，$\tilde{P}_2\left(\theta_{12}\middle|R^f\right)=0$。给定这种信念，参与人 2 在$h$上的最优行动是$a$，支付是 4，如果选择$b$，其支付只有 1；在$f$上的最优行动是$a$，支付是 2，如果选择$b$，其支付只有 0。

给定参与人 2 在其信息集h和f上的上述信念及最优行动选择，类型为θ_{11}的参与人 1 将选择R，选择R的支付是 2，否则其支付只能是 1；类型为θ_{12}的参与人 1 将选L，其支付为 1，否则，其支付是 0。所以，$S_1^*(\theta_1)$和$S_2^*(\theta_2)$构成一个精炼贝叶斯纳什均衡，其中，$S_1^*(\theta_1)=(R,L)$，$S_2^*(\theta_2)=(a,a)$，$\tilde{P}_{2h}=(0,1)$，$\tilde{P}_{2f}=(1,0)$是后验概率组合。

在一个不完全信息动态博弈中，精炼贝叶斯纳什均衡可以有多个。在图 5.1 的博弈中，试图找出另外一个精炼贝叶斯纳什均衡。

首先给出参与人 1 的一个类型依存的战略：$S_1^*(\theta_{11})=S_1^*(\theta_{12})=L$。这是一个混同战略，即参与人 1 不管是什么类型，都选择行动L。之所以称为混同，就是由于通过行动揭示不出类型信息。给定参与人 1 的这一类型依存战略，由贝叶斯法则知参与人 2 在信息集h上的修正信息还有

$$\tilde{P}_2\left(\theta_{11}\middle|L^h\right)=\tilde{P}_2\left(\theta_{12}\middle|L^h\right)=0.5$$

如果上述$S_1^*(\theta_1)$是参与人 1 的精炼贝叶斯纳什均衡战略，则参与人 2 的信息集f位于非均衡路径上，即不可能出现，因而$\tilde{P}_{2f}$不受贝叶斯法则限制。但是，致使上述$S_1^*(\theta_1)$成为参与人 1 的精炼贝叶斯纳什均衡战略，就对$\tilde{P}_{2f}$的取值范围有另外的限制。

给定$S_1^*(\theta_1)$，参与人 2 在h上选择a的期望支付为

$$0.5\times3+0.5\times4=3.5$$

而他选择b的期望支付为

$$0.5\times2+0.5\times1=1.5<3.5$$

因而他选择行动a。

此时，当参与人 1 在类型θ_{11}时选择L的支付为 1，在类型θ_{12}时选择L的支付为 2。欲使$S_1^*(\theta)$成为精炼贝叶斯纳什均衡战略，就要求$\tilde{P}_2\left(\theta_{11}\middle|R^f\right)$和$\tilde{P}_2\left(\theta_{12}\middle|R^f\right)$取某些值使类型为$\theta_{11}$，$\theta_{12}$的参与人 1 都不会偏离上述选择。

参与人 2 在信息集 f 上选择行动 a 的期望支付为

$$\tilde{P}_2\left(\theta_{11}\middle|R^f\right)\times 1+\tilde{P}_2\left(\theta_{12}\middle|R^f\right)\times 0=\tilde{P}_2\left(\theta_{11}\middle|R^f\right)$$

他选择行动 b 的期望支付为

$$\tilde{P}_2\left(\theta_{11}\middle|R^f\right)\times 0+\tilde{P}_2\left(\theta_{12}\middle|R^f\right)\times 2=2\tilde{P}_2\left(\theta_{12}\middle|R^f\right)$$

当 $\tilde{P}_2\left(\theta_{11}\middle|R^f\right)\geqslant 2\tilde{P}_2\left(\theta_{12}\middle|R^f\right)=2\left(1-\tilde{P}_2\left(\theta_{11}\middle|R^f\right)\right)$时，参与人 2 在 f 上选择 a，而不是选择 b。由此得出 $\tilde{P}_2\left(\theta_{11}\middle|R^f\right)\geqslant 2/3$。

否则，当 $\tilde{P}_2\left(\theta_{11}\middle|R^f\right)<2/3$时，参与人 2 在 f 上会选 b。如果 $\tilde{P}_2\left(\theta_{11}\middle|R^f\right)\geqslant 2/3$，则类型为 θ_{11} 的参与人 1 选 R 时的支付为 $2>1$。这样，原有的 $S_1^*(\theta)$ 就不是均衡战略了，因为类型为 θ_{11} 的参与人 1 的最优行动是 R 而不是原有的 L，与战略 $S_1^*(\theta_{11})=S_1^*(\theta_{12})=L$ 矛盾。

当 $\tilde{P}_2\left(\theta_{11}\middle|R^f\right)<2/3$时，类型为 θ_{11} 的参与人 1 选 R 时的支付为 0，故最优行动仍是 L。类型为 θ_{12} 的参与人 1 选 R 的支付为 $1<2$，最优行动仍为 L。所以，我们得到参与人 2 的最优战略为 $S_2^*(\theta)=(a,b)$，故精炼贝叶斯纳什均衡为

$$S^*=[(L,L),(a,b),(0.5,0.5)],\quad \tilde{P}_2\left(\theta_{11}\middle|R^f\right)<2/3,\quad \tilde{P}_2\left(\theta_{12}\middle|R^f\right)>1/3$$

5.3　信号博弈

信号博弈是博弈论中一个独立、完整的研究体系，有自己特有的研究对象和研究方法。信号博弈之所以放在不完全性信息动态博弈中讲，是因为它很好地体现了不完全性信息动态博弈的思想内涵，即博弈顺序的动态性和先验信息的动态修正性。为此，首先看一个企业并购中的案例。

企业并购是现代经济生活中企业自我发展、做大做强的一个重要途径。但实践证明，并购后企业的业绩并非都得到了提高。对于这一现象，一个不容忽视的原因便是企业并购过程中信息不对称的存在。在企业并购过程中，并购企业总是处于信息不利的地位，目标企业的质量和价值是目标企业的私人信息，并购企业并不完全了解这些信息。由于信息不对称的存在，使许多并购不能完成。

目标企业为了完成并购，会根据自己的类型向并购企业传递信号，信号包括目标企业的质量和价值等。并购企业接收到目标企业的信号，并能从信号中推断出目标企业的预期质量和价值水平，对先验信念进行修正。

目标企业能够预测到并购企业接受信号后会对其类型作出修正，因而发出最优信号，使目标企业的效用函数最大。并购企业根据后验信念对目标企业的质量和价值作出评估和判断，决定并购与否。

在经济学的研究文献中，信号博弈作为一种特殊的不完全信息动态博弈得到了最为广泛的应用，模型通常描绘的是两个参与人之间的二阶段不完全信息动态博弈，其中，先动者拥

有私人信息，向后动者传递能够揭示私人信息的信号。后动者能够从他所观察到的先动参与人所选择的行动中对其私人信息作出修正和判断，从而选择自己的最优行动。

信号博弈包含两个参与者：发送者(记为 S)与接收者(记为 R)，博弈的时间顺序如下：

(1) 自然按照先验概率分布 $p(t_i)$ 为发送者 S 从一个可行类型空间中选取类型 t_i，其中 $p(t_i)>0$ 对每一 i 成立，且 $p(t_1)+\cdots+p(t_I)=1$；

(2) 发送者 S 观察到 t_i 后，从一个可行信号集 $M=\{m_1,\cdots,m_j\}$ 中选取一个发送信号 m_j；

(3) 接收者 R 观察到信号 m_j (注意，不是观察到 t_i，类型是私人信息)，然后从行动集合 $A=\{a_1,\cdots,a_k\}$ 中选择一个行动 a_k；

(4) 双方实现支付分别为 $u_s(t_i,m_j,a_k)$ 与 $u_r(t_i,m_j,a_k)$。

类型空间、可行信号集与可行行动集可以是有限集合，也可是无限集合，在实际应用中，它们常常表现为连续统的区间。为图示方便，我们用两个类型、两个信号、两个行动的案例加以图示，如图 5.2 所示。在实际动态博弈中，信号集合依赖于类型集合，行动集合依赖于信号集合，但图 5.2 没有反映出这种相互依存、相机行动的关系。

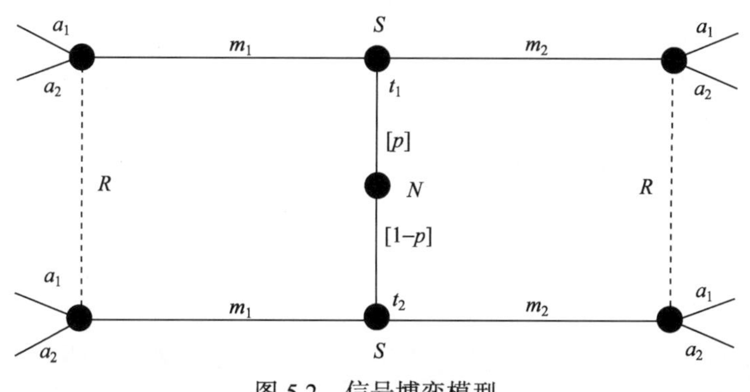

图 5.2　信号博弈模型

这是一个简单的信号博弈模型，其中 N 表示自然，类型集合 $T=\{t_1,t_2\}$，信号集合 $M=\{m_1,m_2\}$，行动集合 $A=\{a_1,a_2\}$，图中[p]及[$1-p$]表示自然选择类型时的概率分布，是先验信息；类型是 S 的私人信息，其分布是公共信息。虚线表示 R 的信息集，即 R 能够观测到信号，但不知道 S 的类型。

在任何博弈中，参与者的战略其实是一个完整的相机行动方案，在参与者可能被要求采取行动的每一个偶然场合，一个战略确定了该决策顺序下的一个可行行动。在信号博弈中，发送者的纯战略是根据自然抽取的可能类型来选取相应的信号，因此，信号可表示为类型 t 的函数 $m(t_i)$。而接收者的纯战略依赖于所接收到的信号，因此行动可以表示为信号的函数 $a(m_j)$。在图 5.2 的信号博弈中，发送者 S 与接收者 R 各有四个纯战略。

(1) 发送者(S)的纯战略。发送者 S 的纯战略是笛卡儿乘积 $T\times M$，即 $\{t_1,t_2\}\times\{m_1,m_2\}$，共有 4 个：

发送者 S 的第一个战略 $S(1)$：$m(t_1)=m_1$，$m(t_2)=m_1$，即无论如何，S 都发送信号 m_1，

不依赖于类型；

发送者 S 的第二个战略 $S(2)$：$m(t_1)=m_1$，$m(t_2)=m_2$，即若为类型 t_1 则发送 m_1，若为类型 t_2 则发送 m_2，这是一个类型依赖的信号发送战略；

发送者 S 的第三个战略 $S(3)$：$m(t_1)=m_2$，$m(t_2)=m_1$，即若为类型 t_1 则发送 m_2，若为类型 t_2 则发送 m_1，这是一个类型依赖的信号发送战略；

发送者 S 的第四个战略 $S(4)$：$m(t_1)=m_2$，$m(t_2)=m_2$，即无论如何，S 都发送信号 m_2，不依赖于类型。

(2) 接收者(R)的纯战略。接收者 R 的纯战略是笛卡儿乘积 $M\times A$，即 $\{m_1,m_2\}\times\{a_1,a_2\}$，共有 4 个：

接收者 R 的第一个战略 $R(1)$：$a(m_1)=a_1$，$a(m_2)=a_1$，即无论接收信息如何，R 都选择行动 a_1，不依赖于类型；

接收者 R 的第二个战略 $R(2)$：$a(m_1)=a_1$，$a(m_2)=a_2$，即若收到信号 m_1，则选择行动 a_1，若收到信号 m_2，则选择行动 a_2，这是一个类型依赖的行动选择战略；

接收者 R 的第三个战略 $R(3)$：$a(m_1)=a_2$，$a(m_2)=a_1$，即若收到信号 m_1，则选择行动 a_2，若收到信号 m_2，则选择行动 a_1，这是一个类型依赖的行动选择战略；

接收者 R 的第四个战略 $R(4)$：$a(m_1)=a_2$，$a(m_2)=a_2$，即无论接收信息如何，R 都选择行动 a_2，不依赖于类型。

下面分析 4 个战略的特征：

发送者 S 的 4 个纯战略中，$S(1)$与 $S(4)$有一个特点，对于“自然”抽取的不同类型，S 都选择发送相同的信号，以不变应万变，具有这类特点的战略称为混同(pooling)战略。至于 $S(2)$与 $S(3)$，是类型依存战略，对不同的类型发出不同的信号，故称为分离(separating)战略。由于在这个简单博弈模型中，类型集合、信号集合、行动集合都只有两个元素，所以参与人的 4 个纯战略都有 2 个混同战略与 2 个分离战略。假如类型空间的元素多于两个，那么总战略就多于 4 个，于是就会出现部分混同(partially pooling)和半分离(semi-separating)战略。部分混同和半分离战略实际上是各种类型分为不同的组，对于给定的类型组中所有类型，发送者发出相同的信号，而对于不同组的类型则发生不同的信号。问题的关键是一个组中有几个元素。接收者 R 的 4 个纯战略中，$R(1)$与 $R(4)$是混同战略，$R(2)$与 $R(3)$是分离战略。

发送者 S 如何选择信号发送战略？接收者 R 如何对信号作出反应而选择相应行动呢？下面分析各种战略满足的条件。

发送者 S 在选择信号时知道博弈进行的全过程，知道自己的类型，知道接收者 R 的对信号的反应，信号选择发生于单结信息集。从而，要求 1 在应用于发送者时就无须附加任何条件；相反，接收者 R 在不知道发送者类型的条件下，只能观测到发送者的信号，只能依据信号而不是类型选择行动，也就是说接收者的选择处于一个非单结的信息集(对发送者可能选择的每一种信号都存在一个这样的信息集，而且每一个这样的信息集中，各有一个节对应于自然可能抽取的每一种类型)。把要求 1 应用于接收者可得到：

信号要求 1　在观察到 M 中的信号 m_j 之后，接收者基于发送者的个人理性，必须对发

送者的类型作出重新评估和推断。这一推断基于贝叶斯法则，用概率分布 $\mu\left(t_i|m_j\right)$ 表示，其中对所求 T 中的 t_i， $\mu\left(t_i|m_j\right)\geqslant 0$ 且

$$\sum_{t_i\in T}\mu\left(t_i|m_j\right)=1$$

给定发送者的信号和接收者的推断，再描述接收者的最优行动选择战略就十分简单，接收者可以选择使自己支付最大化的行动。接收者只能观察到 m_j 而无法观察到 t_i，所以只能依据推断 $\mu\left(t_i|m_j\right)$ 来计算自己的期望支付，把要求 2 应用于接收者可以得到：

信号要求 2*R*　对 M 中的每一 m_j，并在给定哪些类型可能发送 m_j 的后验推断 $\mu\left(t_i|m_j\right)$ 的条件下，接收者的行动规则 $a^*(m_j)$ 必须使接收者的期望效用最大化，即 $a^*(m_j)$ 满足

$$\max_{a_k\in A}\sum_{t_i\in T}\mu\left(t_i|m_j\right)U_R\left(t_i,m_i,a_k\right)$$

要求 2 同样适用于发送者，但发送者有完全信息，并且只在博弈的开始时行动，于是要求 2 相对比较简单：对给定的接收者的战略，发送者的战略是最优反应：

信号要求 2*S*　对 T 中的每一 t_i，在给定接收者战略 $a^*(m_j)$ 的条件下，发送者选择的信号 $m^*(t_i)$ 必须使发送者的效用最大化，亦即 $m^*(t_i)$ 满足

$$\max_{m_j\in M}U_S\left(t_i,m_j,a^*\left(m_j\right)\right)$$

给定发送者的战略 $m^*(t_i)$，令 T_j 表示选择发送者信号 m_j 的类型集合，也就是说，如果 $m^*(t_i)=m_j$，则 $t_i\in T_j$ 中的元素。如果 T_j 不是空集，则对应于信号 m_j 的信息集就处于均衡路径之上；否则，任何类型都不选择 m_j，其对应的信息集则处于非均衡路径之外。对处于均衡路径上的信号，把要求 3 运用于接收者的后验信息评估和修正，可以得到：

信号要求 3　对每一 M 中的 m_j，如果在 T 中存在 t_i，使得 $m^*(t_i)=m_j$，则接收者在对应于 m_j 的信息集 T_j 中所持有的推断必须满足于贝叶斯法则和发送者的战略：

$$\mu\left(t_i|m_j\right)=\frac{p(t_i)}{\sum\limits_{t_i\in T_j}p(t_i)}$$

定义 5.2　信号博弈中一个纯战略精炼贝叶斯均衡为一对战略 $m^*(t_i)$ 和 $a^*(m_j)$，以及推断 $\mu\left(t_i|m_j\right)$，满足信号要求 1，信号要求 2*R*，信号要求 2*S*，信号要求 3。

如果发送者的战略是混同的或分离的，则称精炼贝叶斯均衡分别为混同战略精炼贝叶斯均衡或分离精炼贝叶斯均衡。

下面，求解图 5.2 中不完全信息动态博弈的纯战略精炼贝叶斯均衡，这是一个关于 2 个类型、2 个信号、2 个行动的博弈模型。这里比较特别，自然也不知道发送者的类型，用 t_1，t_2 的概率都是 $1/2$ 表示，分别用 $(p,1-p)$ 和 $(q,1-q)$ 表示接收者在其两个信息集内(一个为观测到 m_1，一个为观测到 m_2)对发送者类型的后验推断。

发送者有 4 个纯战略，故信号博弈有 4 个可能的纯战略精炼贝叶斯均衡。我们将图 5.2 中的博弈树赋予支付向量，第一个分量是发送者的，第二个分量是接收者的，得到图 5.3。下面计算纯战略精炼贝叶斯均衡以及其出现的条件.

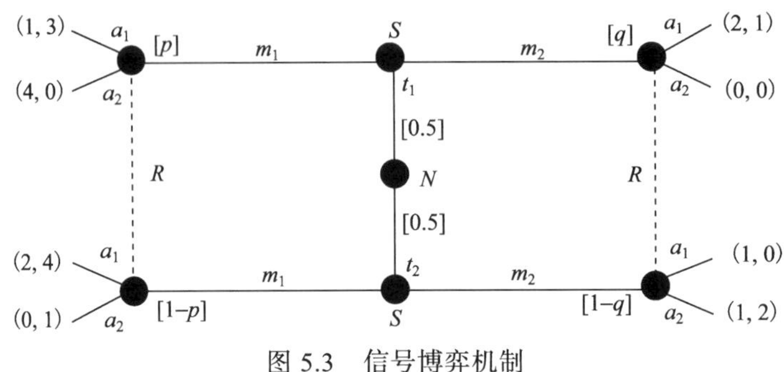

图 5.3　信号博弈机制

1. 混同均衡 m_1：发送者 S 的精炼贝叶斯均衡 $m^*(t_1)=m_1$，$m^*(t_2)=m_1$

发送者的这个纯战略表明，不管发送者的类型是 t_1 还是 t_2，发出的信号都是 m_1，可以用 $(t_1,t_2)\to(m_1,m_1)$ 表示。当发送者的纯战略是 (m_1,m_1) 时，图 5.3 中右侧的信息集不在均衡路径上，因为接收者观测不到 m_2；图 5.3 中左侧的信息集出现在均衡路径上，因为接收者观测到了 m_1。

当发送者选择混同战略 m_1 时，尽管接收者观测到了这个信息，但这个信息不能提供有效的价值，使接收者对发送者的类型有重新的判断，通过信号要求 3 计算得接收者的推断还是先验推断 $(p,1-p)=(0.5, 0.5)$。在这个推断下，当接收者在观察到信号 m_1 之后的最佳行动选择是 a_1，而不是 a_2，因为 a_1 是优战略，a_1 带来的支付向量是 $(3,4)$；a_2 是接收者的严格劣战略，a_2 带来的支付向量是 $(0,1)$。因此，接收者的行动战略 $a^*(m_1)=a_1$，此时类型 t_1 与 t_2 的发送者分别获得支付 1 与 2。

在接收者的行动战略 $a^*(m_1)=a_1$ 下，发送者是否会偏离 $m^*(t_1)=m_1$，$m^*(t_2)=m_1$？

假设发送者发送 m_2，这需要确定接收者将如何作出反应，以及在相应反应下发送者的支付究竟如何变化。试想接收者对信号 m_2 的反应是采取行动 a_2，此时类型 t_1 与 t_2 的发送者的支付分别为 0 与 1，这少于他们发出信号肯定能获得的支付 1 与 2，就是说，如果接收者对信号 m_2 的反应是 a_2 的话，不管哪种类型的发送者都不愿发送信号 m_2。如果接收者对于信号 m_2 的反应是采取行动 a_1，那么类型 t_2 的发送者的支付为 1，少于他发出信号 m_1 后的支付 2，但是，类型 t_1 的发送者的支付为 2，它超过了若发出信号 m_1 后的支付 1。由此，如果接收者对信号 m_2 的反应是 a_1 的话，类型 t_1 的发送者是愿意发出信号 m_2 的。注意到我们已经假设存在博弈的均衡，其中发送者的战略是 (m_1,m_1)，那么在这样的均衡中，接收者对 m_2 的反应必定是 a_2。于是在这个均衡中，接收者的战略是 (a_1,a_2)，其中第一个元素是对信号 m_1 的反应，第二个元素是对信号 m_2 的反应。要使接收者的策略 (a_1,a_2) 是均衡策略，我们必须计算一下接收者的支付，显然，我们只需要检查一下当信号为 m_2 时接收者采取 a_1 与 a_2 的期望支付，由于该信息集上推断为 $(q,1-q)$ ，所以，接收者取 a_1 的期望支付为 $1\times q+0\times(1-q)=q$ ，取 a_2 的期望支付为 $0\times q+2(1-q)=2(1-q)$ 。要使接收者在观察到信号 m_2 后不偏离均衡策略 a_2 ，必须有 $2(1-q)\geqslant q$ ，即 $q\leqslant 2/3$ 。

结论　$[(m_1,m_1),(a_1,a_2),p=0.5,q\leqslant 2/3]$ 是该博弈的混同精炼贝叶斯均衡。

2. 混同均衡 m_2：发送者 S 的混同均衡战略 $m^*(t_1)=m_2$，$m^*(t_2)=m_2$

发送者的纯战略是 (m_2,m_2) ，由先验概率可知 $q=0.5<2/3$ ，根据上面中分析，接收者对于 m_2 的最优反应为 a_2 ，即 $a^*(m_2)=a_2$ 。这样，类型 t_1 的发送者的支付为 0，类型 t_2 的发送者的支付为 1。

在最优行动 $a^*(m_2)=a_2$ 下，发送者是否坚持均衡战略 $m^*(t_1)=m_2$，$m^*(t_2)=m_2$？

如果发送者发送 m_1 ，则接收者选择 a_1 ，类型 t_1 的发送者的支付为 1，类型 t_2 的发送者的支付为 2。因此两种类型的发送者都有积极性偏离 m_2 ，即 $m^*(t_1)=m_2$，$m^*(t_2)=m_2$ 是不可能的。

发送者的纯战略 (m_2,m_2) 不可能是均衡策略。

3. 分离均衡：发送者 S 的战略 $m^*(t_1)=m_1$，$m^*(t_2)=m_2$

如果存在一个均衡，其中发送者的纯策略为 $(t_1,t_2)\to(m_1,m_2)$ ，下面分析接收者的行动选择。此时，接收者观测到 m_1 和 m_2 ，两个信息集都在均衡路径上，于是两个后验推断都可由贝叶斯法则与发送者的策略确定，后验概率如下：

$$p=\mu\left(t_1\middle|m_1\right)=1$$

$$1-q=\mu\left(t_2\middle|m_2\right)=1,\qquad q=0$$

给定推断 $p=1$ ，接收者的最优反应是 a_1 ，$a^*(m_1)=a_1$ ；给定推断 $q=0$ ，接收者的最优反应是 a_2 ，$a^*(m_2)=a_2$ 。因此，两个参与人最优选择 $(t_1,t_2)\to(m_1,m_2)\to(a_1,a_2)$ ，两种类型的发送者的支付均为 1。

给定接收者的行动选择 $(m_1,m_2)\to(a_1,a_2)$ ，发送者的行动选择 $(t_1,t_2)\to(m_1,m_2)$ 还是最好的吗？发送者有没有积极性偏离呢？

类型 t_2 的发送者如果偏离这个策略，不发信号 m_2 而是发出 m_1 ，那么接收者反应为 a_1 ，从而使类型 t_2 发送者的支付为 2，这比他发送信号 m_2 、接收者选择 a_2 时得到的支付 1 要大，于是在给定接收者策略 $(m_1,m_2)\to(a_1,a_2)$ 下，发送者会有主动偏离 $(t_1,t_2)\to(m_1,m_2)$ 的积极性，故不存在这样的均衡，其中发送者的策略为 (m_1,m_2) ，接收者的策略为 $(m_1,m_2)\to(a_1,a_2)$ 。

4. 分离均衡：发送者 S 的战略 $m^*(t_1)=m_2$，$m^*(t_2)=m_1$

发送者的纯策略为 $(t_1,t_2)\to(m_2,m_1)$ ，可以利用贝叶斯法则与发送者的策略确定接收者的两个后验推断：

$$p=\mu\left(t_1\middle|m_1\right)=0$$

$$1-q=\mu\left(t_2\middle|m_2\right)=0,\qquad q=1$$

在给定这两个后验推断的情况下，接收者的最优反应是$(m_1,m_2)\to(a_1,a_1)$，从而类型t_1与t_2的发送者的支付均为 2。

在接收者战略$(m_1,m_2)\to(a_1,a_1)$下，发送者是否有积极性偏离战略

$$m^*(t_1)=m_2,\quad m^*(t_2)=m_1$$

如果类型t_1发送者偏离而发出信号m_1，那么由于接收者对m_1的反应是a_1，则使类型t_1发送者的支付仅为 1，小于 2；如果类型t_2发送者偏离而发出信号m_2，接收者反应仍为a_1，发送者的支付也为 1，还是小于 2。显然，无论发送者属于何种类型，都不可能激励他偏离策略$(t_1,t_2)\to(m_2,m_1)$。

结论　$[(m_2,m_1),(a_1,a_1),p=0,q=1]$是博弈的分离精炼贝叶斯均衡。

5.4　教育信号传递模型

斯彭斯(Spence, 1973)运用信号博弈模型对教育的信号作用作了一种博弈论的解释，教育具有一种揭示雇员真实能力的信号传递功能。企业在招聘雇员的时候，需要决定雇员的薪酬。薪酬的高低取决于什么？薪酬当然依赖于雇员的工作能力和创造能力，工作能力越高，其薪酬也越高。但是工作能力是雇员的私人信息，企业不掌握雇员的私人信息，另外，雇员的工作能力对于企业是不可观测的，在短期之内也是不可验证的，因此，将雇员的工作能力设计进薪酬契约是不可行的。而现实生活中，对于新雇员，往往基于学历背景决定其薪酬；对于老雇员，则往往基于工作能力决定其薪酬。对于新雇员，将学历设计进薪酬契约，是不得已而为之，因为工作能力的不可观测性和不可验证性。当然，将学历设计进薪酬契约也有合理的成分，即学历作为工作能力的信号，反映了工作能力，而学历是可验证的、可观测的。过去，对于学历和工作能力是分别独立看待的，斯彭斯第一次解释了他们之间的信号传递关系。

斯彭斯作为信息经济学的创始人之一而荣获 2001 年的诺贝尔经济学奖，他的教育信号传递模型开创了用不完全信息动态博弈研究经济管理问题的先河，是一个崭新的视觉，提供了崭新的研究工具。斯彭斯教育模型是劳动经济学中的一个重要成果，它使我们对教育的功用有了更多的认识。

斯彭斯模型描述的是一个信号博弈，参与人集合$N=\{$雇员(S)，企业$(R)\}$，新雇员拥有工作能力的私人信息，工作能力类型分为高(H)和低(L)两种，类型H和类型L的先验概率为p和$1-p$，是参与人的公共知识。雇员是信号发送者(S)，其选择的信号是自己所接受的教育水平，记为$e\in E=\{e:0\leqslant e<+\infty\}$。另一个参与人是劳动力市场中的招聘企业。

企业决定雇员的薪酬w，$\theta\in\{H,L\}$为雇员的类型(能力)，$c(\theta,e)$是类型为θ的雇员在教育水平为e时所付出的努力成本，$y(\theta,e)$是类型为θ且教育水平为e的雇员为企业创造的产出。当雇员被企业雇佣时，雇员的支付函数为$w-c(\theta,e)$，而企业的支付函数为$y(\theta,e)-w$。

博弈顺序如下：

(1) 自然从类型集$\Theta=\{L,H\}$中赋予雇员类型为θ的雇员先验概率为p，类型是雇员的私人信息；自然将p告知雇主，雇主不知道雇员的类型θ，$\overline{p}(L)+\overline{p}(H)=1$；

(2) 雇员从信号集 $E=[0,+\infty)$ 中选择一教育水平信号 e 发送；

(3) 雇主观测到 e，从可行行动集 $A=[0,+\infty)$ 中选择行动(工资) w；

(4) 雇员效用函数为 $u_1(\theta,e,w)=w-c(\theta,e)$，雇主效用函数为 $u_2(\theta,e,w)=y(\theta,e)-w$，$u_1$，$u_2$ 是共同知识。

假设条件　低能力的雇员与高能力雇员相比，低能力雇员受教育的边际成本高于高能力雇员，要取得同样的教育水平需花费较大的成本。这是可以理解的，能力高的人，成本低，能取得较高的教育水平；能力低的人，成本大，在教育成本的约束下，较早结束学习经历。

用下面的条件来刻画这种约束，即对所有的 e 有

$$\frac{\partial c(L,\ e)}{\partial e}>\frac{\partial c(H,\ e)}{\partial e} \tag{5.1}$$

式(5.1)是教育具有信号传递能力的重要依据，能力水平不同，取得相同教育水平的成本支出不同，因此，两个能力水平不同的参与人由于成本的制约而选择不同的教育水平，反之，教育水平的差异性又识别了能力的差异性。

雇员的无差异曲线：

$$w-c(\theta,e)=R \tag{5.2}$$

当 $R=0$ 时，得到一条特定的无差异曲线：

$$w=c(\theta,e) \tag{5.3}$$

在信息完全的情况下，企业的薪酬支付等于雇员的边际成本，如式(5.3)，它也是信息完全时类型为 θ 的文凭需求曲线。式(5.1)表明，低能力雇员的文凭需求曲线比高能力的文凭需求曲线陡一些，如图 5.4 所示。

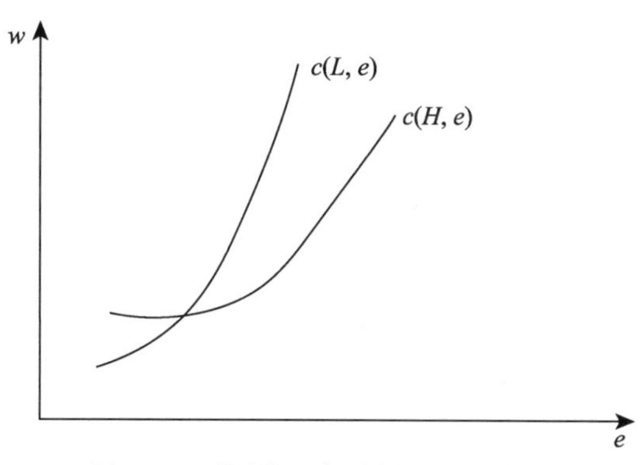

图 5.4　不同类型雇员的无差异曲线

假设企业之间在劳动力市场上是充分竞争的，在信息完全的情况下企业边际利润为零，即

$$y(\theta,e)=w \tag{5.4}$$

下面开始分析信息不完全的情况下，两个参与人如何进行决策。

先分析企业的决策。教育水平是雇员向企业发出的，能够揭示其类型的信号，w 是企业接收到信号后选择的行动，即设计的薪酬契约。

当信息不完全时，如果企业观察到的信号为 e，则企业会依据 e 对雇员的能力重新作出评价，对先验概率作出修正。用 $\tilde{P}(H \mid e)$ 表示企业认为雇员能力为 H 的后验概率，则企业招聘一个新雇员的期望产出为

$$\tilde{P}(H \mid e)y(H,e)+\left(1-\tilde{P}(H \mid e)\right)y(L,e) \tag{5.5}$$

基于企业之间的竞争性，企业的行动选择是

$$W(e)=\tilde{P}(H \mid e)y(H,e)+\left[1-\tilde{P}(H \mid e)y(L,e)\right] \tag{5.6}$$

开始分析雇员的决策。当信息完全时，$W(e)=y(\theta,e)$，能力为 θ 的雇员按照如下的原则，对决策变量 e 进行决策：

$$\max_{e}[y(\theta,e)-c(\theta,e)] \tag{5.7}$$

设式(5.7)的最优解为 $e^*(\theta)$。e^* 是 θ 的函数，说明了类型依赖问题，即每个参与人的决策依赖于其类型。在劳动力市场和企业之间是充分竞争性的条件下，$y\left(\theta,e^*(\theta)\right)=c\left(\theta,e^*(\theta)\right)$，且

$$\frac{\partial y\left(\theta,e^*\right)}{\partial e}=\frac{\partial c\left(\theta,e^*\right)}{\partial e}$$

如图 5.5 所示。注意，图 5.5 中的生产函数 $y(\theta,e)$ 是向上倾斜的，这说明在同样的能力水平下，获得较多教育将提高雇员的生产率。

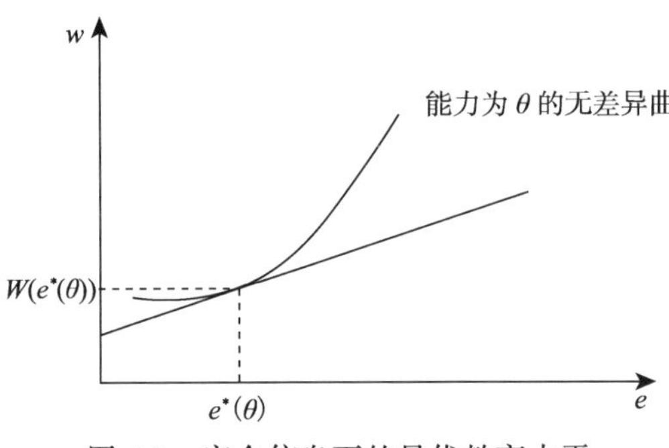

图 5.5　完全信息下的最优教育水平

现在，我们在不完全信息情况下，分析参与人的决策行为和博弈机制。首先分析分离均衡、混同均衡出现的条件(图 5.6，图 5.7)。

对分离均衡来说，要求低能力雇员不能模仿高能力雇员，即低能力雇员如果模仿高能力雇员取得高学历文凭，则即使因此而获取高工资率 $W^*(H)$ 也不能补偿其过高的成本，于是有

$$W^*(L)-c\left(L,e^*(L)\right)>W^*(H)-c\left(L,e^*(H)\right) \tag{5.8}$$

在混同均衡情形，低能力雇员模仿高能力雇员所耗成本小于高学历带来的支付

$$W^*(L)-C\left[L,e^*(L)\right]<W^*(H)-C\left[L,e^*(H)\right] \tag{5.9}$$

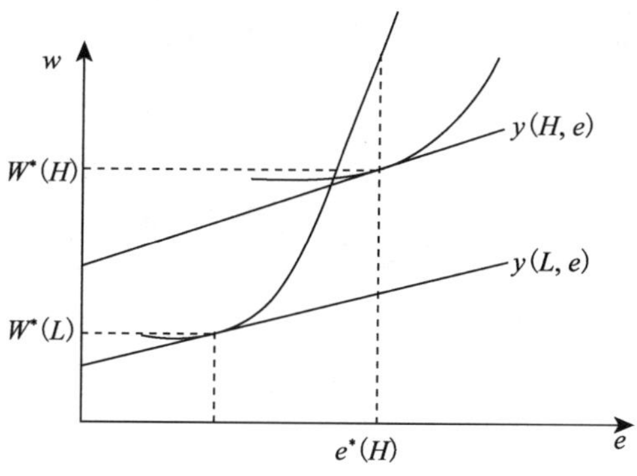

图 5.6　分离均衡出现的条件

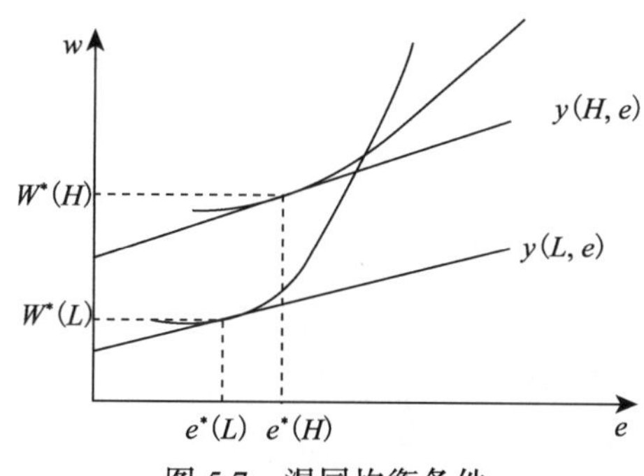

图 5.7　混同均衡条件

(1) 对于混同均衡，设两种类型的雇员都发出相同的信号，选择同样的教育水平 e_P。企业观察到相同信号 e_P，这个信号没有什么价值，企业不能进一步的判断参与人的类型，故后验概率维持先验概率，即 $\tilde{P}(H\mid e_P)=p$， p 是雇员类型为 H 的先验概率。按照前述假设，此时企业的最优工资率选择为

$$W(e_P)=py(H,e_P)+(1-p)y(L,e_P) \tag{5.10}$$

在非均衡路径上，选择后验概率 $\tilde{P}(H\mid e)=0$， $e\neq e_P$。

信念的修正机制:

$$\tilde{P}(H\mid e)=\begin{cases}p, & e=e_P\\ 0, & e\neq e_P\end{cases} \tag{5.11}$$

由式(5.6)，可知企业的最优反应函数：

$$W(e)=\begin{cases}W(e_P), & \text{在}e=e_P\text{的信息集上}\\ y(L,e), & \text{在 }e\neq e_P\text{的信息集上}\end{cases} \tag{5.12}$$

理性的雇员能够预测到企业的反应和企业的信念修正机制，能力为 θ 的雇员按照如下原则进行决策：

$$\max_e[W(e)-c(\theta,e)] \tag{5.13}$$

对式(5.13)进行求解，设最优解为 e_P。

当 $e_P=e^*(H)$ 时，在图 5.8 中，对于类型为 H 的雇员，当选择 e_P 时，他所处的无差异曲

线为 I_H；而当他选择 $e \neq e_P$ 时，效用小于前者，故选 e_P 为最优的。

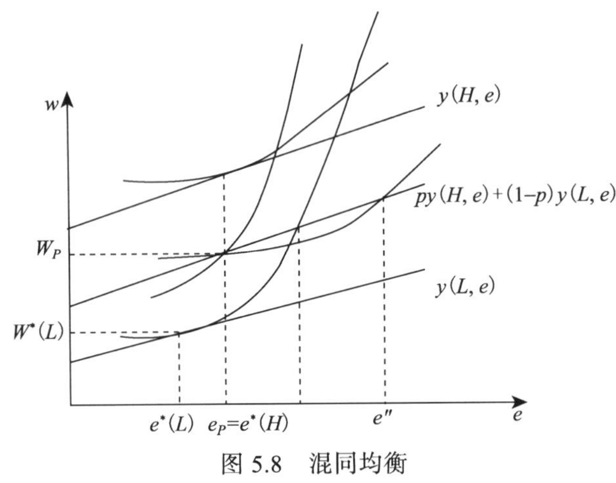

图 5.8　混同均衡

对于类型为 L 的雇员，当他选择 e_P 时，处于无差异曲线 I_L。若他选择 $e \neq e_P$，则处于过 $y(L,e)$ 上的无差异曲线，显然选 e_P 是最优的，因为 $e \neq e_P$ 中的最大化支付选择是 $e^*(L)$，过 $[e^*(L),W^*(L)]$ 的无差异曲线在过 $[e_P,W_P]$ 的无差异曲线的下方。显然，对图 5.8 中的那种 $e_P = e^*(H)$，以及图中的那种无差异曲线和生产函数来说，雇员选择信号 $e_P = e^*(H)$ 构成一个混同均衡。从数学关系上看，混同均衡并不一定要求 $e_P = e^*(H)$，还存在其他许多 e_P 是混同均衡信号。

对于图 5.8 中的无差异曲线和生产函数，还存在其他混同精炼均衡，不同混同均衡之间选择的不同教育水平，但混同均衡之间的差别仅在于非均衡路径上的信念不同。例如，在图 5.8 中，只要选择 e^* 与 e' 之间的教育水平，都会构成无限多个混同均衡。实际上，仅仅改变非均衡路径上的信息，也可以产生不同的混同均衡。例如，

$$\tilde{P}(H \mid e) = \begin{cases} 0, & e \leqslant e''\text{但}e \neq e_P \\ P, & e = e_P \\ P, & e > e'' \end{cases} \tag{5.14}$$

其中 e_P 是上述位于 $e^*(H)$ 与 e' 之间的任一信号。

企业战略为

$$W(e) = \begin{cases} y(L,e), & e \leqslant e''\text{但}e \neq e_P \\ W(e_P), & e = e_P \\ W(e_P), & e > e'' \end{cases} \tag{5.15}$$

类型为 H 的雇员选 e_P 时，位于过 (W_P,e_P) 的无差异曲线 I_H，但当他选择 $e \leqslant e''$ 但 $e \neq e_P$ 时，位于过 $y(L,e)$ 的无差异曲线，当他选择 $e > e''$ 时，位于 I_H 下方的无差异曲线。故选 e_P 是最优的。对于类型为 L 的雇员，他选 e_P 时位于无差异曲线 I_L 上，但当他选 $e \leqslant e''$ 且 $e \neq e_P$ 时，位于过 $y(L,e)$ 的无差异曲线，当选 $e > e''$ 时，位于 I_L 下方的无差异曲线上。故选 e_P 是最优的。

(2) 下面开始分析分离均衡情形，如图 5.6 所示。已知每个参与人的战略选择$e^*(H)$和$e^*(H)$，并且有$e^*(H)\neq e^*(H)$。自然得到一个分离均衡$\left[e(L)=e^*(L),e(H)=e^*(H)\right]$。企业在观察到这个分离信号后，这个信号有助于消减企业对参与人类型的不确定性。后验概率为

$$\tilde{P}\left(H\middle|e^*(L)\right)=0 \quad 和 \quad \tilde{P}\left(H\middle|e^*(H)\right)=1 \tag{5.16}$$

据式(5.6)有

$$W\left(e^*(L)\right)=W^*(L) \quad 和 \quad W\left(e^*(H)\right)=W^*(H) \tag{5.17}$$

在非均衡路径上的信念规定如下：

$$\tilde{P}(H\mid e)=\begin{cases}0, & e<e^*(H)\\ 1, & e\geqslant e^*(H)\end{cases} \tag{5.18}$$

企业的最优选择为

$$W(e)=\begin{cases}y(L,e), & e<e^*(H)\\ y(H,e), & e\geqslant e^*(H)\end{cases} \tag{5.19}$$

对于类型H的雇员，当他选$e^*(H)$时，位于无差异曲线I_H上；当选$e>e^*(H)$时，位于无差异曲线I_H下方的无差异曲线上，故选e劣于$e^*(H)$。当选$e<e^*(H)$时，收入为$y(L,e)$，位于无差异曲线I_H的下方，由图 5.6 知他处于过$y(L,e)$曲线的较低位置的无差异曲线上。他在$e>e^*(H)$时的收入为$y(H,e)$，显然其效用小于选$e^*(H)$的效用。$e^*(H)$是类型H的雇员最优选择。

对于类型L的雇员，当他选$e<e^*(H)$，收入为$y(L,e)$，必小于选$e^*(L)$时的效用，因$e^*(L)$是他的工资函数为$w=y(L,e)$时的最优努力水平。当他选$e\geqslant e^*(H)$时，收入为$y(H,e)$，净支付，即支付为$y(H,e)-c(L,e)$。由图 5.6，该净支付(为负)显然小于选$e^*(L)$的净支付(为零)。$e^*(L)$是类型L的雇员的最优选择。

(3) 最后，讨论杂合均衡。本节只考察一种特定的杂合均衡，即高能力雇员选择特定信号，低能力雇员随机地在高能力雇员选择的信号与另一特定信号之间进行选择。

假设高能力雇员选择的信号为e_h，低能力雇员以概率π选择e_h，以概率$1-\pi$选择e_L。由贝叶斯法则，当企业观察到信号e_h时，后验信念为

$$\begin{aligned}\tilde{P}(H\mid e_h)&=\frac{\text{Prob}(e_h\mid H)\text{Prob}(e_h)}{\text{Prob}(e_h\mid H)\text{Prob}(H)+\text{Prob}(e_h\mid L)\text{Prob}(L)}\\&=\frac{1\cdot p}{1\cdot p+\pi(1-p)}=\frac{p}{p+\pi(1-p)}\end{aligned} \tag{5.20}$$

企业观察到信号e_L时，高能力的雇员不会发出e_L，因此后验信念为$\tilde{P}(H\mid e_L)=0$。由式(5.20)，有$\tilde{P}(H\mid e_h)\geqslant q$。由于高能力雇员发送信号$e_h$，低能力雇员也以概率$\pi$发送信号$e_h$，企业观察到$e_h$时，增加了对高能力雇员的概率判断，实际上是部分低能力的雇员混充了高

能力的雇员。

当低能力雇员选择 e_L 与高能力雇员分离时，企业接收到信号 e_L 后，自然派出了高能力雇员的可能性，后验概率 $\tilde{P}(H|e_L)=0$，有 $W(e_L)=y(L,e_L)$。对低能力雇员来说，给定这种薪酬，其最优信号为 $e^*(L)$。其发送信号必有 $e_L=e^*(L)$。低能力雇员在 $e^*(L)$ 与 e_h 之间随机选择，据混合博弈最优战略性质，有

$$W^*(L)-c\left[L,e^*(L)\right]=W(H)-c(L,e_h) \tag{5.21}$$

即他在选择 $e^*(L)$ 与 e_h 之间无差异，其中 $W(H)=W(e_h)$。

据式(5.6)，自然有

$$W(H)=\frac{p}{p+(1-p)\pi}y(H,e_h)+\frac{(1-p)\pi}{p+(1-p)\pi}y(L,e_h) \tag{5.22}$$

给定 e_h，式(5.21)决定一个 $W(H)$。若 $W(H)$ 满足 $y(L,e_h)\leqslant W(H)\leqslant y(H,e_h)$，则式(5.22)决定一个唯一的 π，否则不存在杂合均衡。如图 5.9 所示。

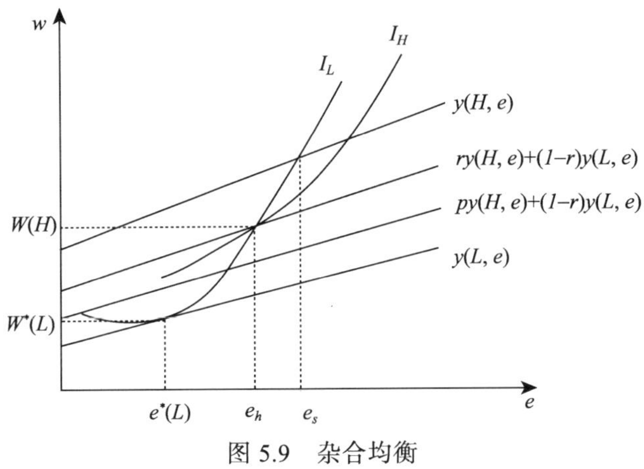

图 5.9　杂合均衡

在图 5.9 中，给定 e_h，$W(H)$ 为式(5.21)的解，$(e_h,W(H))$ 处于低能力雇员通过的 $\left[e^*(L),W^*(L)\right]$ 的无差异曲线上。

设 r 是方程 $W(H)=ry(H,e_h)+(1-r)y(L,e_h)$ 的解，则 $r=\tilde{P}(H|e_h)$。据式(5.20)，有

$$\pi=\frac{p(1-r)}{r(1-p)}$$

条件 $W(H)<y(H,e_h)$ 等价于 $e_h<e_s$，而 e_s 是分离均衡中高能力雇员选择的信号。当 e_h 趋于 e_s 时，r 趋于 1，故 π 趋于零。于是，图 5.9 描述的分离均衡为这里考虑的杂合均衡的极限。

杂合均衡可如下描述：

$$\tilde{P}(H|e)=\begin{cases}0, & e<e_h\\ r, & e\geqslant e_h\end{cases}$$

企业战略：

$$W(e)=\begin{cases} y(L,e), & e<e_h \\ ry(H,e)+(1-r)y(L,e), & e\geqslant e_h \end{cases}$$

对于低能力雇员，在 $e<e_h$ 下的最优信号为 $e^*(L)$；$e\geqslant e_h$ 下的最优信号为 e_h。对于高能力雇员，e_h 优于任何其他信号。

5.5　KMRW 声誉模型

回忆一下囚徒困境问题，单阶段的支付矩阵如表 5.2 所示。

表 5.2　囚徒困境博弈

囚徒 1 \ 囚徒 2	坦白	抵赖
坦白	−8, −8	0, −10
抵赖	−10, 0	−1, −1

在参与人都是理性(只有一个类型)的假设下，均衡是(坦白，坦白)，均衡的支付是(−8, −8)。如果两个人选择合作行为，行动组合(抵赖，抵赖)的支付是(−1, −1)，无论对于哪个参与人，(抵赖，抵赖)都好于(坦白，坦白)，从(坦白，坦白)到(抵赖，抵赖)是个帕累托改进。但是，参与人基于个人理性，(抵赖，抵赖)不是一个纳什均衡，每个参与人都有动力选择投机行为，偏离合作组合(抵赖，抵赖)。

我们知道，在有限次重复博弈中(比如 n)，(抵赖，抵赖)也不可能出现。按照逆向归纳法，第 n 次的博弈结果是(坦白，坦白)，第 $n-1$ 次的博弈结果也是(坦白，坦白)，(坦白，坦白)是个子博弈完美纳什均衡。这说明，只要重复博弈次数是有限的，合作行为的子博弈精炼均衡总是不可能出现的。

现实中的重复博弈都是有限次的，这种情况与我们在现实中所观察到的许多合作现象的存在是矛盾的，例如，供应链中制造商和分销商的合作。为什么会出现理论与现实相矛盾的呢？根本的原因是关于参与人理性的假设。如果参与人都是理性的，每个参与人只有一个类型，信息是完全的，博弈是动态的。

博弈论中的四位专家 Kreps，Milgrom，Roberts 和 Wilson(1982)将非理性和信息不完全引入了博弈模型，更好地解释了大量的经济现象，形成了本节所讲的“声誉模型”(reputation model)。本节运用 KMRW 声誉模型研究了囚徒困境的重复博弈模型，解释了许多新知识，开辟了新视野。

选择最简单的情况，只有一个参与人出现了私人信息。参与人 1 有两个类型，一个是选择合作行为，即“抵抗”，用非理性表示，先验概率为 p；一个是理性选择，即“坦白”， 先验概率为 $1-p$。类型是参与人 1 的私人信息。参与人 2 只有一个类型，即理性的，没有私人信息。

参与人 2 不知道参与人 1 是否理性，参与人 1 知道参与人 2 的知识结构，因此，参与人 1

会在博弈的前面的若干重复阶段中“伪装”成非理性人，掩盖自己的真实类型，让参与人 2 在前面的多个阶段博弈后不能获取参与人 1 是否理性的进一步信息；作为理性的参与人 2，也知道参与人 1 会发出扭曲信息，进行“伪装”，故他不会在观察到参与人 1 的“伪装性行动选择”后就简单地认为参与人 1 是非理性的，而只是不能从参与人 1 的行动中获取判断其理性程度的进一步信息，对参与人 1 的理性程度判断仍保持最初的先验信息，不存在先验信念的修正。

参与人 1 以“伪装”战略，诱使参与人 2 在博弈的大部分前期过程中总是以 p 的概率判断他是非理性人，相信参与人 1 会选择合作行为，为以后的行为创造了一个合作的好“声誉”；让参与人 2 不能获得关于其类型的除先验信息以外的额外信息，从而诱使参与人 2 在前期阶段博弈中选择“抵赖”，以增加各自的支付，当然，这也有利于参与人 1 的利益，否则，他就不会选择“伪装”了。到了第 n 阶段博弈，任何参与人的最优选择都是选“坦白”。参与人 1 能够预测到双方最后一次的选择，因此，参与人 1 在倒数第二阶段 $n-1$ 博弈的最佳选择是：当参与人 2 还判断他可能是非理性的(认为他会选“抵赖”，因而参与人 2 也选“抵赖”)时候，自己选“坦白”获得额外好处，此时声誉价值已经发挥完。尽管 $n-1$ 阶段参与人 1 暴露了自己的真实类型，但这不会对其产生不利影响，第 n 次已不需要伪装，双方都能预测到。

假定 1： 参与人 1 有两个类型，一个是非理性的，一个是理性选择， 先验概率的分布为 $(p,1-p)$。类型是参与人 1 的私人信息。参与人 2 只有一个类型，即理性的，没有私人信息。

对理性人来说，在有限次重复博弈中只会选择不合作行为，即总是选“坦白”。但对非理性人来说，其行为选择是任意可假定的。不能认为非理性人一定选择合作行为，假定非理性人总是选择“抵赖”，参与人 2 在每个阶段博弈都选“坦白”，但这种非理性的参与人是不存在的，非理性人也应该有较理性的策略，比如说“针锋相对”(tit-for-tat)的战略。

假定 2： 假定非理性的囚徒 1 在重复博弈中采用 “针锋相对”的战略，即：开始选“抵赖”，然后在 t 阶段选择囚徒 2 在 $t-1$ 阶段所选择的行动(跟随战略，你怎么做，我就怎么做。例如，如果选择抵赖，那么我抵赖；如果你选择坦白，我也坦白)。

博弈的行动顺序如下：

(1) 自然选择囚徒 1 的类型；囚徒 1 知道自己的类型，囚徒 2 知道囚徒 1 的类型分布，即属于理性人的概率为 $1-p$，是非理性的概率为 p；

(2) 囚徒 1 和 2 同时进行第一阶段博弈；

(3) 他们观测到第一阶段博弈的结果后，进行第二阶段博弈；观测到第二阶段博弈结果后，进行第三阶段博弈等；囚徒 2 根据博弈结果，对囚徒 1 的类型信息根据贝叶斯法则进行修正。

(4) 囚徒 1 和囚徒 2 的支付分别是其各阶段博弈的支付的现值之和。

当囚徒 2 和囚徒 1 都是理性人时，唯一的子博弈精炼均衡是他们在各个阶段都选“坦白”。但是，当囚徒 2 认为囚徒 1 为非理性的概率 p 充分大时，可能选择“抵赖”。如果囚徒 1 实际上为理性人，囚徒 2 选择“抵赖”就会带来很大的损失(−10)，说明囚徒 2 判断失误，但发生的概率 $1-p$ 很小；如果囚徒 1 为非理性人，囚徒 2 选择“抵赖”就会诱使囚徒 1 在下一个周期也选择“抵赖”，从而得到双方的帕累托改进(−1)，发生的概率 p 很大。囚徒 2 的选择依赖于对囚徒 1 类型的判断，p 很大时，囚徒 2 会在倒数第一阶段以前的各个阶段都选“抵赖”(最后阶段必然选“坦白”)。

理性囚徒 1 能够预测囚徒 2 的上述选择(当 p 充分大时)。故为了获得合作均衡结果(−1, −1)，他也会“将计就计”，故意伪装成非理性人，即在倒数第二阶段之前的各阶段都选择“抵赖”。他若选择“坦白”，取得单周期最大投机支付 0，但这样泄露了他的类型信息，囚徒 2 的后续选择将都是“坦白”，带来的支付是−8。

参与人 2 当然也知道理性囚徒 1 的上述选择，但当他观测到对方的合作行为时，不知道理性囚徒 1 到底是因为其为非理性类型而选择了“抵赖”呢，还是理性囚徒 1 基于理性判断作出的选择。总之，囚徒 2 通过行动观察，得不到囚徒 1 类型更加真实的信号，自然其先验信念得不到修正，一直维持 $(p,1-p)$ 的分布。理性囚徒 1 通过选“抵赖”而成功地隐藏了有关他类型的信息，囚徒 2 维持最初的先验概率，从而诱使囚徒 2 在下个阶段仍然按前面各阶段同样的计算作出“抵赖”的选择，而自己也选“抵赖”得到合作均衡解，使双方支付都得到改进。

直到倒数第二阶段，理性囚徒 1 露出真实类型，通过选择“坦白”这一投机行为而欺骗囚徒 2，此时囚徒 2 知道了理性囚徒 1 的真实类型，即理性的，但为时已晚，最后一个阶段的选择是确定的，选择“坦白”毫无悬念。

声誉模型的核心策略就是信息不对称条件下，当 p 充分大时囚徒 1 与囚徒 2 能够达成一个合作(在倒数第二阶段之前的各阶段博弈中)型的子博弈精炼贝叶斯纳什均衡，而这在信息完全的情况下是不会发生的。

结论　在有限 $n\ (\geqslant 3)$ 次不完全信息的重复“囚徒困境”博弈中，如果 p 充分的大 $(p\geqslant 2/9)$，则如下战略组合构成一个子博弈精炼贝叶斯纳什均衡。

非理性囚徒 1：选“针锋相对”战略，跟随囚徒 2 的选择；

理性囚徒 1：第一阶段选“抵赖”，一直选“抵赖”直到 $n-2$ 阶段，第 $n-1$ 和 n 阶段选“坦白”。

囚徒 2：开始选“抵赖”，若观测到囚徒 1 选了“坦白”，则修正后验概率为 $\tilde{P}=0$，选“坦白”；若观测到囚徒 1 选“抵赖”，后验概率维持先验概率，选“抵赖”；　n 阶段选“坦白”。

证明　对 n 用数学归纳法。先分析最简单的情况 $n=3$。根据均衡的定义，需要证明，给定囚徒 1 的战略，证明囚徒 2 的战略是最好的；给定囚徒 2 的战略，证明囚徒 1 的战略是最好的。

阶段博弈的支付矩阵采用囚徒困境如表 5.3 所示。

表 5.3　支付矩阵

囚徒 1 \ 囚徒 2	坦白	抵赖
坦白	−8, −8	0, −10
抵赖	−10, 0	−1, −1

用 C 表示“坦白”(confess)，用 D 表示“抵赖”(Deny)。

首先，给定囚徒 1(理性和非理性)的战略，下面证明囚徒 2 的战略是最优的。

事实上，给定囚徒 1(理性和非理性)的战略。囚徒 2 所能选择的只有四种战略(n=3 阶段是确定了的)，分别为

战略 a：D，D，C

战略 b：D，C，C

战略 c：C，D，C

战略 d：C，C，C

下面对战略 a，战略 b，战略 c，战略 d 给囚徒 2 创造的支付进行对比，如表 5.4 ~表 5.7 所示，分别计算囚徒 2 在各个战略下的预期支付水平 u_a ，u_b ，u_c 和 u_d 。注意，囚徒 2 的博弈对象有两个，即非理性囚徒 1 和理性囚徒 1。

(1) 战略 a 的预期支付。

表 5.4　战略 *a* 的预期支付表

参与人 \ 阶段 t	$t=1$	$t=2$	$t=3$
非理性囚徒 1(p)	D	D	D
理性囚徒 1(1−p)	D	C	C
囚徒 2	D	D	C

$$\begin{aligned} u_a &= u(D,D,C) \\ &= \underbrace{\{p(-1)+(1-p)(-1)\}}_{t=1}+\underbrace{\{p(-1)+(1-p)(-10)\}}_{t=2}+\underbrace{\{p\cdot 0+(1-p)(-8)\}}_{t=3} \\ &= 17p-19 \end{aligned}$$

(2) 战略 b 的预期支付。

表 5.5　战略 *b* 的预期支付表

参与人 \ 阶段 t	$t=1$	$t=2$	$t=3$
非理性囚徒 1(p)	D	D	C
理性囚徒 1(1−p)	D	C	C
囚徒 2	D	C	C

$$\begin{aligned} u_b &= u(D,C,C) \\ &= \underbrace{\{p(-1)+(1-p)(-1)\}}_{t=1}+\underbrace{\{p\cdot 0+(1-p)(-8)\}}_{t=2}+\underbrace{\{p\cdot(-8)+(1-p)(-8)\}}_{t=3} \\ &= 8p-17 \end{aligned}$$

(3) 战略 c 的预期支付。

表 5.6　战略 c 的预期支付表

参与人 \ 阶段 t	$t=1$	$t=2$	$t=3$
非理性囚徒 1(p)	D	C	D
理性囚徒 1(1−p)	D	C	C
囚徒 2	C	D	C

$$
\begin{aligned}
u_c &= u(C,D,C)\\
&= \underbrace{\{p\cdot 0+(1-p)\cdot 0\}}_{t=1}+\underbrace{\{p(-10)+(1-p)(-10)\}}_{t=2}+\underbrace{\{p\cdot 0+(1-p)(-8)\}}_{t=3}\\
&= 8p-18
\end{aligned}
$$

(4) 战略 d 的预期支付。

表 5.7　战略 d 的预期支付表

参与人 \ 阶段 t	$t=1$	$t=2$	$t=3$
非理性囚徒 1(p)	D	C	C
理性囚徒 1(1−p)	D	C	C
囚徒 2	C	C	C

$$
\begin{aligned}
u_d &= u(C,C,C)\\
&= \underbrace{\{p\cdot 0+(1-p)\cdot 0\}}_{t=1}+\underbrace{\{p(-8)+(1-p)(-8)\}}_{t=2}+\underbrace{\{p\cdot(-8)+(1-p)(-8)\}}_{t=3}\\
&= -16
\end{aligned}
$$

a 战略(D, D, C)为最优战略的充分必要条件：

$$u_a \geqslant u_b \leftrightarrow 17p-19 \geqslant 8p-17 \leftrightarrow p \geqslant 2/9$$

且

$$u_a \geqslant u_c \leftrightarrow 17p-19 \geqslant 8p-18 \leftrightarrow p \geqslant 1/9$$

且

$$u_a \geqslant u_d \leftrightarrow 17p-19 \geqslant -16 \leftrightarrow p \geqslant 3/17$$

因 $3/17<2/9$，故当 $p\geqslant 2/9$ 时，$u_a=\max\{u_a,u_b,u_c,u_d\}$。故 a 为最优战略。

还需要证明：给定囚徒 2 的战略，理性囚徒 1 的战略为最优战略。

对于理性囚徒 1，当 $t=1$ 时，他若选“C”，则在 $t=2$ 时，囚徒 2 知道了其真实类型，用贝叶斯法对先验概率进行修正，后验概率 $\tilde{P}=0$。

当 $t=2$ 时，囚徒 2 将选“C”而非“D”，这是基于后验概率的判断。理性囚徒 1 在 $t=1$ 选“C”是非均衡路径上的。

故有理性囚徒 1 在 $t=1$ 肯定选"*D*"。如表 5.8~表 5.12 的博弈结果所示。

表 5.8　博弈结果 1

参与人＼阶段 t	$t=1$	$t=2$	$t=3$
理性囚徒 1	*D*	*C*	*C*
囚徒 2	*D*	*D*	*C*

当 $t=2$ 时，因 $t=3$ 的博弈结果是确定的，故理性囚徒 1 选"*C*"是占优的，故选"*C*"。据此可以判断，理性囚徒 1 的战略也是最优的(给定囚徒 2 的战略及后验概率)。

现在已经证明 $n=3$ 时结论是成立的。

基于归纳法，下面证明 $n \geqslant 3$ 时结论成立，则 $n+1$ 时结论也成立。

首先证明一个过渡性的结论，即从 $t=n-2$ 开始的后续博弈中，囚徒 2 的最优战略仍是(*D*, *D*, *C*)。显然，当非理性囚徒 1 在 $t=n-2$ 的选择为 *D* 时(说明囚徒 2 在 $t=n-3$ 的选择为 *D*，因为非理性囚徒 1 采用的针锋相对策略)，这个博弈与前面讨论的 $n=3$ 时的博弈相同，故(*D*, *D*, *C*)还是囚徒 2 的最优战略。

下面证明非理性囚徒 1 在 $t=n-2$ 的选择为 *C*(对应于囚徒 2 在 $t=n-3$ 的选择 *C*)时，(*D*, *D*, *C*)仍为囚徒 2 的最优战略。证明方法与前面类似，采用计算对比法，计算囚徒 2 在各种可能战略选择下的支付(只计算 $t=n-3$ 后博弈的支付)。

(1) 策略(*C*, *C*, *C*)的预期支付。

表 5.9　博弈结果 2

参与人＼阶段 t	$t=n-2$	$t=n-1$	$t=n$
非理性囚徒 1	*C*	*C*	*C*
理性囚徒 1	*D*	*C*	*C*
囚徒 2	*C*	*C*	*C*

$$u(C,C,C)=\underbrace{\{p(-8)+(1-p)\cdot 0\}}_{t=n-2}+\underbrace{\{p\cdot(-8)+(1-p)(-8)\}}_{t=n-1}+\underbrace{\{p(-8)+(1-p)(-8)\}}_{t=n}$$
$$=-8p-16$$

(2)策略(*C*, *D*, *C*)的预期支付。

表 5.10　博弈结果 3

参与人＼阶段 t	$t=n-2$	$t=n-1$	$t=n$
非理性囚徒 1	*C*	*C*	*C*
理性囚徒 1	*D*	*C*	*C*
囚徒 2	*C*	*D*	*C*

$$u(C,D,C)=\underbrace{\{p(-8)+(1-p)\cdot 0\}}_{t=n-2}+\underbrace{\{p\cdot(-10)+(1-p)(-10)\}}_{t=n-1}+\underbrace{\{p\cdot 0+(1-p)(-8)\}}_{t=n}$$
$$=-18$$

(3) 策略(D, C, C)的预期支付。

表 5.11　博弈结果 4

参与人 \ 阶段 t	$t=n-2$	$t=n-1$	$t=n$
非理性囚徒 1	C	D	C
理性囚徒 1	D	C	C
囚徒 2	D	C	C

$$\begin{aligned} u(D,C,C) &= \underbrace{\{p(-10)+(1-p)(-1)\}}_{t=n-2}+\underbrace{\{p\cdot 0+(1-p)(-8)\}}_{t=n-1}+\underbrace{\{p\cdot(-8)+(1-p)(-8)\}}_{t=n} \\ &= -p-17 \end{aligned}$$

(4) 策略(D, D, C)的预期支付。

表 5.12　博弈结果 5

参与人 \ 阶段 t	$t=n-2$	$t=n-1$	$t=n$
非理性囚徒 1	C	D	D
理性囚徒 1	D	C	C
囚徒 2	D	D	C

$$\begin{aligned} u(D,D,C) &= \underbrace{\{p(-10)+(1-p)(-1)\}}_{t=n-2}+\underbrace{\{p\cdot(-1)+(1-p)(-10)\}}_{t=n-1}+\underbrace{\{p\cdot 0+(1-p)(-8)\}}_{t=n} \\ &= 8p-19 \end{aligned}$$

经过计算对比，(D, D, C)的预期支付为最大的充分必要条件是 $p \geqslant \dfrac{2}{9}$。

当 $p \geqslant 2/9$ 时，(D, D, C) 为最优战略，给定理性囚徒 1 的上述战略，囚徒 2 的最优战略在 $t=n-2$ 确定是 (D, D, C) 。

上述证明还隐含了这样一个结论，即当 $n=3$ 时，给定理性囚徒 1 的战略 (D, C, C) ，无论 $t=n-2\ (=1)$ 时非理性囚徒 1 的选择是 C 或是 D，囚徒 2 的最优战略必为 (D, D, C) 。

下面将这一结论推广到 $n \geqslant 3$ 的情景。由归纳法知，$n=3$ 时结论成立，设 n 时结论成立，则要证明 $n+1$ 时结论还成立。

根据参与人的战略选择，讨论表 5.13 和表 5.14 两种情景.

表 5.13　战略选择 1

参与人 \ 阶段 t	$t=1$	$t=2$	$t=3$	…	$t=n-1$	$t=n$	$t=n+1$
非理性囚徒 1	C	1.C	D	…	D	D	D
		2.D	D	…	D	D	D
理性囚徒 1	D	D	D	…	D	C	C
囚徒 2	1.C	1.D	D	…	D	D	C
	2.D	2.D	D	…	D	D	C

表 5.14　战略选择 2

参与人＼阶段 t	$t=1$	$t=2$	$t=3$	…	$t=n-1$	$t=n$	$t=n+1$
非理性囚徒 1	D	1.C	D	…	D	D	D
		2.D	D	…	D	D	D
理性囚徒 1	D	D	D	…	D	C	C
囚徒 2	1.C	1.D	D	…	D	D	C
	2.D	2.D	D	…	D	D	C

若 $t=1$ 时非理性囚徒 1 的选择为 C，此时对应于囚徒 2 的两种可能选择 C，D，分别用 1 和 2 标明。

由归纳法假设，当 $t\geqslant 2$ 后，囚徒 2 最优战略选择是 $(D, D, \cdots, D, C)$。而对应于 1 和 2，囚徒 2 和非理性囚徒 1 在 $t\geqslant 3$ 后的选择都是一样的。故只需比较 $t=1,2$ 时囚徒 2 的不同选择的支付差别就可判别孰优孰劣。

当选择 1 时，囚徒 2 在 $t=1,2$ 的阶段支付总和为

$$\{p(-8)+(1-p)\cdot 0\}+\{p\cdot(-10)+(1-p)(-1)\}=-17p-1$$

当选择 2 时，囚徒 2 在 $t=1,2$ 的阶段支付总和为

$$\{p(-10)+(1-p)(-1)\}+\{p\cdot(-10)+(1-p)(-1)\}=11p-2$$

当 $p\geqslant 2/9$ 时，显然有 $11p-2>-17p-1$，即 2 是囚徒 2 的最优战略。

同样地，当非理性囚徒 1 在 $t=1$ 选 D 时，对应于囚徒 2 在 $t=1$ 的两种选择，他选 D 时在 $t=1,2$ 的阶段支付总和为 -2，而选 C 时在 $t=1,2$ 的阶段支付总和为 $-9p-1$。

当 $p\geqslant 2/9$，显然有 $-2>-9p-1$，故选 D 是最优的。

所以无论非理性囚徒 1 在 $t=1$ 选什么，囚徒 2 选 $(D, D, \cdots, D, C)$ 作为囚徒 2 的最优战略。

由归纳法假设知对任意 $n\geqslant 3$，无论非理性囚徒 1 在 $t=1$ 选什么，$(D, D, \cdots, D, C)$ 总是囚徒 2 的最优战略。

下面来完成最后的证明。给定非理性人 1 在 $t=1$ 选 D，囚徒 2 选 $(D, D, \cdots, D, C)$ 是最优战略。因为已证此时非理性人 1 在 $t=1$ 选 D 和 C 时，囚徒 2 选 $(D, D, \cdots, D, C)$ 都是最优战略，当然在非理性人在 $t=1$ 选 D 时，囚徒 2 选 $(D, D, \cdots, D, C)$ 仍最优。

另一方面，给定囚徒 2 的战略，我们来证明理性囚徒 1 的战略为最优战略。

显然，给定囚徒 2 的战略，理性囚徒 1 若在 $t=1$ 选 C，则支付为 $0+n(-8)=-8n$；若选 D，在 $t=1$ 阶段支付为 -1，在 $t\geqslant 2$ 后最优选择为 $(D, D, \cdots, D, C, C)$，则此时支付为 $(-1)+(n-2)(-1)+0+(-8)=-n-7$。显然，$-n-7>-8n$，故 $(D, D, \cdots, D, C, C)$ 是最优的。结论证毕。

通过结论和证明过程，给出几点说明：

(1) 由上述的证明可以看出，只要 $p\geqslant 2/9$，n 次的重复博弈中，前 $n-2$ 次都是选择合作策略，每个人实现帕雷托最优 $(-1, -1)$；只有最后两个阶段，参与人才选择非合作策略，实现单周期纳什均衡 $(-8, -8)$。大家知道，这个结论在信息完全的情况下，是不可能的。信

息完全的情况下，每一个阶段中，参与人都选择不合作策略(坦白，坦白)，实现全周期静态纳什均衡(−8, −8)。

在旧车市场中，信息不对称影响了交易的效率，破坏了市场的存在性。通过信息不对称下的重复囚徒困境问题，信息不对称并不一定产生负面效应，参与人可以利用信息不对称，伪装或者掩盖自己的类型信息，构建良好声誉，利用声誉效应获取更大利益。

(2) $p \geqslant 2/9$ 既是有限次囚徒困境不完全信息重复博弈存在合作精炼贝叶斯纳什均衡的充分条件，也是必要条件。在此不再给出详细的证明，请各位同学自己完成。

(3) 在上面模型中，我们只是假定其中一个囚徒拥有私人信息，p 充分大才能保证存在合作解。当然，两个参与人都可以拥有私人信息，信息不对称的程度变大。在两个参与人都可以拥有私人信息时，只要 $p > 0$ 就可保证合作均衡的存在，当然重复博弈的次数要足够多。

(4) KMRW 的不完全性信息下的重复博弈囚徒困境模型给出了声誉的解释。声誉的建立是基于类型的伪装，传递扭曲信息，牺牲当前利益，谋取长远利益；目的是通过建立信任机制，诱使对方今后与之合作；当 $t \geqslant n$ 后，声誉价值用尽，没有必要牺牲短期利益去维护声誉时，图穷匕首见，揭示出真实类型，选择个人理性行为。

建立和维护声誉是有成本的，并且只有充分关注长期利益者才会去建立和维护声誉。因为名牌产品对企业来说是一种声誉，因建立和维护声誉需要付出成本，故名牌产品的价格一般要比非名牌产品的价格高一些(即使质量是一样的)。

5.6 本 章 小 结

本章介绍了不完全信息动态博弈的基本分析方法，并分析了该理论与方法在经济管理领域中的应用。这部分内容的难点在于决策顺序中的信息传递与参与人对先验信息的修正。

5.1 节的核心是让读者建立决策顺序与信息传递的概念，从两个纬度，即决策的纬度和信息的纬度，都是动态的，都是变化的。在复杂的变化环境下，参与人如何进行博弈决策？其信息修正了概率论中的一个法则——贝叶斯法则。5.2 节的核心是在两纬度动态的环境下，如何定义均衡，并通过案例给出了验证。5.3 节介绍了一个特殊的不完全性信息动态博弈的模型——信号博弈，其实质是在不完全信息环境下，如何发送信号及如何基于接收到的信号而进行决策。5.4 节是个综合案例，即运用信号博弈模型对教育的信号作用作了一种博弈论的解释，教育具有一种揭示雇员真实能力的信号传递功能。5.5 节是声誉模型。

思考题与练习题

1. 分析完全信息静态博弈、完全信息动态博弈、不完全信息静态博弈、不完全信息动态博弈中是如何定义均衡的？动态性是如何影响均衡的？信息的不完全性是如何影响均衡的？

2. 对于参与人，信息修正的目的是什么？如何评价信息修正给决策者带来的效用？

3. 所有的信号都有价值吗？

4. 分析信号博弈中，出现分离均衡、混同均衡、杂合均衡的条件。分离均衡和混同均衡对类型识别、信息修正有什么价值？

5. 对下面的扩展式博弈，推导出其策略式博弈，并且找出所有的纯策略纳什均衡、子博弈完美纳什均衡以及精炼贝叶斯均衡。

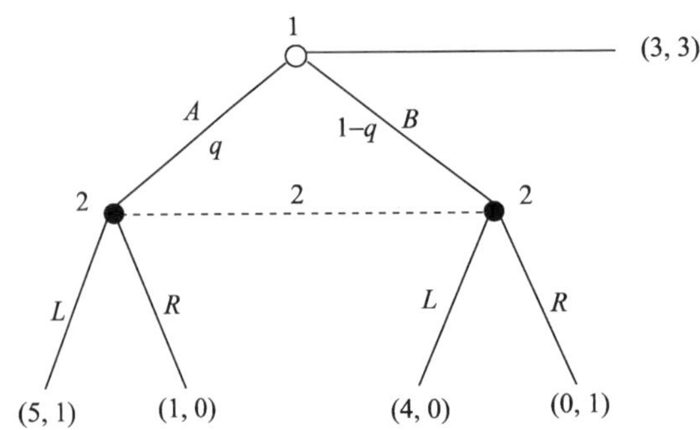

6. 考虑如下图所示的信号博弈：自然首先选择参与人 1 的类型，参与人 1 知道自然的选择，参与人 2 不知道参与人 1 的类型，但知道参与人 1 属于两种类型 A 和 B 的概率是相等的；参与人 1 然后选择信号 L 或 R；参与人 2 最后选择行动 U 或 D。博弈结束，支付向量如终点结所示。给出这个博弈的所有纯策略分离均衡和混同均衡。

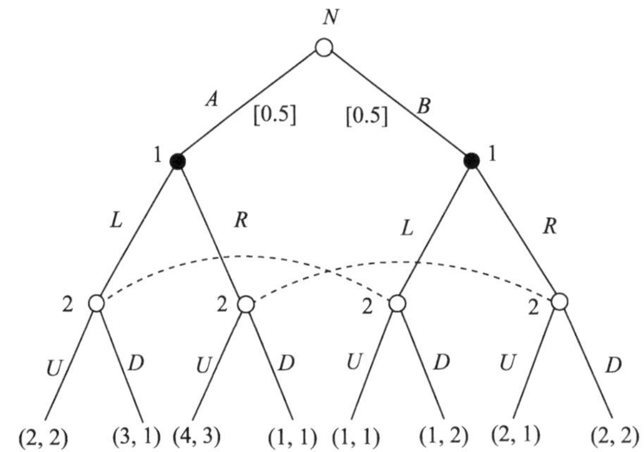

7. 成本不确定的库诺特博弈模型：

企业 1 决定产量 $q_1 \in Q_1 = \{q_1 : q_1 \geqslant 0\}$ 和企业 2 决定产量 $q_2 \in Q_2 = \{q_2 : q_2 \geqslant 0\}$，以进行动态双寡头垄断竞争。这个问题作为一个信号博弈，模型化如下：

(1) 企业 1 类型空间 $H = \{1,2\}$,表现为边际成本的不确定性，其中

$$p(1) = p \ , \quad p(2) = 1 - p \ , \quad p \in (0,1)$$

(2) 企业 1 先作决策，信号空间 Q_1。

(3) 企业 2 后作决策，行动空间 Q_2。

(4) 对每个 $\theta \in H$，$q_1 \in Q_1$，$q_2 \in Q_2$，企业 1 的支付函数定义为

$$u(\theta, q_1, q_2) = q_1 \{\max[M - d(q_1 + q_2), 0] - \theta\}$$

(5) 对每个 $\theta \in H$，$q_1 \in Q_1$，$q_2 \in Q_2$，企业 1 的支付函数定义为

$$u(\theta, q_1, q_2) = q_2 \{\max[M - d(q_1 + q_2), 0] - \theta\}$$

求上述不确定的库诺特博弈分离均衡和混同均衡。

8. 考虑由一个工人和两家企业组成的劳动力市场，其环境描述、偏好与劳动生产率都与斯彭斯教育信号博弈模型相同。按照如下的博弈顺序进行：

(1) 自然选择工人的类型(工作能力)，其中高($\theta = H$)和低($\theta = L$)的概率分布为 p 和 $1-p$，其中 $p \in (0,1)$；

(2) 在不考虑工人类型的基础上，每个企业 $i = 1,2$ 决定一个只依赖于教育水平 e 的薪酬契约 $w_i(e)$，$i = 1,2$；

(3) 给定两家企业的薪酬契约，工人在知道类型的基础上，选择一个信号(教育水平)和为之服务的企业，否则处于待业状态，效益为 0。

证明：每个精炼贝叶斯纳什均衡都是分离的，即不同类型的工人选择不同的教育水平。

9. 有一个工人和两个雇主，进行信号博弈。博弈顺序为：

(1) 自然选择工人的能力 $a \in \{2,4\}$，低能力和高能力的概率都为 0.5。工人自己可以观察到变量 a，但是雇主不能观察到，雇主只能观察到能力的概率分布；

(2) 工人选择教育水平 $s \in \{0,1\}$；

(3) 每个雇主报工资契约 $w(s)$；

(4) 工人接受一个契约，或拒绝两者；

(5) 产出等于 a。

工人的支付是他的工资减去教育成本，即

$$\pi_W = \begin{cases} w - \dfrac{6s}{a}, & \text{工人接受契约} w \\ 0, & \text{工人拒绝两个契约} \end{cases}$$

雇主的利润为

$$\pi_E = \begin{cases} a - w, & \text{它的契约被接受} \\ 0, & \text{它的契约没有被接受} \end{cases}$$

问：(1) 这个博弈的精炼贝叶斯纳什均衡是什么？在每个均衡中，不同类型工人的支付是什么？

(2) 如果高能力为 6，而不是 4，那么均衡时，工人的支付又是多少？

10. 有两个参与人共同从事一项工作，每个人可以选择“努力”和“偷懒”两个行动。进行一次博弈时，两人面临一个囚徒困境问题，单周期博弈矩阵如下：

参与人 1 \ 参与人 2	努力	偷懒
努力	2, 2	−1, 3
偷懒	3, −1	0, 0

当两个参与人都是个人理性的时候，显然(偷懒，偷懒)是纳什均衡。事实是两个人都不是纯粹个人理性的，我们用“傻子”和“精明人”这两个类型来描述参与人的非完全个人理性特征，参与人是“傻子”的概率是 p，自然是“精明人”的概率是 $1-p$。类型是每个参与人的私人信息，其分布是公共信息。“精明人”总是选择对自己最有利的行动，纯粹的个人理性。“傻子”的偏好方式是：开始总是选择努力工作；一直努力工作，除非观测到了上次竞争对手的偷懒行为；如果观测到了竞争对手偷懒行为，从今以后永远选择偷懒行为。

证明：不论 $p(>0)$ 多么小，总存一个周期长度 T_0，只要博弈次数 $n \geqslant T_0$，一开始就选择偷懒不是“精明人”的好策略，且在 $t \leqslant n-T_0$ 内，双方都会选择努力工作。

11. 两个合伙人必须对其合作企业进行清算。合伙人 1 拥有企业份额 s，合伙人 2 拥有企业份额 $1-s$。两个合伙人同意进行如下博弈：

合伙人 1 提出价格 p；

合伙人 1 可以选择以 ps 购买合伙人 1 的股份，也可以以 $p(1-s)$ 将自己的股份卖给合伙人 1。

两个人对企业的估值是独立的，是每个人的私人信息，但均服从区间 $[0,1]$ 的均匀分布，这是共同知识。

求该博弈的精炼贝叶斯均衡。

第 6 章　合 作 博 弈

先回忆一下囚徒困境的例子：

参与人 1 \ 参与人 2	坦白	抵抗
坦白	−8, −8	0, −10
抵抗	−10, 0	−1, −1

我们知道，纳什均衡是(坦白，坦白)，均衡的结果是(−8, −8)。

在囚徒困境中，还有另外一个策略组合(抵抗，抵抗)，该组合为参与人带来的支付是(−1, −1)。由(−8, −8)到(−1, −1)，每个参与人的支付都增加了，即得到一个帕雷托改进。因此，无论从哪个参与人的角度，组合(抵抗，抵抗)都好于组合(坦白，坦白)。那为什么(抵抗，抵抗)不能构成一个均衡呢？

(抵抗，抵抗)构不成一个均衡是基于参与人的个人理性。在参与人选择抵抗的情况下，每个参与人都有动机偏离这个组合，通过投机行为谋取超额收益 1。如果两个参与人在博弈之前，签署了一个协议：两个人都承诺选择抵抗，为保证承诺的实现，参与人双方向第三方支付价值大于 1 的保证金；如果谁违背了这个协议，则放弃保证金。有了这样一个协议，(抵抗，抵抗)就成为一个均衡，每个人的收益都得到改善。

上述分析表明，通过一个有约束力的协议，原来不能实现的合作方案现在可以实现。这就是合作博弈与非合作博弈的区别。二者的主要区别在于人们的行为相互作用时，当事人是否达成一个具有约束力的协议。如果有，就是合作博弈；反之，则是非合作博弈。 因此，博弈可以划分为合作博弈与非合作博弈。

主导人们行为方式的主要是个体理性而不是集体理性。或者说，竞争是一切社会、经济关系的根本基础，不合作是基本的，合作是有条件和暂时的，因此非合作博弈关系比合作博弈关系更普遍，是博弈论的主流。但也不能据此排除合作博弈的存在。

非合作博弈理论是合作博弈论的基础，合作博弈是非合作博弈的深化。搞清了非合作的博弈关系，合作的博弈关系就比较容易理解。囚徒困境案例在证明非合作博弈无效率或低效率的同时，就自然说明了存在着合作的可能性和必要性。

集体理性是更高级和更复杂的理性，因此研究合作博弈的难度更大，更难找到分析问题的一般概念和系统方法。

6.1　合作博弈的概念及其表示

合作博弈，非合作博弈的对称，是一种博弈类型。参与者能够联合达成一个具有约束力且可强制执行的协议的博弈类型。合作博弈强调的是集体理性，强调效率、公正、公平。

合作博弈强调团体理性、效率、公正、公平。追求集体利益最大化称为“集体理性”(collective ratonality)。一般情况下，集体利益最大化本身不是博弈方的根本目标，人们在经济博弈中的行为准则是个体理性而不是集体理性。因此，如果没有约束力的协议，集体理性是实现不了的。如果我们允许博弈中存在“有约束力的协议” (binding agreement)，使得博弈方采取符合集体利益最大化而不符合个体利益最大化的行为时，则该博弈称为“合作博弈”(cooperative game)。当然，为了使参与人放弃个人理性、选择集体理性，博弈成果的分配就显得非常重要。如果在合作博弈中的收益还没有非合作博弈中的收益大，参与人就不会放弃个人理性而选择集体理性。因此，合作博弈最重要的两个概念是联盟和分配。每个参与人从联盟中分配的收益正好是各种联盟形式的最大总收益，每个参与人从联盟中分配到的收益不小于单独经营所得收益。

合作博弈的基本形式是联盟博弈，它隐含的假设是存在一个在参与人之间可以自由流动的交换媒介(如货币)，每个参与人的效用与它是线性相关的。这些博弈被称为“单边支付”博弈，或可转移效用(transferable utility ,TU)博弈。

合作博弈的结果必须是一个帕雷托改进，博弈双方的利益都有所增加，或者至少是一方的利益增加，而另一方的利益不受损害。合作博弈研究人们达成合作时如何分配合作得到的收益，即收益分配问题。合作博弈采取的是一种合作的方式，合作之所以能够增进双方的利益，就是因为合作博弈能够产生一种合作剩余。至于合作剩余在博弈各方之间如何分配，取决于博弈各方的力量对比和制度设计。因此，合作剩余的分配既是合作的结果，又是达成合作的条件。

合作博弈的核心问题是参与人如何结盟以及如何重新分配结盟的支付。下面首先分析结盟的概念。与结盟相关联的就是特征函数。

在n人合作博弈中，由于允许参与人事先可以相互交流信息，通过建立约束性的协议，保证联合博弈后合理地分配所得的利益，所以，参与人之间可以形成各种联盟(coalition)，作为一个整体共同参与博弈，以期获得更高的总支付。形成联盟以后，具有约束力的协议使成员都齐心协力，以保证该联盟获得最大的利益。一旦博弈完毕，可以根据某种事先商定好的契约，把得到的利益再重新分配。

定义 6.1　在n人博弈中，参与人集用$N=\{1,2,\cdots,n\}$表示，N的任意子集S称为一个**联盟**。

空集$\varnothing$和全集N也可以看成是一个联盟，当然单点集$\{i\}$也是一个联盟。

如何刻画联盟的支付？没有支付，就没有办法研究博弈。下面引入特征函数的概念。

定义 6.2　给定一个n人博弈，S是一个联盟，$v(S)$是指S和$N-S=\{i\mid i\in N,i\notin S\}$的两人博弈中$S$的最大效用，$v(S)$称为联盟$S$的**特征函数**(characteristic function)。

规定$v(\varnothing)=0$。根据定义，$v(\{i\})$表示参与人i与全体其他人博弈时的最大效用值，表示为$v(i)$。

用(N,v)表示参与人集为N，特征函数为v的合作博弈，其中v是定义在2^N上的实值映射。

在很多情况下，一个联盟能获得的支付依赖于其他参与人所采取的行动。$v(S)$有时被解释为联盟S独立于联盟$N-S$的行动可保证的最大支付。

合作对策的分类主要是根据特征函数的性质。下面根据特征函数的性质介绍几类特殊的合作对策：

(1) 如果$v(S)$仅与S的个数有关，则(N,v)称为对称博弈。

(2) 如果$v(S)+v(N-S)=v(N)$，则(N,v)称为常和博弈。

(3) 如果$v(S)=\begin{cases}0, & S=\{i\},\\ 1, & S=N,\end{cases}$则$(N,v)$称为简单博弈。

例如，在投票博弈中，每个参与人的权重$w_i(w_i<Q)$, $1\leqslant i\leqslant n$，

$$v(S)=\begin{cases}0, & \sum\limits_{i\in S}w_i<Q\\ 1, & \sum\limits_{i\in S}w_i\geqslant Q\end{cases}$$

(4)如果$v(S)+v(T)\leqslant v(S\cup T)+v(S\cap T)$，则$(N,v)$称为凸博弈。

下面通过一个案例说明特征函数的实质及其求法。

例 6.1 设有一个 3 人合作对策$N=\{1,2,3\}$，每个参与人各有两个纯策略$S_i=\{A,B\}$，$i=1,2,3$。当三人不合作时，其支付如表6.1所示。假设采用最稳妥策略，即最坏情况下选择最好，求合作博弈的支付函数。

表 6.1 参与人的行动组合

	参与人	支付
	1 2 3	(u_1, u_2, u_3)
策略组合	(A, A, A)	(1, 1, 0)
	(A, A, B)	(−3, 1, 2)
	(A, B, A)	(4, −2, 2)
	(A, B, B)	(0, 1, 1)
	(B, A, A)	(1, 2, −1)
	(B, A, B)	(2, 0, −1)
	(B, B, A)	(3, 1, −1)
	(B, B, B)	(2, 1, −1)

解 用S表示一个联盟，$|S|$表示联盟中参与人的个数。

当$|S|=0$时，自然$S=\varnothing$，有$v(\varnothing)=0$。

当$|S|=1$时，S有3个，以$S=\{2\}$为例。

当$S=\{2\}$时，则$N-S=\{1,3\}$。S的策略集合为$\{A,B\}$，$N-S$策略组合为$\{(A,A),(A,B),(B,A),(B,B)\}$。$S$与$N-S$进行如表6.2所示矩阵对策。

表 6.2　特征值的计算

策略组合 \ 参与人	(A, A)	(A, B)	(B, A)	(B, B)
A	1, 1	1, −1	2, 0	0, 1
B	−2, 6	1, 1	1, 2	1, 1

上述矩阵对策没有纯策略，S 的混合策略是 $\left(\frac{3}{4},\frac{1}{4}\right)$，$N-S$ 的混合策略是 $\left(\frac{1}{4},0,0,\frac{3}{4}\right)$。$S$ 的均衡值是 $\frac{1}{4}$。故 $v(\{2\})=\frac{1}{4}$。

同理，可以求出 $v(\{1\})=1$，$v(\{3\})=-1$。

当 $|S|=2$ 时，S 有 3 个，以 $S=\{1,2\}$ 为例。

当 $S=\{1,2\}$ 时，则 $N-S=\{3\}$。S 的策略集合为 $\{(A,A),(A,B),(B,A),(B,B)\}$，$N-S$ 策略组合为 $\{A,B\}$。S 与 $N-S$ 进行如表 6.3 所示矩阵对策。

表 6.3　特征值的计算

参与人 \ 策略组合	A	B
(A, A)	2, 0	−2, 2
(A, B)	2, 2	1, 1
(B, A)	3, −1	2, −1
(B, B)	4, −1	3, −1

上述矩阵对策有纯策略，S 的均衡值是 3，故 $v(\{1,2\})=3$。

同理，可以求出 $v(\{1,3\})=1$，$v(\{2,3\})=1$。

当 $|S|=3$ 时，S 有 1 个，$S=N$，最大的联盟。S 的策略空间为 $3^{\{A,B\}}$。

有 $v(N)=\max\{2,0,4,2,2,1,3,2\}=4$。

至此特征函数的值已全部求出。

v 之所以称为特征函数，是因为这个合作博弈的性质基本由 v 决定。由此可见 v 对合作博弈的重要性。那么什么性质的函数才可以作为特征函数哪？或者特征函数有什么性质？

定理 6.1　设 v 是参与人集合 N 上的特征函数，则有如下的**超可加性**：

对于联盟 S_1 和 S_2，如果 $S_1\cap S_2=\varnothing$，则 $v(S_1\cup S_2)\geqslant v(S_1)+v(S_2)$。

证明　以最稳妥策略(最大-最小策略)为例给出证明。用 $S^*(X)$ 表示联盟 X 的策略空间。

$$
\begin{aligned}
v(S_1\cup S_2) &= \max_{\xi\in S^*(S_1\cup S_2)}\min_{\eta\in S^*(N/S_1\cup S_2)} U(\zeta,\eta)\\
&\geqslant \max_{\xi\in S^*(S_1\cup S_2)}\left\{\min_{\eta\in S^*(N-S_1)} U(\zeta,\eta)+\min_{\eta\in S^*(N-S_2)} U(\zeta,\eta)\right\}\\
&\geqslant \left\{\max_{\xi\in S^*(S_1)}\min_{\eta\in S^*(N-S_1)} U(\zeta,\eta)+\max_{\xi\in S^*(S_2)}\min_{\eta\in S^*(N-S_2)} U(\zeta,\eta)\right\}
\end{aligned}
$$

$$=v(S_1)+v(S_2)$$

上式说明，特征函数只有满足超加性，才有形成新联盟的必要性。否则，如果一个合作博弈的特征函数不满足超可加性，那么，其成员没有动机形成联盟，已经形成的联盟将面临解散的威胁。

定理 6.1 的逆命题也是正确的，即

N 是一个集合，v 是定义在 2^N 上的一个非负实值函数。v 满足

$$v(\varnothing)=0$$

$v(S_1\cup S_2)\geqslant v(S_1)+v(S_2)$，如果 $S_1\cap S_2=\varnothing$，则存在一个 N 上的合作博弈，使 v 成为该合作博弈的特征函数。

对于合作博弈 (N,v)，$N=\{1,2,\cdots,n\}$，特征函数 v 满足超加性，自然有

$$v(N)\geqslant v(\{1\})+v(\{2,\cdots,n\})\geqslant v(\{1\})+v(\{2\})+v(\{3,\cdots,n\})\geqslant\cdots\geqslant\sum_{i=1}^{n}v(\{i\})$$

根据上述不等式，特征函数 v 分成如下两种类型。

类型 1　v 满足 $v(N)=\sum_{i=1}^{n}v(\{i\})$。即大连盟的效用是每个参与人的效用之和。这说明通过联盟并没有创造新的合作剩余，联盟没有价值，这种联盟也不可能维持。这种对策称为非实质性对策，没有研究价值，不是本章研究的范畴。

对于非实质性对策，有 $v(S_1\cup S_2)=v(S_1)+v(S_2)$，如果 $S_1\cap S_2=\varnothing$。

类型 2　v 满足 $v(N)>\sum_{i=1}^{n}v(\{i\})$。即大连盟的效用大于每个参与人的效用之和。这说明通过联盟创造了新的合作剩余，联盟有意义，这种联盟能否维持，取决于如何分配合作剩余，使每个参与人的支付都有改善。这种对策称为实质性对策，是本章研究的范畴。

在例 6.1 中，$v(N)=4$，$v(\{1\})=1$，$v(\{2\})=\frac{1}{4}$，$v(\{3\})=-1$，显然 $v(N)=4>v(\{1\})+v(\{2\})+v(\{3\})=\frac{1}{4}$。即例 6.1 中的合作博弈是一个本质博弈，合作是有价值的。

对于实质性对策，自然有：若将博弈 (N,v) 的参与人集 N 作如下划分：

(1) $N=\bigcup_{i=1}^{m}R_i, R_i\subset N$；

(2) $R_i\cap R_j=\varnothing, i\neq j$，

则有 $v\left(\bigcup_{i=1}^{p}R_i\right)\geqslant\sum_{i=1}^{p}v(R_i),\ 1\leqslant p\leqslant m$。

6.2 分　　配

对于实质性对策 (N,v)，总效用 $v(N)$，参与人的效用之和 $\sum_{i=1}^{n}v(\{i\})$。$v(N)$ 之所以大于

$\sum_{i=1}^{n} v(\{i\})$是所有参与人合作的结果。合作能否维持，取决于$v(N)$如何在所有参与人之间进行分配。如果说均衡是非合作博弈的核心，则分配就是合作博弈的核心。

下面给出与分配相关的基本定义。在特征函数意义下，所谓分配就是博弈的一个n维向量集合，之所以是n维向量，是由于每个参与人都要得到相应的分配。n维的分配向量称为博弈的“解”。

定义 6.3 对于合作博弈(N,v)，$N=\{1,2,\cdots,n\}$，对每个参与人$i\in N$，给予一个实值参数x_i，形成n维向量$\boldsymbol{x}=(x_1,\cdots,x_n)$，且其满足

$$x_i \geqslant v(\{i\}),\qquad \sum_{i=1}^{n} x_i = v(N)$$

则称$\boldsymbol{x}=(x_1,\cdots,x_n)$是联盟$S$的一个**分配方案**。

分配的定义中，$x_i \geqslant v(\{i\})$是基于个人理性，合作中的收益不能小于非合作中的收益，反映了参与人的参与约束。如果$x_i < v(i)$，那么，参与人i是不可能参加联盟的。$\sum_{i=1}^{n} x_i = v(N)$是基于集体理性，每个参与人的分配之和不能超过集体剩余$v(N)$。另外，若$v(N)$没有全部被分配，显然x不是一个帕雷托最优的分配方案，不会被参与人所接受。例如，若$\sum_{i=1}^{n} x_i < v(N)$，则设计一个新的分配$\boldsymbol{x}'=(x_1',\cdots,x_n')$，其中$x_i' = x_i + \frac{1}{n}\left(v(N)-\sum_{i=1}^{n} x_i\right), 1\leqslant i\leqslant n$。显然每个参与人都接受$x'$，都拒绝$x$。

例 6.1 分配$\boldsymbol{x}=(x_1,x_2,x_3)$满足

$$x_1 \geqslant v(\{1\})=1,\quad x_2 \geqslant v(\{2\})=\frac{1}{4},\quad x_3 \geqslant v(\{3\})=-1;\quad x_1+x_2+x_3=4$$

在例 6.1 分配中，分配显然不是一个，而是无限个，无限个分配形成一个分配集合。事实上，对于实质博弈，其分配总是有无限个。例如，对于实质博弈(N,v)，由于

$$\Delta u = v(N) - \sum_{i=1}^{n} v(\{i\}) > 0$$

存在无限个正向量$\boldsymbol{u}=(u_1,u_2,\cdots,u_n)$，满足$\Delta u = u_1+u_2+\cdots+u_n$。显然如下的$\boldsymbol{x}=(x_1,\cdots,x_n)$都是分配，其中$x_i = v(\{i\})+u_i, 1\leqslant i\leqslant n$。

用$E(v)$表示一个博弈v的所有分配方案组成的集合。如何比较$E(v)$中分配的好坏呢？当然这种好坏的比较必须局限到一个联盟中。

定义 6.4 设$E(v)$的两个分配$\boldsymbol{x}$和$\boldsymbol{y}$，S是一个联盟。如果分配方案$\boldsymbol{x}$和$\boldsymbol{y}$满足：

(1) $x_i > y_i$，$\forall i\in S$；

(2) $\sum_{i\in S} x_i \leqslant v(S)$，

则称分配方案$\boldsymbol{x}$在S上优超于$\boldsymbol{y}$，或称分配方案$\boldsymbol{y}$在S上劣于$\boldsymbol{x}$，记为$\boldsymbol{x}\succ_S \boldsymbol{y}$。

如果分配方案$\boldsymbol{x}$在S上优超于$\boldsymbol{y}$，则联盟S会拒绝分配方案$\boldsymbol{y}$，$\boldsymbol{y}$方案得不到切实执行。

因为从 $\boldsymbol{y}$ 到 $\boldsymbol{x}$，S 中的每个参与人的收益都得到改善，S 创造的剩余 $v(S)$ 又足以满足他们在 $\boldsymbol{x}$ 中的分配。

在优超关系中，联盟 S 有什么特征呢？

单人联盟不可能有优超关系。否则，设有 $\boldsymbol{x}\succ_{\{i\}}\boldsymbol{y}$。根据优超的定义，有

$$x_i<y_i\leqslant v(\{i\})$$

$x_i<v(\{i\})$ 与 $\boldsymbol{x}$ 是个分配矛盾。

全联盟 N 上也不可能有优超关系。否则，设有 $\boldsymbol{x}\succ_N\boldsymbol{y}$。根据优超的定义，有

$$x_i<y_i\leqslant v(\{i\}),\quad \forall i\in N$$

则 $v(N)=\sum_{i=1}^{n}x_i<\sum_{i=1}^{n}y_i\leqslant\sum_{i=1}^{n}v(\{i\})$，与特征函数的性质矛盾。

因此，如果在 S 上有优超关系，则 $2\leqslant|S|\leqslant n-1$。

优超关系是集合 $E(v)$ 上的序关系，这种序关系一般情况下不具有传递性和反身性。

对于相同的联盟 S，优超关系具有传递性，即 $\boldsymbol{x}\succ_S\boldsymbol{y}$，$\boldsymbol{y}\succ_S\boldsymbol{z}$，则有 $\boldsymbol{x}\succ_S\boldsymbol{z}$。

对于不同的联盟 S，优超关系不具有传递性。例如，对于投票博弈 (N,v)，$N=\{1,2,3\}$，特征函数为 $v(\varnothing)=v(\{i\})=0$，$i=1,2,3$；$v(S)=10$，$|S|\geqslant 2$。分析如下的 3 的分配：$\boldsymbol{x}=(0,5,5)$，$\boldsymbol{y}=(6,4,0)$，$\boldsymbol{z}=(4,0,6)$，显然有 $\boldsymbol{x}\succ_{\{2,3\}}\boldsymbol{y}$，$\boldsymbol{y}\succ_{\{1,2\}}\boldsymbol{z}$，但 $\boldsymbol{x}$，$\boldsymbol{z}$ 之间没有优超关系。

6.3 核　　心

尽管可行分配集合 $E(v)$ 中有无限个分配，但实际上，有许多分配是不会被执行的，或者不可能被参与人所接受的，例如，在联盟 S 上分配方案 $\boldsymbol{x}$ 优超于 $\boldsymbol{y}$，则 $\boldsymbol{y}$ 就不会被 S 所接受。

看一下例 6.1，$E(v)=\left\{(x_1,x_2,x_3):x_1\geqslant 1,x_2\geqslant\frac{1}{4},x_3\geqslant -1;x_1+x_2+x_3=4\right\}$。显然 $\boldsymbol{y}=(1,\ 1,\ 2)$，$\boldsymbol{x}=\left(\frac{3}{2},\ \frac{3}{2},\ 1\right)$ 都是两个分配，但是对于联盟 $S=\{(1,2)\}$，$v(S)=3$，是不会接受 $\boldsymbol{y}$ 的，因为从 $\boldsymbol{y}$ 到 $\boldsymbol{x}$，S 中每个人收益都增加了，在 $\boldsymbol{x}$ 中，S 的合作剩余 $v(S)=3$ 又足以被分配。因此，$\boldsymbol{y}$ 就不会被 S 所接受。

很显然，联盟的每一个成员都不偏好于劣分配方案，因此，真实可行的分配方案应该剔除劣分配方案。

定义 6.5　在一个 n 人合作博弈 (N,v) 中，全体优分配方案形成的集合称为博弈的**核心**(core)，记为 $C(v)$。显然有 $C(v)\subseteq E(v)$。

说明：

(1) 核心 $C(v)$ 是 $E(v)$ 中的一个闭凸集；

(2) 如果 $C(v)\neq\varnothing$，则将 $C(v)$ 中的向量 $\boldsymbol{x}$ 作为分配，$\boldsymbol{x}$ 既满足个人理性，又满足集体

理性；

(3) 用核心作为博弈的解，其最大缺陷是 $C(v)$ 可能是空集。

如何寻找核心集合？下面的定理是寻找核心的基础。

定理 6.2　分配方案 $\boldsymbol{x}=(x_1,\cdots,x_n)$ 在核心 $C(v)$ 中的充要条件是：

(1) $\sum_{i\in S} x_i \geqslant v(S)$，$\forall S\subset N$；

(2) $\sum_{i=1}^{n} x_i = v(N)$。

证明　如果 $\boldsymbol{x}\subseteq E(v)$，$\boldsymbol{x}$ 满足(1)和(2)，则 $\boldsymbol{x}$ 不可能被优超，即 $\boldsymbol{x}\in C(v)$。

反证法。设存在 S，使 $\boldsymbol{y}\succ_S \boldsymbol{x}$。根据优超的定义，有

$$x_i < y_i,\quad \forall i\in S;\quad \sum_{i\in S} y_i \leqslant v(S)$$

则有 $v(S)\leqslant \sum_{i\in S} x_i < \sum_{i\in S} y_i \leqslant v(S)$，矛盾。

如果 $\boldsymbol{x}\subseteq E(v)$，$\boldsymbol{x}$ 不满足(2)，则 $\boldsymbol{x}$ 一定被优超，即 $\boldsymbol{x}\notin C(v)$。

对于 $\boldsymbol{x}\subseteq E(v)$，存在联盟 S，有 $\sum_{i\in S} x_i < v(S)$，则定义 $\xi = v(S)-\sum_{i\in S} x_i > 0$，定义

$$\eta = v(N) - v(S) - \sum_{i\in N\backslash S} v(\{i\}) > 0$$

使得 ξ 在 S 中平均分配，η 在 $N-S$ 中平均分配，从而得到一个新的分配 $\boldsymbol{y}=(y_1,\cdots,y_n)$ 如下：

$$y_i = \begin{cases} x_i + \dfrac{\xi}{|S|}, & \forall i\in S \\ v(\{i\}) + \dfrac{\eta}{n-|S|}, & \forall i\notin S \end{cases}$$

显然如此定义的向量 $\boldsymbol{y}=(y_1,\cdots,y_n)$ 是个分配，且有 $\boldsymbol{y}\succ_S \boldsymbol{x}$。

下面以上述定理为基础，说明如何求解博弈的核心。

例 6.2　假想的联合国安全理事会投票，超过两票算通过。该博弈的特征函数为

$$v(1,2,3)=v(1,2,4)=v(1,2,5)=v(1,2,3,4)=v(1,2,3,5)=v(1,2,4,5)=v(1,2,3,4,5)=1$$

而对所有其他的 S，$v(S)=0$。应用定理 6.2，有 $\sum_{i=1}^{5} x_i = 1$，对各个联盟有

$$x_i \geqslant 0,\quad i=1,2,3,4,5$$

$$x_1+x_2+x_3\geqslant 1,\quad x_1+x_2+x_4\geqslant 1,\quad x_1+x_2+x_5\geqslant 1$$

由 $\sum_{i=1}^{5} x_i = 1$，$x_1+x_2+x_3\geqslant 1$，$x_4\geqslant 0$，$x_5\geqslant 0$ 推得 $x_1+x_2+x_3=1$，$x_4=0$，$x_5=0$，而用

$$x_1+x_2+x_4\geqslant 1,\quad x_3\geqslant 0,\quad x_5\geqslant 0$$

又得到 $x_3=0$ 和 $x_1+x_2=1$，所以，核心是

$$C(v)=\{(a,1-a,0,0,0): 0\leqslant a\leqslant 1\}$$

例 6.3　设 3 人合作博弈 v 的特征函数如下：

$$v(i)=0\,,\qquad i=1,2,3$$

$$v(\{1,2\})=\frac{2}{3}\,,\quad v(\{1,3\})=\frac{7}{12}\,,\quad v(\{2,3\})=\frac{1}{2}\,,\quad v(\{1,2,3\})=1$$

求其核心 $C(v)$。

解　由核心定义，若 $\boldsymbol{x}=(x_1,x_2,x_3)\in C(v)$，则它必满足

$$\begin{cases} x_1+x_2\geqslant\dfrac{2}{3} \\ x_1+x_3\geqslant\dfrac{7}{12} \\ x_2+x_3\geqslant\dfrac{1}{2} \\ x_1+x_2+x_3=1 \\ x_i\geqslant 0,\quad i=1,2,3 \end{cases}$$

解此不等式组，得

$$\begin{cases} 0\leqslant x_1\leqslant\dfrac{1}{2} \\ 0\leqslant x_2\leqslant\dfrac{5}{12} \\ 0\leqslant x_3\leqslant\dfrac{1}{3} \\ x_1+x_2+x_3=1 \end{cases}$$

例 6.4　考虑如下的合作博弈，(N,v)，$N=\{1,2,3\}$，特征函数如下：

$$v\big(\{i\}\big)=0\,,\quad i=1,2,3\,;\quad v\big(\{S\}\big)=1,\quad 2\leqslant|S|\leqslant 3$$

解线形不等式组

$$\begin{cases} x_i\geqslant 0,\quad i=1,2,3 \\ x_1+x_2\geqslant 1 \\ x_1+x_3\geqslant 1 \\ x_2+x_3\geqslant 1 \\ x_1+x_2+x_3=1 \end{cases}$$

该不等式组无解，即 $C(v)=\varnothing$。

上面三个例子说明了求解核心的方法。

在合作博弈中，用核心代替分配具有明显的优点，即 $C(v)$ 的稳定性。对于 $C(v)$ 中的每一个分配，每个联盟都没有反对意见，都没有更好的分配，每个分配都可以得到执行。当然，用 $C(v)$ 代替 $E(v)$ 也有致命的缺陷，即 $C(v)$ 可能是空集，而 $E(v)\neq\varnothing$。在什么条件下，$C(v)\neq\varnothing$？如何判断 $C(v)\neq\varnothing$？下面几个定理回答了这一问题。

定理 6.3 对于 n 人的联盟博弈，核心 $C(v)$ 非空的充分必要条件是线性规划 (P) 有解。

$$(P)\quad \min\sum_{i=1}^{n}x_i \leqslant v(N)$$

$$\text{s.t.}\begin{cases}\sum_{i\in S}x_i \geqslant v(S), \\ \sum_{i=1}^{n}x_i = v(N), \end{cases}\quad \forall S\subset N$$

定理的直观意义很明显，线性规划(L)若有解，则最优解一定属于 $C(v)$；若 $C(v)\neq\varnothing$，则 $C(v)$ 中的每个向量都是可行解，自然线性规划(L)有最优解。

对于原线性规划(P)，写出它的对偶规划(DP)：

$$(\text{DP})\quad \max\sum_{S\subseteq N}\boldsymbol{y}_S v(S)\leqslant v(N)$$

$$\text{s.t.}\begin{cases}\sum_{S\subseteq N}\boldsymbol{y}_S=1, \\ \boldsymbol{y}_S\geqslant 0, \end{cases}\quad \forall S\subset N$$

定理 6.4 对策 (N,v) 有 $C(v)\neq\varnothing$ 的充分必要条件是：对于满足

$$\text{s.t.}\begin{cases}\sum_{S\subseteq N}\boldsymbol{y}_S=1, \\ \boldsymbol{y}_S\geqslant 0\end{cases}\text{的向量}\{\boldsymbol{y}_S\}\text{，有}\sum_{S\subseteq N}\boldsymbol{y}_S v(S)\leqslant v(N)\text{。}$$

定义 6.6 设 (N,v) 是个 0-1 简单对策，若存在一个参与人 i，满足 $v\left(N-\{i\}\right)=0$，则 i 称作一个否决人。

定理 6.5 简单对策 (N,v) 中，$C(v)\neq\varnothing$ 充分必要条件是 N 中存在一个否决人。

证明 设 i 是 N 中一个否决人，定义 $\boldsymbol{e}_i=\left(0,0,\cdots,1,0,\cdots,0\right)$，1 处于第 i 的位置。

根据定理 6.3，$\boldsymbol{e}_i=\left(0,0,\cdots,1,0,\cdots,0\right)$ 是一个分配，且 $\boldsymbol{e}_i\in C(v)$。

用反证法。设 $C(v)\neq\varnothing$，且不存在否决人，即 $v(N-\{i\})=1$。$\forall x\in C(v)$，则

$$x(N)=1,\quad x\left(N-\{i\}\right)\geqslant v\left(N-\{i\}\right)\geqslant 1,\quad i\in N$$

故有 $1=x(N)=x\left(N-\{i\}\right)+x\left(\{i\}\right)\geqslant 1+x_i,\ i\in N$，从而 $x_i\leqslant 0,\ i\in N$，也即 $v(N)=\sum_{i\in N}x_i\leqslant 0$，矛盾。

6.4 核　　仁

把核心作为博弈的解，存在着不可克服的困难：有许多博弈的核心是空的，因此，有必要寻找其他类型解的概念。史密得(Schmeidler)于 1969 年提出了核仁的概念，并将其称为博弈的“解”。

对于合作博弈 (N,v)，任选一个分配方案 $\boldsymbol{x}=(x_1,\cdots,x_n)\in E(v)$。对于一个联盟 S，S 是

否对分配 $\boldsymbol{x}$ 满意？为评估 S 对 $\boldsymbol{x}$ 满意性，定义如下的被称作**超出**一个指标：

$$e(S,\boldsymbol{x}) = v(S) - \sum_{i \in S} x_i$$

$e(S,\boldsymbol{x})$ 的大小反映了 S 对 $\boldsymbol{x}$ 满意性。$e(S,\boldsymbol{x})$ 越大，S 对 $\boldsymbol{x}$ 越不满意，因为 S 中所有参与人的分配之和远没有达到其所创造的合作剩余 $v(S)$；$e(S,\boldsymbol{x})$ 越小，S 对 $\boldsymbol{x}$ 越满意，当 $e(S,\boldsymbol{x})$ 为负值时，S 中所有参与人不但分配了其所创造的合作剩余 $v(S)$，还分配了其他联盟所创造的价值。

对于同一个 $\boldsymbol{x}$，S 共有 2^n 个，可以表示为 $S_j, j=1,2,\cdots,2^n$。故可以计算出 2^n 个 $e(S_j,\boldsymbol{x})$，$j=1,2,\cdots,2^n$。联盟对 $\boldsymbol{x}$ 的满意性取决于 $e(S_j,\boldsymbol{x})$ 中的最大的 $j=1,2,\cdots,2^n$，故可以对 2^n 个 $e(S_j,\boldsymbol{x})$ 由大到小排列，得到一个 2^n 的向量：

$$\theta(\boldsymbol{x}) = \left(\theta_1(\boldsymbol{x}), \theta_2(\boldsymbol{x}), \cdots, \theta_{2^n}(\boldsymbol{x})\right)$$

其中 $\theta_j(\boldsymbol{x}) = e(S_j,\boldsymbol{x})$，$j=1,2,\cdots,2^n$，$\theta_1(\boldsymbol{x}) \geqslant \theta_2(\boldsymbol{x}) \geqslant \cdots \geqslant \theta_{2^n}(\boldsymbol{x})$。

联盟对 $\boldsymbol{x}$ 的满意性取决于 $\theta(\boldsymbol{x})$ 的大小，$\theta(\boldsymbol{x})$ 越小，联盟对 $\boldsymbol{x}$ 越满意。

对于两个不同的分配 $\boldsymbol{x},\boldsymbol{y}$，分别计算出 $\theta(\boldsymbol{x}), \theta(\boldsymbol{y})$。如果 $\theta(\boldsymbol{x})$ 是小的，则联盟对 $\boldsymbol{x}$ 的满意性大于联盟对 $\boldsymbol{y}$ 的满意性，自然 $\boldsymbol{x}$ 优于 $\boldsymbol{y}$。当然这种向量大小的比较不同于数字的比较，是采用字典序的比较方法。字典序的比较方法如下：

对于向量

$$\theta(\boldsymbol{x}) = \left(\theta_1(\boldsymbol{x}), \theta_2(\boldsymbol{x}), \cdots, \theta_{2^n}(\boldsymbol{x})\right) \quad \text{和} \quad \theta(\boldsymbol{y}) = \left(\theta_1(\boldsymbol{y}), \theta_2(\boldsymbol{y}), \cdots, \theta_{2^n}(\boldsymbol{y})\right)$$

存在一个下标 k，使得 $\theta_j(\boldsymbol{x}) = \theta_j(\boldsymbol{y}), 1 \leqslant j \leqslant k-1$，$\theta_k(\boldsymbol{x}) < \theta_k(\boldsymbol{y})$，则称 $\theta(\boldsymbol{x})$ 字典序小于 $\theta(\boldsymbol{y})$，用符号表示 $\theta(\boldsymbol{x}) \prec_L \theta(\boldsymbol{y})$。

有了上述的定义，就可以给出核仁的定义了。

定义 6.7　对于合作博弈 (N,v)，核仁 $\tilde{N}$ 是一些分配的集合，即 $\tilde{N} \subset E(v)$，使得任取一个 $\boldsymbol{x} \in \tilde{N}$，$\theta(\boldsymbol{x})$ 都是字典序最小的，即

$$\tilde{N} = \{\boldsymbol{x} \in E(v) : \forall \boldsymbol{y} \in E(v), \boldsymbol{y} \neq \boldsymbol{x}, \theta(\boldsymbol{x}) \prec_L \theta(\boldsymbol{y})\}$$

用核仁作为合作对策的解，与核心相比，有很好的优势。核心可能是 $\varnothing$，核心也可能包含无限个元素。用核仁作为合作对策的解其优势体现在下述结论中。

定理 6.6　对于合作博弈 (N,v)，其核仁 $\tilde{N} \neq \varnothing$，且 $\tilde{N}$ 只包含一个元素 $\boldsymbol{x}$。

定理 6.6 说明核仁有很好的性质。但是核仁的求解非常困难，这从核仁的定义本身就可以看出其求解的困难性。下面的定理可以帮助我们求解核仁。

定理 6.7　对于合作博弈 (N,v)，如果核心 $C \neq \varnothing$，则有 $\tilde{N} \subseteq C$。

证明　用反证法。设存在一个分配 $\boldsymbol{x} \in \tilde{N}$，$\boldsymbol{x} \notin C$。

根据核心的性质，由 $\boldsymbol{x} \notin C$ 可知：必存在一个联盟 S，满足 $\sum_{i \in S} x_i < v(S)$，由此可知

$$e(S,\boldsymbol{x}) = v(S) - \sum_{i \in S} x_i > 0$$

设 $\theta(\boldsymbol{x})=\left(\theta_1(\boldsymbol{x}),\theta_2(\boldsymbol{x}),\cdots,\theta_{2^n}(\boldsymbol{x})\right)$。$\theta_1(\boldsymbol{x})$ 是所有 $e(S_j,\boldsymbol{x}), j=1,2,\cdots,2^n$ 中最大的，故有

$$\theta_1(\boldsymbol{x})\geqslant e(S,\boldsymbol{x})=v(S)-\sum_{i\in S}x_i>0$$

由 $C\neq\varnothing$ 可知，存在分配 $\boldsymbol{y}\in C$。根据分配的性质，任取一个 $S_j, j=1,2,\cdots,2^n$，有

$$e(S_j,\boldsymbol{y})=v(S_j)-\sum_{i\in S_j}y_i\leqslant 0$$

由此可知 $\theta(\boldsymbol{y})=\left(\theta_1(\boldsymbol{y}),\theta_2(\boldsymbol{y}),\cdots,\theta_{2^n}(\boldsymbol{y})\right)$ 满足 $\theta_j(\boldsymbol{y})\leqslant 0,\quad j=1,2,\cdots,2^n$。

$\boldsymbol{x}\in\tilde{N}$，$\theta(\boldsymbol{x})=\left(\theta_1(\boldsymbol{x}),\theta_2(\boldsymbol{x}),\cdots,\theta_{2^n}(\boldsymbol{x})\right)$，$\theta_1(\boldsymbol{x})>0$；

$\boldsymbol{y}\in C$，$\theta(\boldsymbol{y})=\left(\theta_1(\boldsymbol{y}),\theta_2(\boldsymbol{y}),\cdots,\theta_{2^n}(\boldsymbol{y})\right)$，$\theta_1(\boldsymbol{y})\leqslant 0$。

这与 $\theta(\boldsymbol{x})\prec_L\theta(\boldsymbol{y})$ 矛盾。定理得证。

例 6.5 考虑如下的合作博弈，(N,v)，$N=\{1,2,3\}$，特征函数如下：

$$v(\{1\})=4,\quad v(\{2\})=v(\{3\})=0$$

$$v(\{1,2\})=5,\quad v(\{1,3\})=7,\quad v(\{2,3\})=6\text{；}\quad v(\{1,2,3\})=10$$

求该博弈的核仁。

解 先求出该博弈的核心，再求核仁。

根据核心的条件，$\boldsymbol{x}=(x_1,x_2,x_3)\in C(v)$ 充分必要条件：

$$\begin{cases}x_1\geqslant 4,\quad x_i\geqslant 0,\quad i=2,3\\ x_1+x_2\geqslant 5\\ x_1+x_3\geqslant 7\\ x_2+x_3\geqslant 6\\ x_1+x_2+x_3=10\end{cases}$$

解此不等式组，得到 $C(v)=\{(4,6-x,x):3\leqslant x\leqslant 5\}$。

$C(v)\neq\varnothing$，故有 $\tilde{N}\subseteq C$。下面开始求 $\tilde{N}$。

对于核心 $C(v)=\{(4,6-x,x):3\leqslant x\leqslant 5\}$，开始求 $e(S,x)=v(S)-\sum_{i\in S}x_i$，$x\in C(v)$。

$S_1=\{1\}$，有 $e(S_1,x)=4-4=0$；

$S_2=\{2\}$，有 $e(S_2,x)=0-(6-x)=x-6$；

$S_3=\{3\}$，有 $e(S_3,x)=0-(x)=-x$；

$S_4=\{1,2\}$，有 $e(S_4,x)=5-\{4-(6-x)\}=x-5$；

$S_5=\{1,3\}$，有 $e(S_5,x)=7-\{4+x\}=3-x$；

$S_6=\{2,3\}$，有 $e(S_6,x)=6-\{(6-x)+x\}=0$；

$S_7=\{1,2,3\}$，有 $e(S_7,x)=10-10=0$；

当 $3\leqslant x\leqslant 5$，$\theta_1(x)=\min\max\limits_{j=1}^{7}e(S_j,x)=\min\max\limits_{3\leqslant x\leqslant 5}\{x-5,3-x\}$。上式在 $x=4$ 达到，故有 $\tilde{N}$

$=\{(4,6-x,x):x=4\}=\{(4,2,4)\}$。该结果验证了 $\tilde{N}\neq\varnothing$，$|\tilde{N}|=1$。

6.5　沙 普 利 值

分配是合作博弈最重要的概念，但遗憾的是，在一个博弈中，分配有无限个，且许多根本就得不到执行。利用优超的概念，对分配进行了分类，形成了核心的概念，但遗憾的是，许多博弈中核心可能是空集。为此，引入了超出这一指标，寻求最大超出最小化的分配，即核仁。核仁这一解的优势体现在核仁总存在，且是唯一的，这一解的缺陷就是计算太复杂，因为 S 共有 2^n 个。

本节引入了一个很直观的解的概念，即**沙普利值**(Sharpley)。参与人按照沙普利值进行分配。这个解也有缺陷，就是沙普利值可能连一个分配都不是。

沙普利值是基于参与人的贡献这一指标而设计参与人的分配。例如，对于博弈 $(N,v), N=\{1,2,\cdots,n\}$，很显然，我们按照参与人的贡献，可以立即给出一个安排：

$$\begin{cases} x_1=v(\{1\}) \\ x_2=v(\{1,2\})-v(\{1\}) \\ x_3=v(\{1,2,3\})-v(\{1,2\}) \\ \quad\cdots\cdots \\ x_n=v(N)-v(N-\{n\}) \end{cases}$$

注意，这个分配安排是与 N 中参与人的顺序有关系的，如 $N=\{1,2,\cdots,n\}$，则分配安排就出现了差异，$x_2=v(\{2\}), x_1=v(\{1,2\})-v(\{2\})$。$N$ 中的排列顺序共有 $n!$ 个，消除了排列顺序影响后的分配安排就是沙普利值。

沙普利在 1953 年给出了沙普利值，计算公式如下。

定理 6.8　对每个博弈 (N,v)，存在唯一的沙普利值 $\varphi(v)=(\varphi_1(v),\varphi_2(v),\cdots,\varphi_n(v))$，其中

$$\varphi_i(v)=\sum_{S\subset N/\{i\}}\frac{|S|!(n-|S|-1)!}{n!}\big(v(S\cup\{i\})-v(S)\big) \tag{6.1}$$

下面对这一计算公式给出非数学化的解释：

(1) $\varphi(v)=(\varphi_1(v),\varphi_2(v),\cdots,\varphi_n(v))$，$x_i=\varphi_i(v)$ 就是按照参与人的平均贡献来安排的分配设计。

(2) 在一个博弈中，每个人的所得应该与其贡献成正比。对于联盟 S，其合作剩余 $v(S)$。如 i 加入 S，则新联盟的合作剩余是 $v(S\cup\{i\})$。因此 i 的贡献是 $v(S\cup\{i\})-v(S)$。

(3) 在博弈 (N,v) 中，不包含 i 的 S 有 2^{n-1} 个，对每个 S 都有一个贡献值 $v(S\cup\{i\})-v(S)$，因此，沙普利值的计算公式中有 $\sum$ 项。

(4) 即使对于一个固定的 S，$v(S\cup\{i\})-v(S)$ 与 S 中参与人的排列顺序无关，与

$N-S-\{i\}$ 中参与人的顺序无关。因此 $v(S\cup\{i\})-v(S)$ 的系数中存在 $|S|!(n-|S|-1)!$。为什么系数中有 $n!$？主要是为了计算 $v(S\cup\{i\})-v(S)$ 的平均值。

(5) 对于 $\frac{|S|!(n-|S|-1)!}{n!}$ 也可以作出这样解释：

i 加入 S，其贡献是 $v(S\cup\{i\})-v(S)$。i 加入 S 的概率是多少？如果 n 个参与人依次参加博弈，当 i 加入该博弈时，其前面已有一些参与人 S，i 加入后，后继的参与人集合 $N-S-\{i\}$。S 和 $N-S-\{i\}$ 中参与人的顺序与 $v(S\cup\{i\})-v(S)$ 无关。i 加入 S 的概率是 $\frac{|S|!(n-|S|-1)!}{n!}$，$v(S\cup\{i\})-v(S)$ 的数学期望(或者平均值)就是沙普利值 $\varphi_i(v)$, $i=1,2,\cdots,n$。

(6) 沙普利值不一定是个分配，即理性约束 $\varphi_i(v)\geqslant v(\{i\})$ 可能不满足。

例 6.6 假设联合国安理会进行投票，部分国家可以形成联盟。该博弈的特征函数为

$$v(1,2,3)=v(1,2,4)=v(1,2,5)=v(1,2,3,4)=v(1,2,3,5)=v(1,2,4,5)=v(1,2,3,4,5)=1$$

而对所有其他 $S(|S|\leqslant 2)$，$v(S)=0$。为了求 $\varphi_1(v)$，对所有包含参与人 1 的联盟按沙普利值求和。

$v(S\cup\{1\})$ 与 $v(S)$ 有差异的联盟 S 只有 $\{1,2,3\}$，$\{1,2,4\}$，$\{1,2,5\}$，$\{1,2,3,4\}$，$\{1,2,3,5\}$，$\{1,2,4,5\}$ 和 $\{1,2,3,4,5\}$，对于其他的 S，$v(S\cup\{i\})-v(S)=0$。所以有

$$\varphi_1(v)=3\times\frac{2!2!}{5!}\times(1-0)+3\times\frac{3!1!}{5!}\times(1-0)+\frac{4!0!}{5!}\times(1-0)=\frac{9}{20}$$

类似地，$\varphi_3(v)=\frac{2!2!}{5!}\times(1-0)=\frac{1}{30}$。

于是，$\varphi_1(v)=\varphi_2(v)=0.45$，$\varphi_3(v)=\varphi_4(v)=\varphi_5(v)=0.0333$。这样，参与人 1 和参与人 2 比参与人 3，参与人 4，参与人 5 重要得多。

定理 6.9 若博弈 (N,v) 满足超加性，即

$$v(S_1\cup S_2)\geqslant v(S_1)+v(S_2),\qquad S_1\cap S_2=\varnothing$$

则沙普利向量 $\varphi(v)=(\varphi_1(v),\varphi_2(v),\cdots,\varphi_n(v))\in E(v)$，即沙普利值是分配。

证明 (N,v) 满足超加性，则 $v(S\cup\{i\})-v(S)\geqslant v(\{i\})$。显然有

$$\varphi_i(v)=\sum_{S\subset N/\{i\}}\frac{|S|!(n-|S|-1)!}{n!}\big(v(S\cup\{i\})-v(S)\big)\geqslant v(\{i\})\sum_{S\subset N/\{i\}}\frac{|S|!(n-|S|-1)!}{n!}=v(\{i\})$$

6.6 本 章 小 结

本章介绍了合作博弈的核心内容。在博弈论的发展历史上，合作博弈曾经处于很重要的位置。尽管随着时代的发展，非合作博弈已经成为博弈论的主流，但是，基于研究生的课题研究、论文写作，本书还是介绍了合作博弈的核心内容。

该章的学习沿着三个关键词展开：分配、核心、核仁。分配是基础，但是分配这一策略具有明显的缺陷，因此诞生了核心的概念。核心的出现，主要是基于最大最小原则。最后，介绍了一种特殊的分配方式——沙普利值。沙普利值的优势就是简单、清晰，当然也有其缺陷。

思考题与练习题

1. 如果 (N,v) 是本质常和博弈，证明核心 $C(v)=\varnothing$。

2. 一个合作博弈 (N,v) 称为简单博弈，如果对每个联盟 S 有 $v(S)$ 为 0 或 1，并且 $v(N)=1$，对于参与人 $i\in N$，如果 $v\left(N-\{i\}\right)=0$，则 i 称为一个否决人。

证明：对于一个简单博弈，$C(v)\neq\varnothing$ 充分必要条件是博弈中存在否决人。

3. 合作博弈 (N,v) 称为 0-1 规范对策，如果 $v(\{i\})=0,\ \forall i\in N;\ v(N)=1$。两个合作对策 (N,v) 和 (N,u) 称为同构的，如果 $\exists\alpha>0,\ \beta_i,\ \forall i\in N$，使 $u(S)=\alpha v(S)+\underset{i\in S}{\beta_i},\ S\subseteq N$。

证明每个本质博弈都与一个 0-1 规范对策同构。

4. 合作博弈 (N,v) 满足 $v(S)+v(T)\leqslant v(S\cup T)+v(S\cap T)$，博弈 (N,v) 称为凸博弈。

对于凸博弈 (N,v)，$N=\{1,2,\cdots,n\}$，定义

$$x_1=v\left(\{1\}\right),\ x_2=v\left(\{1,2\}\right)-v\left(\{1\}\right),\ \cdots,\ x_n=v(N)-v\left(N-\{n\}\right)$$

证明 $\boldsymbol{x}=(x_1,x_2,\cdots,x_n)\in C(v)$。

5. 证明 (N,v) 是一个凸博弈，则其沙普利值 $\varphi(v)$ 是核心中的一个元素。

6. 有三个人在市场上做一匹马交易。卖主(参与人 1)有一匹马，如果不把马卖出去的话，马对他没有用处，即价值为零。两个买主(分别为参与人 2 和 3)分别出价 90，100 元买这匹马。该博弈的核心是什么？

7. 一合作对策 (N,v) 的特征函数如下：

$$v\left(\{1\}\right)=4,\quad v\left(\{2\}\right)=v\left(\{3\}\right)=0,$$

$$v\left(\{1,2\}\right)=5,\quad v\left(\{1,3\}\right)=7,\quad v\left(\{2,3\}\right)=6,\quad v\left(\{1,2,3\}\right)=10$$

求(1) 分配集；(2) 核心；(3) 核仁；(4) 沙普利值。

8. 某大型企业的董事会有 5 名董事，其中两名董事具有否决权。通过一个提案必须有半数以上的董事同意，且都不能投弃权票。通过提案得到为 1，否则为 0。求这个合作博弈的核心、核仁、沙普利值。

第 7 章　委托代理框架下的激励与契约

本章讨论信息经济学的几个重要模型。从本质上讲，信息经济学是非对称信息博弈论在经济学上的应用。这里，非对称信息(asymmetric information)指的是某些参与人拥有但另一些参与人不拥有的信息，或者博弈双方都拥有，但拥有的程度不一样。如果说信息经济学与博弈论有什么不同的话，这种不同主要表现在研究的着眼点上：博弈论是方法论导向的，它研究给定信息结构，什么是可能的均衡。而信息经济学是问题导向的，它研究给定信息结构，交易关系、激励机制设计与契约安排，故又称契约理论或机制设计理论。因此博弈论是实证的，而信息经济学是“规范的”。

博弈论与信息经济学是沿着两条独立的路线发展演化的，只不过在最后走向了殊途同归。在博弈论不断取得进展的同时，经济学家在一些应用领域分别独立地提出了后来被发现与博弈论有关的许多经济管理模型。这些来自不同的领域的经济学问题，几乎都是相互独立地被发现的，但后来被认为具有相同的理论背景，即几乎都是因为信息不对称导致参与人在不完全信息条件下进行博弈的结果。从经济分析的方法论角度看，这些模型实际上是博弈论在不完全信息条件下的应用。于是，人们就将这些原本是独立作出的模型集合成一个经济学的分支体系，这就是现在被人们所熟知的“信息经济学”体系。由于“信息经济学”是许多最初是独立作出的许多不同的模型的一个集合，所以，人们根据其不同的特征方面，还给它取了其他的一些不同于“信息经济学”的名称，如委托代理理论、契约理论、合同理论等。

在最近 40 年，博弈论专家和经济学家才正式确定了信息经济学的分析框架和范式，是经济学范畴中成长最快、成果最丰硕、应用最广泛的分支之一。激励的思想人类很早就存在，例如，佃农和地主通过收成的分配而获得激励。但信息经济学的理论基础还是建立于现在经济与现代工业，例如，保险、通信、金融、政府规制、产业组织、供应链、国际贸易等。激励与不对称信息在这个世界上几乎无处不在，大至影响国际竞争与合作，小至影响人们的日常生活。

在我国，信息经济学还有一个内涵，即研究信息产业的经济学，实际上是产业经济学的一个分支。当提到信息经济学时，由于这类可能出现的歧义，本章将这种研究不对称信息环境中经济行为的理论称为含义更为具体的“委托代理理论”。

7.1　委托代理与不对称信息

7.1.1　委托代理问题

20 世纪 30 年代，美国经济学家伯利和米恩斯因为洞悉到企业所有权与经营权的二权合一的经营策略存在着极大的弊端，于是提出了“委托代理理论”，倡导所有权和经营权分离，所有者保留剩余索取权，而将经营权进行让渡。目前，“委托代理理论”已成为现代公司治理的逻辑起点。

委托代理理论是制度经济学契约理论的主要内容之一。委托代理关系是指一个或多个行为主体根据一种明示或隐含的契约，指定、雇佣另一些行为主体为其服务，完成委托的任务，同时授予代理者一定的决策权利，并根据代理者提供的服务数量和质量对其支付相应的报酬。在这个过程中，授权者就是委托人，其没有私人信息，处于信息劣势的地位，但是委托人先作决策，负责设计契约，具有先动优势；被授权者是代理人，代理人拥有私人信息，有信息优势。

委托人与代理人的概念最初来自于法律学，但在经济学中，这种概念被进一步扩充到任何一种涉及非对称信息的交易活动，其中有私人信息的一方是代理人，而另一方就是委托人。

委托代理关系起源于“专业化”的存在。当存在“专业化”时，代理人由于相对优势而代表委托人行动。法律方面，当事人委托一位律师打官司，是因为这位律师比你自己打官司更加专业，所支付费用比你自己打官司更加经济。许多经济现象就是由于这种专业化的分工而出现的委托代理关系，例如，OEM 机制、供应链机制、国际贸易等。广义来讲，所有的交易关系都可看成委托代理关系，例如，房地产市场，可以看作你委托开发商为你开发住房，房款可以看作你对代理的转移支付，这种合作关系是基于开发商的专业化优势。

委托代理理论是过去 40 多年里契约理论最重要的发展之一。它是 20 世纪 60 年代末 70 年代初一些经济学家深入研究企业内部信息不对称和激励问题发展起来的。委托代理理论的中心任务是研究在利益相冲突和信息不对称的环境下，委托人如何设计最优契约以激励代理人的行为。

委托代理理论的主要观点认为：委托代理关系是随着生产力大发展和规模化大生产的出现而产生的。其原因一方面是生产力发展使得分工进一步细化，权利的所有者由于知识、能力和精力的原因不能行使所有的权利了；另一方面专业化分工产生了一大批具有专业知识的代理人，他们有精力、有能力代理行使好被委托的权利。但在委托代理的关系当中，由于委托人与代理人的效用函数不一样、预期目标不一致，从而导致两者的行为准则、价值取向不和谐甚至相互冲突。委托人追求的是自己的财富更大，而代理人追求自己的效用最大化，这必然导致两者的利益冲突。在没有有效的制度安排下，代理人的行为很可能最终损害委托人的利益。不管是经济领域还是社会领域——都普遍存在委托代理关系。

由于委托代理关系在社会中普遍存在，所以委托代理理论用于解决各种问题。如国有企业中，国家与国企经理、国企经理与雇员、国企所有者与注册会计师，公司股东与经理，选民与官员，医生与患者，债权人与债务人都是委托代理关系。因此，寻求激励的影响因素，设计最优的激励机制，将会越来越广泛的应用于社会生活的方方面面。

7.1.2　不对称信息

博弈是个互动决策，决策的基础是信息。博弈中的信息是指能够影响最后博弈结局的所有参与人的情报。信息在博弈中占重要地位，博弈的支付与结局很大程度上依赖于信息的准确度与多寡。如果各方对各种局势下所有参与人的支付状况完全清楚，则称为完全信息博弈；反之称为不完全信息博弈。由于信息不完全，博弈的结果只能是概率期望，而不能像完全信息博弈那样有确定的结果。

产生信息不对称有两个原因。一个是时间因素(表 7.1)。因为博弈双方的博弈顺序是不同的，这使博弈双方在博弈时所拥有的知识和情报产生了差异。另一个是信息的内容(表 7.2)。参与人的个人理性使参与人为谋求更大的收益，会隐藏自己掌握的知识或者具有的优势。

按照不对称发生的时间划分，发生在当事人签约之前，称为事前非对称。自然，发生在当事人签约之后，称为事后非对称。

表 7.1　信息非对称性的时间因素划分

事前非对称	事后非对称
逆向选择模型 研究事前非对称信息博弈	道德风险模型 研究事后非对称信息博弈

按照不对称的内容，可以划分为行动和知识。行动之所以产生不对称，是由于行动的不可观测性和难以验证性。当知识归一个参与人所拥有时，即成为个人知识，参与人自然会利用所拥有的个人知识谋求最大化的收益。

表 7.2　信息非对称性的内容因素划分

参与人的行动	参与人的知识
隐藏行动模型 研究不可观测的行动	隐藏知识(信息)模型 研究不可观测的知识

委托代理理论是建立在非对称信息博弈论的基础上的。信息的非对称性可从以下两个角度进行划分：一是非对称发生的时间，二是非对称信息的内容。从非对称发生的时间看，非对称性可能发生在当事人签约之前(ex ante)，也可能发生在签约之后(ex post)，分别称为事前非对称和事后非对称。研究事前非对称信息博弈的模型称为逆向选择模型(adverse selection)，研究事后非对称信息的模型称为道德风险模型(moral hazard)。从非对称信息的内容看，非对称信息可能是指某些参与人的行为(action)，研究此类问题的，称为隐藏行为模型(hidden action)；也可能是指某些参与人隐藏的知识(knowledge)，研究此类问题的模型称为隐藏知识模型(hidden knowledge)。

7.1.3　激励

在经济史中，劳动分工与交易的出现产生了激励问题。劳动分工导致了委托代理制的出现，人类第一个历史性的代理问题出现在农业领域，即地主与佃农的分工与合作。地主期望土地的高产出。佃农对于承包的土地，需要选择努力水平、农业投入等生产要素，这些选择都是佃农的私人信息，是不可观测的行为。因此，地主需要对佃农进行激励，以影响佃农的行为，诱使佃农工作努力、增加投入。地主选择的激励策略包括：佃农的收入与产量的高低挂钩，按照总产出以一定的分成系数进行分配。激励的产生来自于合作劳动和参与人之间目标利益的不一致性。

当一个委托人向一个代理人委派任务时，激励问题就会出现。而代理制的出现则是由于存在劳动分工带来的报酬递增的可能性，或是由于委托人没有时间或没有能力独自完成任务，或是由于委托人在面临复杂问题时受到各种形式的有限理性约束。然而，从代理制存在的事实上代理人有可能得到委托人无法获得的信息，具有信息优势。例如，一项任务的真实的机会成本、所使用的技术要求，以及与技术相适应的代理人能力的要求都属于这类信息的范围，而这些信息是代理人的私人知识。

委托人有委托人的目标，而代理人有代理人的目标，二者有可能不一致。由于目标不一致，而委托人自己的目标又需要通过代理人的行动来实现，所以，委托人如何才能让代理人朝着有利于实现自己的目标的方向采取行动，这就是激励问题。一般地，委托人通过契约的设计，也就是说，通过设计博弈的规则来达到激励目的。

7.2　委托代理框架下的逆向选择

逆向选择属于事前信息不对称，在契约签订之前，代理人就拥有私人信息，委托人知道代理人的类型分布，但不知道代理人的具体类型。一家保险公司在设计保险产品时，准确的知道代理人的类型是不可能的，一是代理人众多，二是信息获取成本巨大，三是代理人不会告诉你真实信息。在移动通信公司开发“套餐”产品时，也会遇到与保险公司类似的问题。另外，政府对垄断企业或者公共事业的规制也存在事前信息不对称问题，例如，企业的生产成本和生产效率就是企业的私人信息。

委托人解决事前信息不对称问题，就是委托人设计一组契约，将一组契约面向不同类型的代理人，期望在契约与代理人之间一一匹配；代理人基于自己的类型，选择效用最大化的契约，当然代理人也可以拒绝契约，取得保留效用；如果代理人选择契约，则代理人付出努力以进行生产，当然代理人的生产也受到随机环境因素的影响；最后是产出结果按照契约分配。

逆向选择问题的博弈时序：

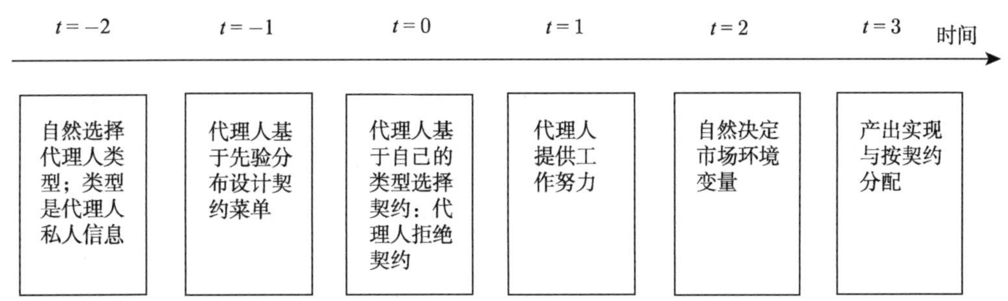

7.2.1　生产与逆向选择

委托人将一项生产任务 q 委托给代理人完成，代理人从事生产任务，委托人通过转移支付 t 拥有生产成果 q，委托人的效用为 $s(q)$，$s'>0$，s'' 0。委托人的核心任务是设计契约集合 (q,t)。

委托人设计契约时，面临逆向选择问题，即委托人不知道代理人的类型，代理人的类型是代理人的私人信息，代理人指导，委托人不知道，但委托人拥有代理人私人信息的先验分布。代理人的类型用代理人的生产效率表示，其反应就是可变成本 θ 。有一高效率代理人 $\theta=\underline{\theta}$ ，先验概率 v ；有一低效率代理人 $\theta=\overline{\theta}$ ，先验概率 $1-v$ ，即 $\theta\in\Theta=\left\{\underline{\theta},\overline{\theta}\right\}$ ，自然地有 $0<v<1$ 。为简单记，生产的固定成本 F 记为 0，这不影响我们的分析和核心结论。

博弈时序如下。

委托人面向不同代理人市场分别提供两个契约：

对于代理人 $\theta=\underline{\theta}$ ，提供契约 $\underline{A}=\left(\underline{q},\underline{t}\right)$;对于代理人 $\theta=\overline{\theta}$ ，提供契约 $\overline{A}=\left(\overline{q},\overline{t}\right)$ 。

委托人不知道代理人的类型，也不能强制代理人选择某一个契约。如何保证代理人自动选择各自的契约呢？代理人选择契约是基于各自的个人理性。

$\theta=\underline{\theta}$ 选择 $\underline{A}=\left(\underline{q},\underline{t}\right)$ 的约束： $\underline{t}-\underline{\theta}\,\underline{q}\geqslant\overline{t}-\underline{\theta}\,\overline{q}$ ；

$\theta=\overline{\theta}$ 选择 $\overline{A}=\left(\overline{q},\overline{t}\right)$ 的约束： $\overline{t}-\overline{\theta}\,\overline{q}\geqslant\underline{t}-\overline{\theta}\,\underline{q}$ 。

上述两个约束称为激励约束，指委托人提供的契约要符合代理人的个人理性。

仅有激励约束还不能保证代理人选择契约，契约还必须能够保证每个代理人的收益达到各自的保留效用，即选择契约的机会成本。为简单记，保留效用各自假设为 0。

$\theta=\underline{\theta}$ 选择 $\underline{A}=\left(\underline{q},\underline{t}\right)$ 的参与约束： $\underline{t}-\underline{\theta}\,\underline{q}\geqslant 0$ ；

$\theta=\overline{\theta}$ 选择 $\overline{A}=\left(\overline{q},\overline{t}\right)$ 的约束： $\overline{t}-\overline{\theta}\,\overline{q}\geqslant 0$ 。

契约 $A=\left\{\left(\underline{q},\underline{t}\right),\left(\overline{q},\overline{t}\right)\right\}$ 称为可行契约，是指契约不但满足激励约束，还满足参与约束。

在可行契约 $\left\{\left(\underline{q},\underline{t}\right),\left(\overline{q},\overline{t}\right)\right\}$ 下，委托人的效用为： $v\left(s\left(\underline{q}\right)-\underline{t}\right)-(1-v)\left(s\left(\overline{q}\right)-\overline{t}\right)$ 。

因此，信息不对称条件下，委托人的契约设计问题为

$$\max_{\left(\underline{q},\underline{t}\right),\left(\overline{q},\overline{t}\right)}\left\{v\left(s\left(\underline{q}\right)-\underline{t}\right)-(1-v)\left(s\left(\overline{q}\right)-\overline{t}\right)\right\}$$

$$\text{s.t.}\begin{cases}\underline{t}-\underline{\theta}\,\underline{q}\geqslant\overline{t}-\underline{\theta}\,\overline{q}\\ \overline{t}-\overline{\theta}\,\overline{q}\geqslant\underline{t}-\overline{\theta}\,\underline{q}\\ \underline{t}-\underline{\theta}\,\underline{q}\geqslant 0\\ \overline{t}-\overline{\theta}\,\overline{q}\geqslant 0\end{cases}$$

定义 $\underline{t}-\underline{\theta}\,\underline{q}$ 和 $\overline{t}-\overline{\theta}\,\overline{q}$ ，称为代理人的信息租金，分别用 $\underline{u}$ 和 $\overline{u}$ 表示。

用变量 (q,u) 代理变量 (q,t) ，这决策问题变为

$$\max_{\left(\underline{q},\underline{u}\right),\left(\overline{q},\overline{u}\right)}\left\{v\left(s\left(\underline{q}\right)-\underline{\theta}\,\underline{q}\right)+(1-v)\left(s\left(\overline{q}\right)-\underline{\theta}\overline{q}\right)-\left(v\underline{u}+(1-v)\overline{u}\right)\right\}$$

$$\text{s.t.}\begin{cases}\underline{u}\geqslant\overline{u}+\Delta\theta\overline{q}\\ \overline{u}\geqslant\underline{u}-\Delta\theta\,\underline{q}\\ \underline{u}\geqslant 0\\ \overline{u}\geqslant 0\end{cases}$$

其中 $\Delta\theta = \overline{\theta} - \underline{\theta}$。

1. 完全信息情况下的最优(first best, FB)契约

信息完全的情况下，委托人知道代理人的类型，委托人可以强制代理人选择为其设计的契约，代理人没有自主选择权，因为委托人知道只要代理人效用达到保留效用，代理人即会参与合作行为。

完全信息情况下的最优契约问题是

$$\max_{(\underline{q},\underline{u}),(\overline{q},\overline{u})} \left\{ v\left(s\left(\underline{q}\right) - \underline{\theta}\underline{q}\right) + (1-v)\left(s\left(\overline{q}\right) - \underline{\theta}\overline{q}\right) - \left(v\underline{u} + (1-v)\overline{u}\right) \right\}$$

$$\text{s.t.} \begin{cases} \underline{u} \geqslant 0 \\ \overline{u} \geqslant 0 \end{cases}$$

结论 1 信息完全情况下，最优契约如下：

对代理人 $\theta = \underline{\theta}$，有 $s'\left(\underline{q}^{FB}\right) = \underline{\theta}$，$\underline{t}^{FB} = \underline{\theta}\,\underline{q}^{FB}$；

对代理人 $\theta = \overline{\theta}$，有 $s'\left(\overline{q}^{FB}\right) = \overline{\theta}$，$\overline{t}^{FB} = \underline{\theta}\overline{q}^{FB}$。

通过结论 1 可以看到：由于 $\overline{\theta} > \underline{\theta}$，而 $s'(q)$ 是减函数，故有 $\underline{q}^{FB} > \overline{q}^{FB}$，即高效率代理人的产量大于低效率代理人的产量，优势资源优先配制给高效率代理人。高效率代理人承担了更大的代理任务，也创造了更大的社会福利。原因如下。

$\theta = \underline{\theta}$ 创造的社会福利：

$$\underline{w}^{FB} = s\left(\underline{q}^{FB}\right) - \underline{\theta}\,\underline{q}^{FB} = \max_{q}\left(s(q) - \underline{\theta}q\right) \geqslant s\left(\overline{q}^{FB}\right) - \underline{\theta}\overline{q}^{FB} > s\left(\overline{q}^{FB}\right) - \overline{\theta}\,\overline{q}^{FB} = \overline{w}^{FB}$$

另外信息完全的情况下，代理人的信息租金为 0。说明代理人没有信息优势，其类型信息没有为代理人创造信息租金。委托人的代理成本为 0。

2. 不完全信息情况下的次优(second best, SB)契约

下面对约束条件进行分析。

通过激励约束 $\underline{u} \geqslant \overline{u} + \Delta\theta\overline{q}$，显然参与约束 $\underline{u} \geqslant 0$ 是多余的。约束条件变为

$$\begin{cases} \underline{u} \geqslant \overline{u} + \Delta\theta\overline{q} \\ \overline{u} \geqslant \underline{u} - \Delta\theta\,\underline{q} \\ \overline{u} \geqslant 0 \end{cases}$$

目标函数 $v\left(s\left(\underline{q}\right) - \underline{\theta}\underline{q}\right) + (1-v)\left(s\left(\overline{q}\right) - \underline{\theta}\overline{q}\right) - \left(v\underline{u} + (1-v)\overline{u}\right)$ 都是关于 $\underline{u}$，$\overline{u}$ 的减函数，因此次优解中必有 $\overline{u} = 0$，则约束条件变为：$\Delta\theta\overline{q} \leqslant \underline{u} \leqslant \Delta\theta\,\underline{q}$。

根据目标函数的特性，次优解中有 $\underline{u} = \Delta\theta\overline{q}$。

委托人的契约设计问题变为

$$\max_{\underline{q},\overline{q},} \left\{ v\left(s\left(\underline{q}\right) - \underline{\theta}\underline{q}\right) + (1-v)\left(s\left(\overline{q}\right) - \underline{\theta}\overline{q}\right) - v\Delta\theta\overline{q} \right\}$$

结论 2 信息不完全情况下，最优契约如下：

对代理人 $\theta=\underline{\theta}$，有 $s'\left(\underline{q}^{SB}\right)=\underline{\theta}$；对代理人 $\theta=\overline{\theta}$，有

$$s'\left(\overline{q}^{SB}\right)=\overline{\theta}+\frac{v}{1-v}\Delta\theta$$

将结论 2 与结论 1 对比，可以看到：

(1) 对于高效率的代理人，其产量没有变化，$\underline{q}^{SB}=\underline{q}^{FB}$；对于低效率的代理人，$s'(q)$ 由 $\overline{\theta}$ 上升为

$$\overline{\theta}+\frac{v}{1-v}\Delta\theta$$

故信息不完全情况下，其产量变小 $\overline{q}^{SB}<\overline{q}^{FB}$，产量向下扭曲。

(2) 信息不完全情况下，低效率代理人的信息租金 $\overline{u}^{SB}=0$。高效率代理人的信息租金 $\underline{u}^{SB}=\Delta\theta\overline{q}^{SB}>0$。$\underline{u}^{SB}>0$是由于信息不对称造成的。代理人的类型信息是代理人的私人信息，代理人会基于自身的效用选择契约。高效率的代理人可以模仿低效率的代理人，通过选择低效率代理人的契约而获取信息租金。通过 $\underline{u}=\Delta\theta\overline{q}$ 可以看到，$\overline{q}$ 越大，高效率代理人通过模仿低效率代理人获取的信息租金就越大，因此，委托人在设计契约时，高效率代理人的产量不变，低效率代理人的产量向下扭曲，目的就是减小高效率代理人的信息租金。

基于结论 2，转移支付为：$\underline{t}^{SB}=\underline{\theta}\,\underline{q}^{SB}+\Delta\theta\overline{q}^{SB}$，$\overline{t}^{SB}=\underline{\theta}\overline{q}^{SB}$ 。

(3) 由

$$s'\left(\overline{q}^{SB}\right)=\overline{\theta}+\frac{v}{1-v}\Delta\theta$$

当右边充分大时，有 $\overline{q}^{SB}<0$，即委托人会关闭低效率的生产企业。当边际成本差距($\Delta\theta$)充分大，或者代理人越来越相信委托人是高效率的代理人(v 越来越大)，就会发生关闭企业现象。当委托人面临关闭决策时，委托人会在选择之间作出权衡。允许低效率代理人生产，则低效率代理人会为委托人创造价值，当然，由于低效率代理人从事生产，也为高效率代理人谋求信息租金创造了条件。当下列条件满足时，关闭策略是最优的：

$$v\left(s\left(\underline{q}^{SB}\right)-\underline{\theta}\,\underline{q}^{SB}\right)\geqslant v\left(s\left(\underline{q}^{SB}\right)-\underline{\theta}\,\underline{q}^{SB}-\Delta\underline{\theta}\,\overline{q}^{SB}\right)+(1-v)\left(s\left(\overline{q}^{SB}\right)-\underline{\theta}\overline{q}^{SB}\right)$$

即 $v\Delta\underline{\theta}\,\overline{q}^{SB}\geqslant(1-v)\left(s\left(\overline{q}^{SB}\right)-\underline{\theta}\overline{q}^{SB}\right)$。

(4) 基于结论 2，也产生了信息不对称环境下的企业观。企业内部存在着委托代理关系，如董事会与总经理、总经理与生产部经理、生产与采购等。由于委托代理关系的存在，代理人利用信息优势，获取了信息租金，即企业并没有实现真正意义上的利润最大化。

7.2.2 逆向选择：旧车市场

在发达国家，二手车(旧车)的价格往往比新车差一大截，即使旧车本身没有什么质量问题，一旦旧车进入二手车市场，其价格就会与新车相比差老远。在我国许多城市，二手车市场甚至难以建立起来，原因是进入市场的买车人太少。逆向理论为我们解答了这个谜。

美国经济学家阿克尔洛夫在 1970 年的论文《柠檬市场：质量的不确定与市场机制》中提出了著名的旧车市场模型，开创了逆向选择理论的先河。

“柠檬”产品是指质量有缺陷的产品。在美国俚语中，“柠檬”俗称“次品”。阿克尔洛夫文中的“柠檬产品”指的是质次的旧车，旧车市场上，买者和卖者有关汽车质量的信息是不对称的。卖者知道所售汽车的真实质量；潜在的买者要想确切地辨认出旧车市场上汽车质量的好坏是困难的，他最多只能通过外观、介绍及简单的现场试验等来获取有关汽车质量的信息，而从这些信息中很难准确判断出车的质量，因为车的真实质量只有通过长时间的使用才能看出，但这在旧车市场上又是不可能的。所以我们说，旧车市场上的买者只知道旧车市场上汽车的平均质量。在这种情况下，典型的买者只愿意根据平均质量支付价格，但这样一来，质量高于平均水平的卖者就会将他们的汽车撤出旧车市场，市场上只留下质量低的卖者。结果是，旧车市场上汽车的平均质量降低，买者愿意支付的价格进一步下降，更多的较高质量的汽车退出市场。最后，在均衡的情况下，只有低质量的汽车成交，高质量的汽车在竞争中失败，市场选择了低质量的汽车，极端情况下甚至没有交易。

下面通过数据分析说明旧车市场中逆向选择问题是如何出现的。

设市场上有多个潜在的买者(用 b 表示)和卖者(用 s 表示)。汽车质量 θ 是卖者的私人信息，但 θ 的分布是公共信息，$\theta\in[2000,6000]$ 上的均匀分布，密度函数

$$f(\theta)=\frac{1}{4000}$$

买卖双方关于车的价值评价是相同的，质量越高，则价值越大。本节采用最简单的评价函数

$$U_b(\theta)=V_s(\theta)=\theta$$

如果买卖双方的成交价格为 p，则参与人的效用分别为

$$U_b(p,\theta)=\theta-p\,,\quad V_s(p,\theta)=p-\theta$$

卖者不知道车的质量，但根据 θ 的分布，他可以预计车的平均质量 $\overline{\theta}^1=4000$。因此作为理性的卖者，他愿意支付的最高价格是 $p^1=4000$。作为卖者，在 $p^1=4000$ 的条件下，只有 $\theta\leqslant 4000$ 的客户才会同意卖车，$\theta>4000$ 的车被驱逐出市场。

作为理性的卖者，能够对市场进行预测，$\theta>4000$ 的车已被驱逐出市场，车的质量分布已经变为 $\theta\in[2000,4000]$，因此平均预期质量变为 $\overline{\theta}^2=3000$，他愿意支付的最高价格变为 $p^2=3000$。由此，市场上剩余的车的质量 $\theta\leqslant 3000$，$\theta>3000$ 的车被驱逐出市场。

这种序列预测与决策如下表示：

$$\overline{\theta}^1=4000\Rightarrow p^1=4000\Rightarrow\theta\in[2000,4000]$$
$$\overline{\theta}^2=3000\Rightarrow p^2=3000\Rightarrow\theta\in[2000,3000]$$
$$\overline{\theta}^3=2500\Rightarrow p^3=2500\Rightarrow\theta\in[2000,2500]$$
$$\overline{\theta}^4=2250\Rightarrow p^4=2250\Rightarrow\theta\in[2000,2250]$$

……

$$\bar{\theta}^{\infty} = 2000 \Rightarrow p^{\infty} = 2000 \Rightarrow \theta = 2000$$

唯一的均衡价格是 $p^{NS} = 2000$，此时市场中只存在最低质量的产品，只有低质量的产品才能成交，较高质量的产品都被驱逐出市场。

这个例子尽管简单，但给出了逆向选择的基本含义：

(1) 在信息不对称的情况下，市场的运行可能是无效率的。买主愿出高价购买好车，市场并没有实现将好车从卖主手里转移到需要的买主手中。信息不对称的环境下，市场调节下供给和需求是总能在一定价位上满足买卖双方的意愿的传统经济学的理论就失灵了。

(2) 这种"市场失灵"具有"逆向选择"的特征，即市场上只剩下次品，也就是形成了人们通常所说的"劣币驱逐良币"效应。传统市场的竞争机制导出的结论是——"良币驱逐劣币"或"优剩劣汰"；可是，信息不对称导出的是相反的结论——"劣币驱逐良币"或"劣剩优汰"。

(3) 由于信息不对称在市场中是最普遍存在的最基本事实，所以阿克尔洛夫的旧车市场模型具有普遍经济学分析价值。他讲的故事虽然是旧车市场，可以延伸到烟、酒等所有产品市场、劳动市场和资本市场等。也能解释为什么假冒伪劣产品充斥这些市场，是因为交易双方的信息不对称，一方隐藏了信息。

7.2.3　逆向选择理论的应用

1. 质量与价格的区分

委托人出售一种商品，其质量为 q。市场上有两类消费者，他们对同等质量的产品感知价值不同，或者对同等质量的产品的价值评价不同。消费者类型 $\theta \in H = \{\underline{\theta}, \bar{\theta}\}$，概率分布是 $(v, 1-v)$，效用函数为 $U(p,\theta) = \theta q - p$，其中 p 是产品成交价格。委托人的生产成本函数为 $C(q)$，效用函数为 $V(p,\theta) = p - C(q)$。

委托人不知道消费者的类型，面向消费者开发两种质量不同的产品，并确定其相应的价格。委托人的决策变量是 $\{(\bar{q}, \bar{p}), (\underline{q}, \underline{p})\}$。

用 $\bar{u} = \theta\bar{q} - \bar{p}$ 表示 $\theta = \bar{\theta}$ 的信息租金，用 $\underline{u} = \theta\underline{q} - \underline{p}$ 表示 $\theta = \underline{\theta}$ 的信息租金，则委托人的决策问题是

$$\max_{(\underline{q},\underline{u}),(\bar{q},\bar{u})} \left\{ v\left(\bar{\theta}\bar{q} - C\left(\bar{q}\right)\right) + (1-v)\left(\underline{\theta}\underline{q} - C\left(\underline{q}\right)\right) - \left(v\bar{u} + (1-v)\underline{u}\right) \right\}$$

$$\text{s.t.} \begin{cases} \bar{u} \geqslant \underline{u} + \Delta\theta\, \underline{q} \\ \underline{u} \geqslant \bar{u} - \Delta\theta\bar{q} \\ \underline{u} \geqslant 0 \\ \bar{u} \geqslant 0 \end{cases}$$

求解结果如下：

对于高评价的代理人 $\left(\theta = \bar{\theta}\right)$，产品质量没有扭曲，$\bar{q}^{SB} = \bar{q}^{FB}$，$C'\left(\bar{q}^{FB}\right) = \bar{\theta}$。

对于低评价的代理人 $\left(\theta = \underline{\theta}\right)$，产品质量向下扭曲，$\underline{q}^{SB} < \underline{q}^{FB}$，其中 $C'\left(\underline{q}^{FB}\right) = \underline{\theta}$，

$$C'\left(\underline{q}^{SB}\right)+\frac{v}{1-v}\Delta\theta=\underline{\theta}\,,\quad C'\left(\underline{q}^{SB}\right)+\frac{v}{1-v}\Delta\theta=\underline{\theta}$$

进一步分析，有 $\overline{q}^{SB}-\underline{q}^{SB}>\overline{q}^{FB}-\underline{q}^{FB}$。这说明不完全信息情况下，质量之间的分布差异大于信息完全情况下的差异，委托人拉大质量差异的目的是用以识别客户的类型，故意降低部分产品的质量是一种重要的销售策略，可以帮助企业有效区分不同支付意愿(willing to pay，WTP)的消费者。

2. 金融契约

不对称信息严重的影响金融市场。在金融市场上，逆向选择是指市场上那些最有可能造成不利(逆向)结果(即造成违约风险)的融资者，往往就是那些寻求资金最积极而且最有可能得到资金的人。

委托人是贷方，代理人是借方，委托人提供总额为 k 的贷款给借方用于经营。假定资本市场中无风险利率是 R，则资金成本为 Rk。借方的利润函数 $U(k,\theta)=\theta f(k)-t$，其中 $\theta\in H=\left\{\underline{\theta},\overline{\theta}\right\}$ 是生产者的类型，反映了生产者的生产力，是借方的私人信息，其分布 $(v,1-v)$ 是公共信息；$f(k)$ 是资金 k 带来的产出，t 是借方向贷方的转移支付(偿还计划)，自然有 $f'(k)>0$，$f''(k)<0$。委托人的效用函数为 $V(k)=t-Rk$。

类似地，借方的信息租金为 $\overline{u}=\overline{\theta}f\left(\overline{k}\right)-\overline{t}$ 和 $\underline{u}=\underline{\theta}f(\underline{k})-\underline{t}$。

则委托人的决策问题是

$$\max_{(\underline{u},\underline{k}),(\overline{u},\overline{k})}\left\{v\left(\overline{\theta}f\left(\overline{k}\right)-R\overline{k}\right)+(1-v)\left(\underline{\theta}f(\underline{k})-R\underline{k}\right)-\left(v\overline{u}+(1-v)\underline{u}\right)\right\}$$

$$\text{s.t.}\begin{cases}\overline{u}\geqslant\underline{u}+\Delta\theta f(\underline{k})\\ \underline{u}\geqslant\overline{u}-\Delta\theta f\left(\overline{k}\right)\\ \underline{u}\geqslant 0\\ \overline{u}\geqslant 0\end{cases}$$

求解结果如下：

对于高产出类型的代理人 $(\theta=\overline{\theta})$，贷款总量没有出现扭曲，即有

$$\overline{k}^{SB}=\overline{k}^{FB}\,,\quad \overline{\theta}f'\left(\overline{k}^{FB}\right)=R$$

资本的回报等于无风险利率。

对于产出类型的代理人 $\left(\theta=\underline{\theta}\right)$，贷款总量出现向下扭曲，即有 $\underline{k}^{SB}<\underline{k}^{FB}$，其中

$$\left(\underline{\theta}-\frac{v}{1-v}\Delta\theta\right)f'\left(\underline{k}^{SB}\right)=R\,,\quad \underline{\theta}f'\left(\underline{k}^{FB}\right)=R$$

按照借贷的规模区别不同类型的借方，可以甄别出某些生产力水平较低的企业。当然，委托人也可以利用其他手段获取借方的私人信息，如财务审计、威胁终止贷款等策略。

3. 最优许可契约

考虑一个专利持有人(卖者)和一个专利购买企业(买者)的契约关系。卖者拥有一项专

利技术，除专利授权外，没有其他的获利途径。生产者是一个垄断者，它的平均生产成本是 c^0。购买专利授权以后，提高了劳动生产率，表现为生产成本的节约，新的生产成本为 c，自然有 $c<c^0$。当产品零售价格为 p 时，市场需求函数是 $D(p)$，当然 $D'(p)<0$。

考虑专利持有人的契约设计。其契约是 (F,ε)，其中 F 是专利授权时一次性支付的转让费，ε 是生产者每生产单位产品需要支付的转让费。当生产者的产量是 Q 时，其总成本为 $F+(c+\varepsilon)Q$。

用 $p(x)$ 表示生产成本为 x 时的价格。自然 $p(x)$ 由下式决定：

$$p(x)\in\arg\max_{p}(p-x)D(p)$$

用 $\pi(x)$ 表示生产成本为 x 时生产者的支付函数，自然 $\pi(x)$ 由下式决定：

$$\pi(x)=\left[p(x)-x\right]D(p(x))$$

先分析信息完全的情况，即卖者知道生产者的生产技术，c^0 和 c 是公共知识。

生产者是否会购买专利技术，取决于购买专利的收益 $\pi(c+\varepsilon)-\pi\left(c^0\right)$ 与购买专利的一次性支出 F 的比较，即参与约束是 $\pi(c+\varepsilon)-\pi\left(c^0\right)\geqslant F$。

卖方的契约设计问题是如下的优化问题：

$$\max_{F,\varepsilon}\left\{F+\varepsilon D(p(c+\varepsilon))\right\}$$

$$\text{s.t.}\begin{cases}\pi(c+\varepsilon)-\pi\left(c^0\right)\geqslant F\\ F\geqslant 0\\ \varepsilon\geqslant 0\end{cases}$$

利用 K-T 条件，对上述非线性规划求解，发现参与约束是紧的，最优契约中只包含固定支付：$F^*=\pi(c)-\pi\left(c^0\right)$，$\varepsilon^*=0$。如果买房和卖方能够充分共享合作信息，即属于此种情形。

下面分析信息不对称的情况，即买者拥有个人信息，具有信息优势；卖者不知道买者的私人信息。私人信息可以有多个表现方式，例如，关于市场需求函数。本模型选择技术创新的效果，即卖者购买新技术后在多大程度上可以降低生产成本。假设生产企业有两种类型，一种是好的(G)，新专利产业化的效率高、效果好，新成本是 c^G，先验概率为 g；另一种类型是坏的(B)，新专利产业化的效率低、效果一般，新成本是 c^B，先验概率为 $1-g$。无论哪种类型，购买专利都能降低生产成本，即 $0<c^G<c^B<c^0$。

如果卖者知道类型一(G)，则其设计的契约如下：

$$F^G=\pi\left(c^G\right)-\pi\left(c^0\right),\quad \varepsilon^G=0$$

如果卖者知道类型二(B)，则其设计的契约如下：

$$F^B=\pi\left(c^B\right)-\pi\left(c^0\right),\quad \varepsilon^B=0$$

当卖者不知道买者的类型，最优企业有如下特征。

结论　在信息不对称的条件下，卖方提供的最优契约菜单是分离的，并具有如下特征：

$$\tilde{F}^G < F^*,\quad \tilde{\varepsilon}^G = 0;\quad \tilde{F}^B < F^*,\quad \tilde{\varepsilon}^B > 0$$

证明　在信息不对称条件下，卖者设计契约菜单 $\left\{\left(F^G,\varepsilon^G\right),\left(F^B,\varepsilon^B\right)\right\}$ 以供买者选择。卖者基于自己的类型进行自我选择和参与约束的判定。卖者的契约设计问题是如下的非线性数学规划问题：

$$\max_{F^G,\varepsilon^G;F^B,\varepsilon^B}\left\{g\left[F^G+\varepsilon^G D\left(p\left(c+\varepsilon^G\right)\right)\right]+(1-g)\left[F^B+\varepsilon^B D\left(p\left(c+\varepsilon^B\right)\right)\right]\right\}$$

$$\text{s.t.}\begin{cases}\pi\left(c^G+\varepsilon^G\right)-F^G-\pi\left(c^G+\varepsilon^B\right)+F^B\geqslant 0\\ \pi\left(c^B+\varepsilon^B\right)-F^B-\pi\left(c^B+\varepsilon^G\right)+F^G\geqslant 0\\ \pi\left(c^G+\varepsilon^G\right)-F^G-\pi\left(c^0\right)\geqslant 0\\ \pi\left(c^B+\varepsilon^B\right)-F^B-\pi\left(c^0\right)\geqslant 0\\ F^G\geqslant 0\\ F^B\geqslant 0\\ \varepsilon^G\geqslant 0\\ \varepsilon^B\geqslant 0\end{cases}$$

删除不要的约束条件，利用 K-T 条件对上述数学规划进行分析，即可得出结论。请同学们参阅运筹学中的 K-T 条件理论，完成上述结论的证明。

上述结论说明，当买方拥有关于创新价值的私人信息时，分段支付契约能够使卖者识别出低质量的创新；当买方具有较高创新价值时，他将被提供一个完全基于固定支付的契约；无论哪种类型，固定支付都小于完全信息时的固定支付。

7.3　委托代理框架下的道德风险

道德风险属于事后信息不对称，是指委托人和代理人签订契约后，由于代理人行动的不可观测性或者不可验证性，或者代理人事后获得了更充分的私人信息，代理人会利用“自主”选择权选择对自己效用最大化而又不符合委托人期望的行为。例如，在劳动力市场，一个工人的劳动结果是可以证实的，观测工人的劳动过程、评估工人的努力行为却是不可证实的，或者其证实成本太高。在保险市场，保险公司希望保单持有人更加谨慎，以避免事故，这是委托人的期望，但是保单持有人作为代理人，一旦投保了一个险种，他就有动机比投保之前更加不谨慎而改变自己的行为，造成保险公司更大的损失。行为的不可观测性使行为变量不能进入契约，劳动产出可以进入契约，但产出又不能绝对反映行为，因为产出是一个多变量影响的结果，包括随机环境。

道德风险问题的时序如下：

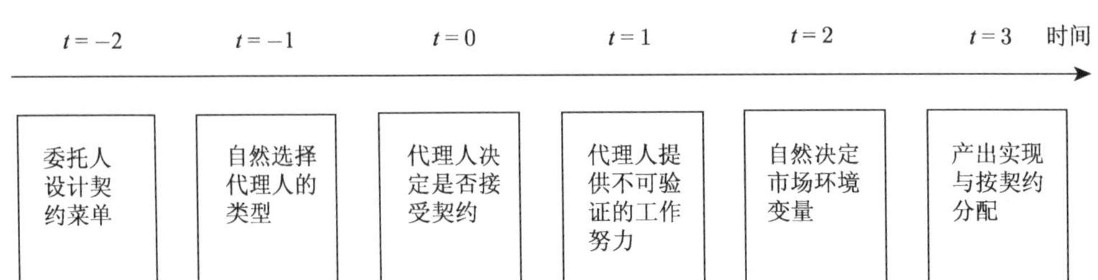

7.3.1 道德风险及其产生

道德风险指经济代理人在行使其自身效用最大化的同时，利用自身的主观行为损害委托人或其他代理人利益的行为。在市场经济中道德风险是一种十分普遍的现象，它实际上是经纪人针对自身的隐藏信息而采取的理性反应。

道德风险是由于代理人的主管行为产生的，根本原因是代理人利益与委托人的利益不一致性。代理人基于自身行为不可观测性或者不可验证性，通过投机行为谋取更大利益。在信息经济学中，这种投机行为不应该是贬义的，既然假设了人的理性行为，这种投机性行为的存在就是合理的。因此道德风险是系统的内生变量。信息经济学的核心就是通过契约设计，诱导代理人的行为，诱使代理人选择委托人希望代理人所选择的行为。

法国工程师林曼曾经设计了一个引人深思的拉绳实验：把被试者分成一人组、二人组、三人组和八人组，要求各组用尽全力拉绳，同时用灵敏度很高的测力器分别测量其拉力。结果显示，二人组的拉力只是单独拉绳时的 95%；三人组的拉力只是单独拉绳时的 85%；而八人组的拉力只是单独拉绳时的 49%。这个结果很好地解释了道德风险，道德风险是普遍存在的，消除道德风险是不可能的。人的潜力极限需要激励，而最有效最管用的激励手段莫过于建立人尽其才、人尽其力的激励机制。

7.3.2 道德风险问题的分析框架

道德风险问题有一个统一的分析框架。将统一的分析框架与各种经济问题结合就产生各种经济模型。

假设代理人可以选择的行动集合为 A， $a \in A$ 是代理人可能选择的一个行动。a 可以是一个数量，如工作努力水平，也可以是一个向量，如 $a = (a_1, a_2)$ 时，a_1 是工作“数量”、 a_2 是工作“质量”。在本章中，我们将 a 限制在一维变量的情形。

设 θ 是外生的随机变量，它是不受代理人和委托人控制的“自然状态”，用以表示环境的变化。$\theta \in H$ ，H 是 θ 的可能取值范围，并设 θ 在 H 上的分布函数和密度函数分别为 $G(\theta)$ 和 $g(\theta)$ 。

当代理人选择某个具体的行动 a 之后，外生变量 θ 实现，θ 与 a 就共同解决了一个可观测结果，记为 $\boldsymbol{x} = \boldsymbol{x}(a,\theta)$ ，表示生产技术。我们进一步还假设，θ 与 a 会共同决定一个所有权归属于委托人的货币收入(产出) $\pi(a,\theta)$ 。 $\pi(a,\theta)$ 也可以是一个向量。 $\boldsymbol{x}(a,\theta)$ 也可以将

$\pi(a,\theta)$ 甚至 a 和 θ 都作为它的分量。当 a 或 θ 是 $\boldsymbol{x}$ 的分量时，a 就是可观测的了。

委托人和代理人在收入不确定情况下的效用函数并不简单地等同于他们在确定性情形下的效用函数。设委托人的确定性收入效用函数为 $v(y)$，其中 $v(y)$ 是委托人在收入为 y 下的效用水平，又设 $u(z)$ 是代理人的确定性收入效用函数，其中 $u(z)$ 是代理人在收入为 z 下的效用水平。假设这些效用函数满足通常的性质假定，即

$$v'(y)>0, \quad v''(y)\leqslant 0; \quad u'(z)>0, \quad u''(z)\leqslant 0。$$

代理人选择任何行动 $a\in A$ 几乎都会给他带来一定程度的“辛苦”或“痛苦”，假定其可被用一种效用测度的“成本函数” $c(a)$ 表示，当然有 $c'(a)>0$，$c''(a)>0$。

显然，一般可假定：$\dfrac{\partial \pi(a,\theta)}{\partial a}>0$，即努力水平的增加有助于劳动产出的增加。这与 $c'(a)>0$ 构成一对矛盾。$\dfrac{\partial \pi(a,\theta)}{\partial a}>0$ 意味着委托人希望代理人付出更大的努力，而 $c'>0$ 则意味着代理人希望少努力。所以，除非委托人能对代理人提供足够多的激励或奖赏，否则，代理人不会如委托人希望的那样努力工作。委托人作为其个人理性，会在努力带来的收益和成本支出之间进行权衡，其之所以能够进行权衡，是由于其努力水平是其个人信息，委托人是观测不到的。

假设分布函数 $G(\theta)$，密度函数 $g(\theta)$，生产技术 $\boldsymbol{x}(a,\theta)$，产出函数 $\pi(a,\theta)$，效用函数 $v(y)$，$u(z)$，成本函数(也称“负效用函数”) $c(a)$ 都是“共同知识”。

委托人负责设计契约。设委托人采用分成制契约：委托人将产出 $\pi(a,\theta)$ 中的一部分 $s(0<s<1)$ 作为奖赏支付给代理人。委托人决定 s 的大小是依赖于他所观测到的变量(指标) $\boldsymbol{x}(a,\theta)$ 来决定的，即有 $s=s[\boldsymbol{x}(a,\theta)]$。为什么 s 依赖于 $\boldsymbol{x}(a,\theta)$ 而不是 s 依赖于 a 呢？因为 a 不是一个可观测变量，a 不能进入契约。进入契约的只能是可观测变量 $\boldsymbol{x}(a,\theta)$。

则委托人的收入为 $y=\pi(a,\theta)-s[x(a,\theta)]$，于是，委托人的期望效用函数为

$$(P) \quad \int v\{\pi(a,\theta)-s[x(a,\theta)]\}\, g(\theta)\mathrm{d}\theta$$

委托人的问题是设计契约 $s(x)$ 以诱导代理人选择他所希望的行动 a，使这一期望效用函数最大化。

代理人不参加与委托人的这一委托代理博弈，即不签订合约时，他也会有一个“保留支付”或“保留效用”，记为 $\bar{u}$。它是代理人不接受合约时的最大期望效用，即代理人接受合约的机会成本。

于是，代理人的净期望效用函数为

$$(\mathrm{IR}) \quad \int u\{s[x(a,\theta)]\}\, g(\theta)\mathrm{d}\theta - c(a)\geqslant \bar{u}$$

式(IR)称为“参与约束”或“个人理性约束”(individual rationality constraint，IR)，它是代理人接受合约的必要条件。

另一个概念是激励相容约束，下面给出定义。

尽管委托人不能“经济地”观测到代理人的行为，但有一个原理制约着代理人的行为，这就是“激励相容约束”(incentive compatibility constraint，IC)。代理人的个人理性使代理人在选择行动时，首先选择最大化自己期望效用的行动，而不是选择委托人期望的行动。这个约束决定了代理人的行动选择 a 应满足的条件：

$$\text{(IC)}\quad \int u\{s[x(a,\theta)]\}g(\theta)\mathrm{d}\theta - c(a) \geqslant \int u\{s[x(a',\theta)]\}g(\theta)\mathrm{d}\theta - c(a'),\quad \forall a' \in A$$

上式约束(IC)称为激励约束。

委托人设计的契约首先要满足参与约束，否则代理人不会参与这个博弈行为。其次要满足激励约束，这是基于代理人的个人理性和信息不对称。

一个委托代理博弈中，委托人应清楚代理人的行动选择 a 必须同时满足(IR)和(IC)这两个约束。

这样，委托人的问题就是：在(IR)和(IC)限定的范围内选择 $s(x)$ 和确定期望行动 $a \in A$ (通过奖惩诱使代理人选择 a)，以最大化期望效用函数 (P)，即

$$\begin{aligned}
&\max_{a,s(x)} \int v\{\pi(a,\theta) - s[x(a,\theta)]\}g(\theta)\mathrm{d}\theta \\
&\text{s.t.}\quad \int u\{s[x(a,\theta)]\}g(\theta)\mathrm{d}\theta - c(a) \geqslant \overline{u}\quad \text{(IR)} \\
&\qquad \int u\{s[x(a,\theta)]\}g(\theta)\mathrm{d}\theta - c(a) \\
&\qquad \geqslant \int u\{s[x(a',\theta)]\}g(\theta)\mathrm{d}\theta - c(a'),\quad \forall a' \in A\quad \text{(IC)}
\end{aligned}$$

这就是由 Wilson(1969)，Spence 和 Zeckhauser(1971)及 Ross(1973)等提出的委托代理框架下道德风险问题统一分析框架，称为“状态空间模型化方法”(state-space formulation)。

7.3.3　生产与道德风险

将 7.3.2 小节委托代理框架下道德风险问题统一分析框架与一个具体的生产问题相结合，即为本小节的内容。本届模型属于离散变量模型，只有两种努力行为。

委托人交予代理人一项生产行为，委托人的转移支付是 t。

代理人通过选择工作努力水平，进行生产，并按照契约进行分配。

努力水平：选择最简单的情况，即努力变量只有两种情况，$e=1$ 表示努力工作，$e=0$ 表示不努力工作，即 $e \in \{0,1\}$。对于努力变量 e，代理人有负效用 $\varphi(e)$，为简单记，设为 $\varphi(0)=0, \varphi(1)=\varphi>0$，则代理人的效用 $U(t,e)=u(t)-\varphi(e)$。

生产机制：生产受代理人努力水平和外生随即因素的影响，随机生产水平 $\tilde{q} \in \left\{\underline{q}, \overline{q}\right\}$。

令 $\Delta q = \overline{q} - \underline{q}$，有 $\Delta q > 0$。$\tilde{q}$ 的分布如下：

$$p\left(\tilde{q} = \overline{q} \middle| e=1\right) = \pi_1$$

$$p\left(\tilde{q} = \underline{q} \middle| e=0\right) = \pi_0$$

令 $\Delta\pi = \pi_1 - \pi_0$，有 $\Delta\pi > 0$。

随机生产过程如表 7.1 所示。

表 7.1　生产过程

生产 $\tilde{q}$ \ 概率 \ 努力 e	$e=1$	$e=0$
$\overline{q}$	π_1	π_0
$\underline{q}$	$1-\pi_1$	$1-\pi_0$

高努力不一定带来高产出，但在一阶随机占优的意义下，高努力水平是提高产出的，即 $p\left(\tilde{q}\geqslant q|e\right)$ 是关于努力水平 e 的增函数，在 4 种组合情况下可以验证。因此，从委托人的角度，委托人希望代理人选择高努力水平，这是委托人的偏好，也是委托人契约激励的目的。

委托人的契约设计：

$$t(q)=\begin{cases}\overline{t}, & q=\overline{q}\\ \underline{t}, & q=\underline{q}\end{cases}$$

当然，有 $\overline{t}>\underline{t}$。另外，产量进入了契约，努力水平没有进入契约，主要是因为产量是可观测变量，努力水平是不可观测变量。委托人看到了产出，基于产出分布决定给代理人的转移支付。当然，在理论上，转移支付应该基于努力变量，高努力对应高支付，低努力对应低支付，但努力变量的不可观测性使努力变量不能进入契约。

下面首先分析代理人的选择行为：

如 $e=1$，代理人的效用 $U(1)=\pi_1u\left(\overline{t}\right)+(1-\pi_1)u\left(\underline{t}\right)-\varphi$；

如 $e=0$，代理人的效用 $U(0)=\pi_0u\left(\overline{t}\right)+(1-\pi_0)u\left(\underline{t}\right)$。

因此，代理人选择高努力水平的激励约束是

$$\pi_1u\left(\overline{t}\right)+(1-\pi_1)u\left(\underline{t}\right)-\varphi\geqslant\pi_0u\left(\overline{t}\right)+(1-\pi_0)u\left(\underline{t}\right)$$

另外，将代理人的保留效用标准化为 0，则代理人的参与约束为

$$\pi_1u\left(\overline{t}\right)+(1-\pi_1)u\left(\underline{t}\right)-\varphi\geqslant 0$$

一个契约能够诱使一个高努力水平并能满足代理人的参与约束，才是一个可行契约。

在一个可行契约的条件下，委托人的效用如下：

$$V(1)=\pi_1\left(s\left(\overline{q}\right)-\overline{t}\right)+(1-\pi_1)\left(s\left(\underline{q}\right)-\underline{t}\right)$$

道德风险环境下，委托人的最优契约设计问题：

$$\max_{\overline{t},\underline{t}}\left\{\pi_1\left(s(\overline{q})-\overline{t}\right)+(1-\pi_1)\left(s\left(\underline{q}\right)-\underline{t}\right)\right\}$$

$$\text{s.t.}\begin{cases}\pi_1u(\overline{t})+(1-\pi_1)u(\underline{t})-\varphi\geqslant\pi_0u(\overline{t})+(1-\pi_0)u(\underline{t})\\ \pi_1u(\overline{t})+(1-\pi_1)u(\underline{t})-\varphi\geqslant 0\end{cases}$$

1. 完全信息环境下的最优契约设计

完全信息情况下，代理人的行为是可观测的，委托人观测到 $e=1$，则博弈进行；委托人观测到 $e=0$，则代理人立即出局。因此，代理人只能选择 $e=1$。

完全信息环境下委托人的最优契约设计问题：

$$\max_{\overline{t},\underline{t}}\left\{\pi_1\left(s(\overline{q})-\overline{t}\right)+(1-\pi_1)\left(s(\underline{q})-\underline{t}\right)\right\}$$
$$\text{s.t.}\quad \pi_1 u(\overline{t})+(1-\pi_1)u(\underline{t})-\varphi\geqslant 0$$

构造上式的拉格朗日函数：

$$L(\overline{t},\underline{t},\lambda)=\pi_1\left(s(\overline{q})-\overline{t}\right)+(1-\pi_1)\left(s(\underline{q})-\underline{t}\right)+\lambda\left\{\pi_1 u(\overline{t})+(1-\pi_1)u(\underline{t})-\varphi\right\}$$

利用 $L(\overline{t},\underline{t},\lambda)$ 的 K-T 条件，得到最优契约如下。

结论 3　$\lambda=\dfrac{1}{u'\left(\overline{t}^{FB}\right)}=\dfrac{1}{u'\left(\underline{t}^{FB}\right)}$.

通过结论 3，我们看到：

(1) 最优契约中，$\overline{t}^{FB}=\underline{t}^{FB}$，即高产量还是低产量，代理人得到的转移支付是相同的，代理人不承担任何风险。这是因为代理人的努力水平是可观测的，产量的变化是外部环境造成的，将代理人的收益与一个与努力水平无关的外部环境挂钩是没有道理的，故转移支付是相同的。

(2) $\lambda>0$ 说明参与约束是紧的。由 $\pi_1 u(\overline{t})+(1-\pi_1)u(\underline{t})-\varphi=0$ 得到 $\overline{t}^{FB}=\underline{t}^{FB}=u^{-1}(\varphi)$，即代理人得到的转移支付刚好弥补了努力工作的成本。

2.　不完全信息环境下风险中性代理的最优契约设计

当代理人是风险中性时，其效用函数 $u(t)=t$。契约设计问题如下：

$$\max_{\overline{t},\underline{t}}\left\{\pi_1\left(s(\overline{q})-\overline{t}\right)+(1-\pi_1)\left(s(\underline{q})-\underline{t}\right)\right\}$$
$$\text{s.t.}\begin{cases}\pi_1\overline{t}+(1-\pi_1)\underline{t}-\varphi\geqslant\pi_0 u\overline{t}+(1-\pi_0)\underline{t}\\ \pi_1\overline{t}+(1-\pi_1)\underline{t}-\varphi\geqslant 0\end{cases}$$

这是一个两个变量的无约束线性规划问题，利用图解法，次优契约如下。

结论 4　如果 $\tilde{q}=\overline{q}$，则 $\overline{t}^{SB}=\dfrac{1-\pi_0}{\Delta\pi}\varphi$；如果 $\tilde{q}=\underline{q}$，则 $\underline{t}^{SB}=-\dfrac{\pi_0}{\Delta\pi}\varphi$。

通过结论 4，我们看到：

(1) 如果高产量，则代理人得到正支付，$\overline{t}^{SB}>0$；如果低产量，则代理人得到负支付，$\underline{t}^{SB}<0$。这与信息完全的情况出现了差异，代理人需要承受风险，代理人的收益直接与产出结果挂钩。

(2) 分析委托人的支付。委托人的期望支付为 $\pi_1\overline{t}^{SB}+(1-\pi_1)\underline{t}^{SB}=\varphi$。这说明委托人的支付与产出挂钩，高产出给予激励，低产出给予惩罚，但平均来讲，委托人的支付刚好弥补了代理人的努力成本，委托人没有因为信息不对称而额外增加之处。

当代理人是风险中性时，尽管道德风险是存在的，但道德风险不会成为问题。

(3) 风险中性条件下道德风险的解决策略。委托人可以将风险完全转移给代理人，不管产出如何，取得固定收益 t^*。

设计代理人的剩余索取权支付机制如下：

$$t(\tilde{q}) = \begin{cases} s(\overline{q}) - t^*, & \tilde{q} = \overline{q} \\ s(\underline{q}) - t^*, & \tilde{q} = \underline{q} \end{cases}$$

契约 $t(\tilde{q})$ 需要满足激励约束和参与约束，由此得到固定收益 t^* 的计算公式如下：

$$t^* = \pi_1 s(\overline{q}) + (1-\pi_1)s(\underline{q})。$$

如此设计的转移支付契约就解决了道德风险问题。

3. 不完全信息环境下风险规避代理的最优契约设计

风险规避条件下，代理人的效用函数为 $u(t)$，$u(t)$ 满足 $u'(t) > 0$，$u''(t) < 0$，即 $u(t)$ 是个凹函数。

不完全信息环境下风险规避代理的最优契约设计问题：

$$\max_{\overline{t},\underline{t}} \left\{ \pi_1\left(s(\overline{q}) - \overline{t}\right) + (1-\pi_1)\left(s(\underline{q}) - \underline{t}\right) \right\}$$

$$\text{s.t.} \begin{cases} \pi_1 u(\overline{t}) + (1-\pi_1)u(\underline{t}) - \varphi \geqslant \pi_0 u(\overline{t}) + (1-\pi_0)u(\underline{t}) \\ \pi_1 u(\overline{t}) + (1-\pi_1)u(\underline{t}) - \varphi \geqslant 0 \end{cases}$$

构建上述问题的拉格朗日函数：

$$\begin{aligned} L(\overline{t},\underline{t},\lambda,\mu) = {} & \pi_1\left(s(\overline{q}) - \overline{t}\right) + (1-\pi_1)\left(s(\underline{q}) - \underline{t}\right) \\ & + \lambda(\pi_1 u(\overline{t}) + (1-\pi_1)u(\underline{t}) - \varphi - \pi_0 u(\overline{t}) \\ & - (1-\pi_0)u(\underline{t})) + \mu\left(\pi_1 u(\overline{t}) + (1-\pi_1)u(\underline{t}) - \varphi\right) \end{aligned}$$

利用 $L(\overline{t},\underline{t},\lambda,\mu)$ 的 K-T 条件，得到契约设计问题的解如下。

结论 5　次优契约中的转移支付满足：

$$\frac{1}{u'\left(\overline{t}^{SB}\right)} = \mu + \lambda\frac{\Delta\pi}{\pi_1}$$

$$\frac{1}{u'\left(\underline{t}^{SB}\right)} = \mu - \lambda\frac{\Delta\pi}{1-\pi_1}$$

通过结论 5，我们看到：

(1) 次优契约中，激励约束和参与约束都是紧的。由结论 4，把 λ，μ 作为参数，求出 λ，μ 如下：

$$\mu = \frac{\pi_1}{u'\left(\overline{t}^{SB}\right)} + \frac{1-\pi_1}{u'\left(\underline{t}^{SB}\right)}; \quad \lambda = \frac{\pi_1(1-\pi_1)}{\Delta\pi}\left(\frac{1}{u'\left(\overline{t}^{SB}\right)} - \frac{1}{u'\left(\underline{t}^{SB}\right)}\right)$$

上式显示 $\lambda > 0$，$\mu > 0$。由 K-T 条件中的互补松弛条件，可知次优契约中激励约束和参与约束都是紧的。

(2) 确定次优契约中的支付。由激励约束和参与约束的紧性，得到一个 2×2 的线性方程组如下：

$$\pi_1 u\left(\overline{t}^{SB}\right)+(1-\pi_1)u\left(\underline{t}^{SB}\right)-\varphi=\pi_0 u\left(\overline{t}^{SB}\right)+(1-\pi_0)u\left(\underline{t}^{SB}\right)$$

$$\pi_1 u\left(\overline{t}^{SB}\right)+(1-\pi_1)u\left(\underline{t}^{SB}\right)-\varphi=0$$

由此得出次优契约中的转移支付：

$$\overline{t}^{SB}=u^{-1}\left(\varphi+(1-\pi_1)\frac{\varphi}{\Delta\pi}\right);\quad \underline{t}^{SB}=u^{-1}\left(\varphi-\pi_1\frac{\varphi}{\Delta\pi}\right)$$

上式表示，在代理人为风险中性时，代理人需要承担更大的风险，因为：

如果 $\tilde{q}=\overline{q}$，$\overline{t}^{SB}=u^{-1}\left(\varphi+(1-\pi_1)\dfrac{\varphi}{\Delta\pi}\right)>u^{-1}(\varphi)$，委托人给予代理人比完全信息下更大的转移支付；

如果 $\tilde{q}=\underline{q}$，$\underline{t}^{SB}=u^{-1}\left(\varphi-\pi_1\dfrac{\varphi}{\Delta\pi}\right)<u^{-1}(\varphi)$，委托人给予代理人比完全信息下更小的转移支付。

(3) 分析委托人的期望支付。委托人的期望支付(或者激励成本)：

$$\begin{aligned}C^{SB}&=\pi_1\overline{t}^{SB}+\left(1-\pi_1\right)\underline{t}^{SB}\\&=\pi_1 u^{-1}\left(\varphi-\pi_1\frac{\varphi}{\Delta\pi}\right)+\left(1-\pi_1\right)u^{-1}\left(\varphi+(1-\pi_1)\frac{\varphi}{\Delta\pi}\right)\\&>u^{-1}(\varphi)\end{aligned}$$

上述中的不等式是由于u^{-1}是凸函数。

由此看到，在不完全信息下，委托人支付了更大的激励成本。

7.3.4　委托代理的霍姆斯特姆和米尔格罗姆模型

本小节介绍一个重要的委托代理模型，由 Holmstrom 与 Milgrom(1973)给出，它是一个适当简化的一维连续变量一般化模型，用参数化方法表述。该模型在文献中被大量采用。

本模型也引入了一种求解道德风险问题的方法，称之为一阶方法。道德风险问题本质上是一个双层优化问题，第一层优化是代理人的激励约束，第二层优化是委托人的目标函数优化。从数学的角度讲，代理人的激励约束解决不了，整个道德风险问题解决不了。如何解决代理人的激励约束？本模型用代理人激励约束的一阶条件代理激励约束，解决了复杂的数学运算。当然一阶条件的应用也是有条件的，即激励函数的“凹性”。

设$e\in[0,1]$为一维变量，产出函数采用最简单的线形形式$\pi(e,\theta)=e+\theta$，θ是均值为零、方差为σ^2的正态分布随机变量，是外生不确定因素，它反映的是外部随机环境对产出结果的影响。θ的引入是产生道德风险问题的关键，如果π与e之间一一对应，也就没有道德风险问题了，因为e成为了可观测变量。故有$E(\pi)=e$，$\mathrm{Var}(\pi)=\sigma^2$，其中 Var 表示方差。

在委托人是风险中性、代理人是风险规避的环境下，现在考虑最简单的线性合约：$s(\pi)=\alpha+\beta\pi$，α为代理人的固定收入，$\beta(0\leqslant\beta\leqslant1)$为代理人分享的产出份额。当$\beta=0$，表示代理人不承担任何风险；当$\beta=1$，表示代理人承担全部风险。

因为委托人是风险中性的，则给定$s(\pi)=\alpha+\beta\pi$，委托人的期望效用：

$$E\left[\pi - s(\pi)\right] = -\alpha + (1-\beta)e$$

代理人的风险规避特征使代理人的效用函数比较复杂，且不能直接使用效用作为评估函数，因为效用是个随机变量，需要引入确定性等价收入的概念。设代理人的效用函数具有不变的绝对风险规避特征，用 $\rho(>0)$ 表示代理人的绝对风险规避度，即有 $\rho = -\dfrac{u''}{u'}$。代理人的效用函数为 $u(\omega) = -\mathrm{e}^{-\rho\omega}$，$\omega$ 是代理人的货币收入。

代理人付出工作努力是需要付出成本的，用 $c(e)$ 来刻画这种代理人的负效用。考虑到成本函数的“凸性”，$c(e)$ 采用最简单的方式，具体为 $c(e) = \dfrac{be^2}{2}$，这里 $b>0$ 为成本系数。

基于上述假设，代理人的随机货币收入为

$$\omega = s(\pi) - c(e) = \alpha + \beta(e+\theta) - \frac{be^2}{2}$$

为了消除代理人货币收入中的随机变量，下面引入“确定性等价收入”的概念。若 $u(x) = E\left[u(\omega)\right]$，$\omega$ 为随机收入，$u(x)$为效用函数，则称 x 为 ω 的确定性等价收入。确定性等价收入的本质是将不确定环境下的随机收益转换为确定性环境下的固定收益，当然它们的效用是一致的。这也是处理随机数据的一种常用方法。

对于代理人，我们计算出其确定性收入为

$$x = \alpha + \beta e - \frac{be^2}{2} - \frac{\rho\beta^2\delta^2}{2}$$

其中，$\dfrac{\rho\beta^2\delta^2}{2}$ 称为代理人的风险成本，即代理人在收入中放弃 $\dfrac{\rho\beta^2\delta^2}{2}$ 的收入以换取确定性收入可获同样效用，故 $\dfrac{\rho\beta^2\delta^2}{2}$ 也可以理解为代理人购买保险的价格。之所以是减法，是由于其对待风险的态度决定的。

原来代理人最大化其期望效用函数的问题则转化为最大化其确定性等价收入。

设 $\overline{\omega}$ 为代理人的保留收入水平，代理人的参与约束用确定性收入表示为

$$\alpha + \beta e - \frac{be^2}{2} - \frac{\rho\beta^2\delta^2}{2} \geqslant \overline{\omega}$$

1. 代理人的努力水平可观测时的最优合约

此时激励约束条件不起作用，任何努力水平 e 都可以通过满足参与约束的一种强制性合约博弈实现，即“不接受，即走人”的策略。

此时，委托人的问题是设计契约 $\{(\alpha,\beta)\}$ 和决定代理人需要的努力水平 e，解决如下最优化问题：

$$\max_{(\alpha,\beta),e} \{-\alpha + (1-\beta)e\}$$

$$\text{s.t.}\quad \alpha + \beta e - \frac{be^2}{2} - \frac{\rho\beta^2\delta^2}{2} \geqslant \overline{\omega} \quad (\text{IR})$$

利用 K-T 条件，求解上述非线性规划问题。在最优情况下，(IR)约束等式成立，求解结果如下。

结论 6 $e^*=\dfrac{1}{b}$，$\beta^*=0$。利用参与约束的紧性，得到$\alpha^*=\bar{\omega}+\dfrac{1}{2b}$。

委托人是风险中性的，代理人是风险规避的，帕雷托最优风险分摊要求代理人不承担任何风险($\beta^*=0$)，而委托人支付给代理人的固定收入刚好等于代理人的保留工资ϖ加上努力的成本$\dfrac{1}{2b}$。最优努力水平要求努力的边际期望利润等于努力的边际成本，即$e^*b=1$。于是$e^*=\dfrac{1}{b}$。

委托人可观测到代理人的努力水平e，当委托人在观测到代理人选了$e<\dfrac{1}{b}$时，就给他支付$\alpha<\bar{\omega}$；当委托人在观测到代理人选了$e\geqslant\dfrac{1}{b}$时，就给他支付$\alpha^*=\bar{\omega}+\dfrac{1}{2b}$。最优风险分摊与激励没有矛盾。

2. 代理人的努力水平不可观测时的最优合约

但若委托人不能观测到努力水平e，上述帕雷托最优风险分摊及努力水平就不能实现。

这是因为，给定$\beta^*=0$，即代理人的收益与劳动产出没有关系，则代理人会选择最低的努力水平，因为高的努力水平在$\beta^*=0$的情况下，只能增加成本，不能带来更大收益。数理分析也是如此。当$\beta^*=0$时，代理人的确定性等价收入为$x=\alpha-\dfrac{be^2}{2}$。显然，$e=0$是最优解，此时代理人收入固定，成本最小。

当代理人的行为不可观测时，努力水平e是代理人的决策变量，而不再是委托人的决策变量。当委托人提供契约$\{(\alpha,\beta)\}$后，代理人会基于其个人理性，选择恰当的努力水平，选择的原则是代理人收益最大化，这也是道德风险的体现。高的努力水平会带来高的产出，当然也会增加代理人的成本。委托人希望努力水平越高越好，而代理人则会在高努力水平带来的分配收益和成本进行权衡。

给定契约$\{(\alpha,\beta)\}$，代理人先进行第一层优化，即选择e，以最大化其确定性等价收入x：

$$\max_{e\geqslant 0}\left\{\alpha+\beta e-\frac{be^2}{2}-\frac{\rho\beta^2\delta^2}{2}\right\}$$

上式是关于e的凹函数。利用其一阶条件即可求出其最优解。由$\dfrac{\partial x}{\partial e}=0$得到$e^*(\alpha,\beta)=\dfrac{\beta}{b}$。这就是新的激励约束，是由一阶条件变化而来，此法成为一阶条件法(Holmstrom-Milgrom，1979)。

委托人的决策问题是第二层优化问题，即最大化其确定性收入：

$$\max_{(\alpha,\beta)}\{-\alpha+(1-\beta)e\}$$

$$\text{s.t.}\begin{cases}\alpha+\beta e-\dfrac{be^2}{2}-\dfrac{\rho\beta^2\delta^2}{2}\geqslant\bar{\omega} & \text{(IR)}\\ e=\dfrac{\beta}{b} & \text{(IC)}\end{cases}$$

利用 K-T 条件，求解上述非线性规划问题。在最优情况下，(IR)约束等式成立，求解结果如下。

结论 7　$\beta^{**}=\dfrac{1}{1+b\rho\delta^2}$，$e^{**}=\dfrac{1}{b(1+b\rho\delta^2)}$。利用参与约束的紧性，得到

$$\alpha^{**}=\bar{\omega}-\beta^{**}e^{**}+\frac{b}{2}(e^{**})^2+\frac{1}{2}\rho\beta^2\delta^2$$

$0<\beta^{**}<1$说明代理人必须承担一定的风险，其收益与产出直接挂钩，与努力水平间接挂钩。特别地，$\beta^{**}\left(b,\rho,\delta^2\right)$是$\rho$，$\sigma^2$和$b$的减函数，即代理人越是风险规避，产出$\pi$的方差越大，代理人越是害怕努力工作，他应承担的风险就越小。在一个极端的情形，若代理人是风险中性的($\rho=0$)，最优合约就要求代理人承担完全的风险($\beta^{**}=1$)。

$\dfrac{\partial\beta^{**}}{\partial\rho}<0$和$\dfrac{\partial\beta^{**}}{\partial\delta^2}<0$的意义是很直观的。最优激励合约要在激励与保险之间求得平衡。对于给定的β^{**}，ρ越大(或σ^2越大)，风险成本就越高，故最优风险分摊要求β^{**}越小。

$\dfrac{\partial\beta^{**}}{\partial\rho}<0$却有点“鞭打快牛”的感觉。为什么代理人越是害怕努力工作，应该承担的风险就越小呢？有两个方面的原因：第一，从激励看，即使没有信息不对称，b越大，最优的$e^*(\alpha,\beta)$就越小$\left(\text{因为}\ e^*(\alpha,\beta)=\dfrac{\beta}{b}\right)$；第二，从风险分摊看，$b$越大，为了诱使代理人选择同样的努力水平要求的$\beta^{**}$越大$\left(\text{因为}\ e^*(\alpha,\beta)=\dfrac{\beta}{b}\right)$。委托人宁愿以较低的努力换取风险成本的节约。既然给予代理人较大的风险也难以激励其努力增加多少，但风险成本却太高，不如为节约风险成本减少代理人承担的风险，此时代理人的努力减少不多。

7.4　道德风险理论的应用

7.4.1　效率工资问题

考虑一位风险中型的工人(代理人)为一家企业(委托人)进行工作，其有两个努力水平$e\in\{0,1\}$可供选择，为企业创造的附加值是$\bar{V}$和$\underline{V}$。如果有高的产出，则工人得到奖励；如果有低的产出，则工人不会受到处罚，因为他有有限责任约束的保护。

为激励工人努力工作，委托人必须设计一套薪酬体系$\left\{\left(\bar{t},\underline{t}\right)\right\}$，满足如下的线性规划问题：

$$\max_{\bar{t},\underline{t}}\left\{\pi_1\left(\bar{V}-\bar{t}\right)+(1-\pi_1)\left(\underline{V}-\underline{t}\right)\right\}$$

$$\text{s.t.}\begin{cases}\pi_1\bar{t}+(1-\pi_1)u\underline{t}-\varphi\geqslant\pi_0\bar{t}+(1-\pi_0)\underline{t}\\ \pi_1\bar{t}+(1-\pi_1)u\underline{t}-\varphi\geqslant 0\\ \underline{t}\geqslant 0\end{cases}$$

最优契约中，有限责任约束是紧的$\underline{t}^{SB}=0$，正工资水平$\bar{t}^{SB}=\dfrac{\varphi}{\Delta\pi}$。$\dfrac{\varphi}{\Delta\pi}$称为效率工资，

因为它不但保证工人的参与性，还能够激励一个高努力水平。由于 $0<\Delta\pi<1$，故效率工资水平 $\frac{\varphi}{\Delta\pi}>\varphi$，这说明：企业为了激励工人生产，企业必须多付出一部分利润。当然，只有在条件 $\Delta\pi\cdot\Delta V\geqslant\frac{\pi_1\varphi}{\Delta\pi}$ 满足时，企业才会实施这种激励行为。

7.4.2 分成制契约

分成制契约是解决道德风险问题的一个重要策略和途径。例如，在农业经济中，委托人(地主)为解决代理人(佃农)的努力和投入问题，委托人一个好的策略是使代理人的收入与劳动产出挂钩，使代理人承担一定的风险。

委托人设计契约 $\beta(0<\beta<1)$，即委托人将实现的劳动产出的一个固定份额 β 给予代理人，则委托人激励问题是如下的线性规划问题：

$$\max_{0<\beta<1}(1-\beta)\left\{\pi_1\overline{q}+(1-\pi_1)\underline{q}\right\}$$

$$\text{s.t.}\begin{cases}\beta\left\{\pi_1\overline{q}+(1-\pi_1)\underline{q}\right\}-\varphi\geqslant\beta\left\{\pi_0\overline{q}+(1-\pi_0)\underline{q}\right\}\\ \beta\left\{\pi_1\overline{q}+(1-\pi_1)\underline{q}\right\}-\varphi\geqslant 0\end{cases}$$

根据线性规划解的理论，激励约束在最优解中是紧的，由此得到最有的线形分配规则：

$$\beta^{SB}=\frac{\varphi}{\Delta\pi\ \Delta q}$$

通过这个分配规则，我们得到委托人和代理人的期望支付如下：

代理人收益 $E\left(U_\alpha\right)=\left\{\frac{\pi_1\overline{q}+(1-\pi_1)\underline{q}}{\Delta q}\right\}\frac{\varphi}{\Delta\pi}$。

委托人收益 $E\left(V_\alpha\right)=\pi_1\overline{q}+(1-\pi_1)\underline{q}-\left\{\frac{\pi_1\overline{q}+(1-\pi_1)\underline{q}}{\Delta q}\right\}\frac{\varphi}{\Delta\pi}$。

将上式与效率工资中的收益进行对比，可以发现：分成制契约给代理人带来了好处，而不是委托人，因为即使在最坏的情况下，代理人也能从其正产出中获得收益，而不是效率工资中的 $\underline{t}^{SB}=0$，所以在线形分配中惩罚代理人的坏表现不是一件容易的事。

7.5 本章小结

委托代理是现实世界中一种特定的合作模式，它在特定的信息结构下，合作双方如何设计契约以及如何选择基于利益最大化的行为。

7.1 节介绍了委托代理问题，界定了其内涵，显示了其表现形式。就其实质来讲，几乎所有的商业问题都是委托代理思想的体现。因为合作关系中存在信息不对称，然后导出了激励与合约的概念。信息不对称可以从不同的角度划分，例如，客观原因造成的信息不对称，即逆向选择；主观原因造成的信息不对称，即道德风险。因此，7.2 节和 7.3 节分别介绍了逆向选择模型(以生产任务委托为例)和道德风险模型(以工作努力水平为例)。

委托代理模型本质上是个方法论，可以用于各种问题的分析。

思考题与练习题

1. 对信息不对称产生原因进行分类？分类的指标有几个？分析对逆向选择和道德风险分类指标的认识。

2. 委托代理模型的基本假设是什么？分别说明委托代理模型的两个约束，它们之间是否存在冲突？为什么？

3. 委托代理模型中，激励约束的紧性是如何影响问题最优解的？

4. 假设委托人和代理人都是风险中性的，代理人的努力水平 $e \in \{0,6\}$，委托人付给代理人的工资为 w。由于有限责任的缘故，要求最低工资不小于 0，即没有罚款；另外代理人的保留效用为 3。有两个可能的产出水平 $\pi \in \{0,300\}$；代理人的努力水平影响不同产出出现的概率，如下表所示：

努力 \ 产出水平	0	300
$e=0$	0.5	0.5
$e=6$	0.2	0.8

委托人和代理人都能够观察到产出,但只有代理人知道自己的努力水平。回答下列问题：实现高努力水平的激励相容约束和参与约束是什么？次优激励合同和次优合同下代理人的效用水平是什么？如果努力是可观察的，代理人的效用水平是什么？

5. 假定一家企业准备聘请一位雇员，但雇员的一些私人信息企业却不知道。实际上，这些私人信息雇员也不会告诉企业，但企业知道雇员是风险中性的，企业自己也是风险中性的。就努力的负效用而言，雇员是两种类型中的一种。它的负效用是 e^2 (称为好雇员，G)，或者是 $2e^2$ (称为坏雇员，B)。好雇员的概率是 p。因此，雇员的效用函数取决于他的类型，对好雇员，$U^G(w,e)=w-e^2$；对坏雇员，$U^B(w,e)=w-2e^2$，其中 w 是企业对雇员的转移支付。两类工人的保留效用都是 $\underline{U} \geqslant 0$。企业以 $\pi(e)=ke$ 评价工人的努力，其中 k 是一个足够大的常数，以使监工有兴趣与代理人签约。因此，对提供的每一单位努力而言，企业获得 k 单位的利润。

(1) 如果企业知道员工的类型，求解企业决策问题。

(2) 逆向选择问题出现时，求解企业决策问题。

(3) 对前两步的求解结果进行对比，说明出现差异的原因。

6. 与第 5 题的假设相同，只是企业的支付函数变化为 $\pi(e,w)=e-w$，好雇员的初始概率为 $p=1/2$。

(1) 在对称信息和不对称信息情况下，决定企业的最优决策。

(2) 如果企业只与好的企业签约，决定企业的最优决策。

7. 考虑如下模型：经理有三个可能的行动 $a \in \{a_1, a_2, a_3\}$，企业有两个可能的利润水平：$\pi_H = 10$ 和 $\pi_L = 0$；对应不同选择的利润的概率分布分别为

$$f(\pi_H \mid a_1) = 2/3, \quad f(\pi_H \mid a_2) = 1/2 \text{ 和 } f(\pi_H \mid a_3) = 1/3$$

假定经理的效用函数为 $u = \sqrt{w} - g(a)$，其中，w 是工资收入，$g(a_1) = 5/3$，$g(a_2) = 8/5$，$g(a_3) = 4/3$；经理的保留效用水平为 $\bar{u} = 0$。回答：

(1) 如果经理的选择是可观察的，最优工资合同是什么？

(2) 证明：如果经理的选择是不可观察的，那么，没有合同可以使得经理选择 a_2；当 $g(a_2)$ 取什么值时，a_2 是可以实现的？

(3) 经理的选择不可观察时，次优激励合同是什么？

(4) 假定 $g(a_1) = \sqrt{8}$，并且 $f(\pi_H \mid a_1) = x \in (0,1)$。那么，如果经理的选择是可观察的，当 $x \to 1$ 时，最优合同是什么？如果经理的选择不可观察，次优合同是什么？

8. 考察一个风险中性的委托人，他想与一个付出努力的风险规避的代理人签订合约。代理人可能是两种类型之一，这由他们的生产效率确定：第一种是差(B)的代理人，生产效率低，生产函数 $\pi(e)$；第二种是好(G)的代理人，生产效率高，生产函数 $k\pi(e)$，其中 $k > 1$，$\pi'(e) > 0$，$\pi''(e) < 0$。自然，对于给定的努力水平，委托人来自于第二类代理人的利润大于来自于第一类代理人的。G 和 B 的效用函数 $U^G(w,e) = U^B(w,e) = u(w) - v(e)$，效用函数独立于类型。两类代理人具有相同的保留效用。

(1) 信息完全情况下，决定委托人的最优决策。

(2) 如果委托人不能观察代理人的类型，决定委托人的最优决策。

(3) 图示两类代理人合约的差别。

9. 考察一个委托人和一个代理人均为风险中性的合约关系。如果代理人接受了委托人的合约，代理人面向市场的环境特征开始生产。如果市场表现出良好状态，那么努力 e 的产出结果 $e + \theta^G$；如果市场状况是差的，那么努力 e 的产出结果 $e + \theta^B$，其中 $\theta^B < \theta^G$；市场呈现良好状态的概率是 p。委托人无法观测到市场状况 θ，也无法观察到努力水平 e，但是产出结果是可以观察到的。

委托人在尽可能少的向代理人支付工资的条件下最大化其价值。代理人在使其负效用 $c(e)$ 尽可能小的情况下最大化其工资。合约一旦签订，只要代理人愿意，他可以中断合约关系。因此，它的效用必须大于两种可能市场状况下的保留效用 $\underline{U} \geqslant 0$ (事后的参与约束)。给定这种情况，委托人向代理人提供合约菜单 $\left\{\left(e^G, w^G\right), \left(e^B, w^B\right)\right\}$，满足：如果市场是好的，代理人偏好于第一个合约；如果市场是差的，代理人偏好于第二个合约。

(1) 为了设计出最优合约菜单，建立委托人的决策模型(两个激励约束，两个参与约束)。哪个参与约束可以忽略不计？

(2) 写出问题的 K-T 条件，求出参数。

(3) 求出最有合约，分析合约的特征。

10. 一个垄断者面对单个消费者，该消费者具有效用函数 $u_2 = \theta q - t$，其中，θ 是消费

者对感知质量的价值评价，q 是消费数量(生产)，而 t 是转移价格。垄断者的成本函数为 $cq^2/2$，其中消费者具有保留效用 0。假设生产与消费相同。

(1) 在关于 θ 有完全信息的条件下，计算转移价格和消费(生产)；

(2) 消费者有两种不同的类型，表现为 θ 的不同，$\theta \in \{\overline{\theta}, \underline{\theta}\}$。类型是消费者的私人信息，垄断者知道 θ 以概率 $\overline{p}$ 取值 $\overline{\theta}$，以概率 $1-\overline{p}$ 取值 $\underline{\theta}$。垄断者的效用为

$$(1-\overline{p})\left(\underline{t}-c\underline{q}^2/2\right)+\overline{p}\left(\overline{t}-c\overline{q}^2/2\right)$$

要求设计次优的非线性契约。

(3) 现在假设消费者以固定成本 f 购买另一种(替代性)的技术，使用该技术他可以以成本 $\tilde{c}q^2/2$ 生产任何数量的具有相同实用价值替代物品。为了简单起见，假设消费者只能消费垄断者的物品，或者只能消费自己生产的替代品(但不能是两者的混合)。假设有

$$\overline{\theta}^2/(2\tilde{c})-f>\overline{S}>0>\underline{\theta}^2/(2\tilde{c})-f$$

要求重新设计契约。对两个不同的契约进行对比，分析替代产品对新契约的影响。

11. 1995 年，著名的乌克兰撑竿跳运动员布勃卡，先后 35 次打破撑竿跳的世界纪录，每次都获得 3 万美元的奖励。他采用的策略都是每次提高 1 厘米，而专家认为他一次都有提高 5 厘米的可能性，但布勃卡没有这样做。从打破世界纪录实施奖励这一激励制度入手，评价这一激励制度，建立新的模型，以更好的优化这一激励制度。

12. 一个工人付出两种努力水平，即高努力和努力，它们分别以 0.25 和 0.75 的概率引起生产质量误差。工人的效用函数是 $U(w,e)=100-\dfrac{10}{w}-v(e)$，其中 w 是工人获得的工资；$v(e)$ 取决于努力水平，对于高努力水平，$v(e)=2$；对于低努力水平，$v(e)=0$。生产质量误差是可以观察到的，因此可以进入工人的合约，而努力水平是不能观测到的，故不能进入合约。如果没有质量误差，产出的价值为 20，否则其价值为 0。工人的保留效用 $\underline{U}=0$。

在委托人风险中性的条件下，对对称信息和不对称信息两种情况，分别设计最优合约。

13. 考察委托人与代理人之间的契约关系，代理人的努力水平和自然状态影响产出结果，市场的不确定性用 3 中自然状态表示，代理人在两种努力水平之间作出选择。随机生产过程图示如下：

努力 e / 产出 / 自然 s	$e=6$	$e=4$
s_1	60000	30000
s_2	60000	60000
s_3	30000	30000

委托人和代理人都相信自然状态出现的概率都是 $\dfrac{1}{3}$。代理人的保留效用 114。

委托人和代理人的目标函数如下：

$$V(x,w) = x - w\;;\quad U(w,e) = \sqrt{w} - e^2$$

其中 $x = x(e,s)$ 是产出的货币结果， w 是代理人的货币收益。

(1) 从目标函数得出什么信息？

(2) 对称信息下最优契约是什么？

(3) 不对称信息下最优契约是什么？委托人偏好那种努力水平？

参考文献

陈挺. 1997. 决策分析. 北京：科学出版社
刁在筠，郑汉鼎，刘家壮，等. 1995. 运筹学. 北京: 高等教育出版社
费尔南多·维加-雷东多. 2006. 经济学与博弈理论. 毛亮，等, 译. 上海: 上海人民出版社
侯光明，李存金. 2005. 管理博弈论. 北京: 北京理工大学出版社
吉本斯. 1999. 博弈论基础. 高峰, 译. 北京: 中国社会科学出版社
让-雅克·拉丰. 2002. 激励理论：委托-代理模型. 陈志俊，等, 译. 北京: 中国人民大学出版社
施锡铨. 2000. 博弈论. 上海: 上海财经大学出版社
梯若尔. 1997. 产业组织理论. 马捷, 等, 译. 北京: 中国人民大学出版社
肖条军. 2004. 博弈论及其应用. 上海: 上海三联书店
谢识予. 2002. 经济博弈论. 上海: 复旦大学出版社
因内思·马克-斯达德勒. 2004. 信息经济学引论：激励与合约. 管毅平, 译. 上海: 上海财经大学出版社
张维迎. 1996. 博弈论与信息经济学. 上海: 上海三联书店, 上海人民出版社
朱·弗登博格, 让·梯若尔. 2002. 博弈论. 黄涛, 等, 译. 北京: 中国人民大学出版社